ビジネス法務の理論と実践

松嶋 隆弘・鬼頭 俊泰【編著】

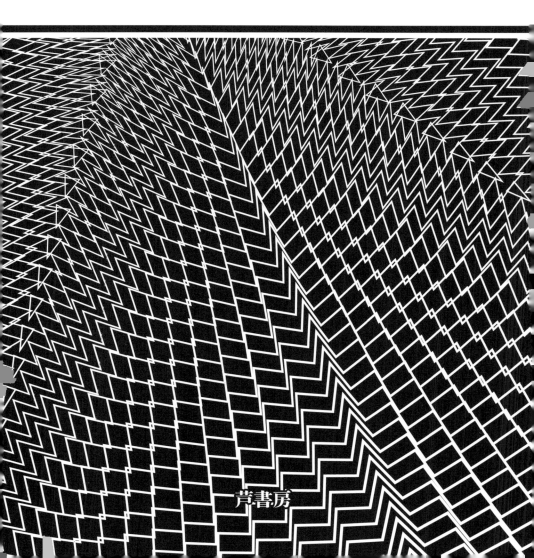

芦書房

は し が き

　本書は，その題名のとおり，「ビジネス法」の講義のための標準的な教科書として編まれた教育書である。両編者が日頃親しく接し，志をともにする者により分担執筆されている。

　企業の事業活動にともなって発生する法律問題は多く，また，多くの法律領域にまたがっていることも多い。こうした状況からか，近時わが国において企業のコンプライアンスの重要性は増している。しかし，発生する法律問題は少なくなるどころかむしろその数を増加させているようにもみえる。一方，諸大学（法学部に限らない）においては，こうした社会の動きに対して敏感に反応しなければならない状況にある。その理由はさまざまであると思われる。たとえば，①企業にとってコンプライアンスが重要となり，ビジネスにおける法律業務・法律知識の重要性も増していること。また，かかる内容を大学で学べることが大学側にとって学生を集める1つの材料となっていること，②大学のカリキュラム設計の観点から，各専門科目・発展科目を学ぶ前に「ビジネス法務」などと題した入門科目を設定し，学生の勉強・履修のサポートをしなければならなくなっていること，などである。

　これまで，ビジネス法に関する書籍については，取り扱う内容からか，複数（もっというと多数）執筆者によって1つの書籍を編むことが多いように見受けられる。そのため，書籍全体の統一感に欠けているだけでなく，中には学生向けの書籍（教科書）と銘打ちながら，（同業者の目を気にしたためか）専門的な内容，換言すると学生にとっては冗長で情報過多な執筆内容となっているものが散見される。確かに，書籍に多くの情報が記載されていること自体，何もおかしなことではなく，むしろ書籍本来の役割であるといってよい。しかし，たとえば学部の学生向け教科書の中でそのような記述をした場合には，かかる書籍本来の役割・機能を果たしているとはいえない。そして，"ビジネス法"という多くのトピックを網羅的かつ平易に知ってもらうという科目特性からすると，そこで用いられるべき教科書は，専門性より分かり易さが優先される（専門性が要らないとはいっていない）。

　そこで本書は，ビジネス法に関する書籍を取り巻く前記現状を打破すべく広

はしがき　1

くビジネス法の領域を俯瞰することに主眼を置き，また，なるべく初学者や法学部以外の学生にとっても手を出しやすい書籍（なるべく身近な事例の活用・読み易い文章の採用）とすることを徹底した。本書はこうした方向性のもと，ビジネス法務に関心のある中堅・若手の研究者および実務家の協力を得て，編まれたものである。

　本書の刊行に当たっては，版元である芦書房・中山元春社長からは，多大なるご助力を賜った。最後に，執筆者を代表して，心より御礼申し上げる次第である。

鬼頭俊泰

松嶋隆弘

も　く　じ

はしがき　*1*
凡例　*10*
法令名略称表　*11*

第1編

▶第1講　ビジネス法へのいざない

第1節　ビジネスの世界から法の世界へ　*14*
第2節　法とは何か　*19*

第2編

▶第2講　小売業における法律問題1　契約とは何か

第1節　契約の意義　*22*
第2節　契約の無効と取消し　*28*

▶第3講　小売業における法律問題2　消費者法による民法理論の修正

第1節　小売業者と消費者との法律関係　*38*
第2節　消費者法とは　*38*
第3節　消費者契約法　*40*
第4節　特定商取引法　*47*

▶第4講　卸売業における法律問題

第1節　卸売業の意義　*52*
第2節　商法の適用範囲はどこからどこまで　*54*
第3節　民法と商法のルールの違い　*59*
第4節　卸売業における法規制　*63*

▶第５講　電子商取引

第１節　電子商取引とは―その特徴と長所・短所―　*65*

第２節　電子商取引に適用される法律　*68*

第３節　広告規制　*69*

第４節　返品特約　*70*

第５節　注文者の操作ミス等による誤注文　*72*

第６節　電子商取引の成立時期　*74*

第７節　販売者の操作ミス等による価格誤表示　*75*

第８節　なりすまし　*76*

▶第６講　不動産業における法律問題１　不動産売買

第１節　不動産売買とは　*79*

第２節　売買契約と所有権の移転　*81*

第３節　所有権の公示―登記―　*81*

第４節　公示の原則　*85*

第５節　民法177条にいう「第三者」の範囲　*86*

第６節　登記に公信力はない　*87*

▶第７講　不動産業における法律問題２　不動産賃貸借

第１節　不動産を買うだけの余裕はないけれど不動産は必要だ　*90*

第２節　不動産賃貸借契約の概要　*91*

第３節　賃貸人側に第三者が現れる場合―大家さんは交代するのか―　*93*

第４節　賃借人側に第三者が現れる場合―又貸しは大丈夫か―　*95*

第５節　賃貸借契約の終了　*96*

第６節　敷金の問題　*100*

▶第８講　建設業における法律問題　建物建設

第１節　夢のマイホームを手に入れるためには　*102*

第２節　請負契約とは　*103*

第3節　建物が建築途中で壊れてしまったら　*104*
第4節　完成した建物は誰の物か　*106*
第5節　引き渡された建物が傾いていたら　*108*
第6節　請負代金はいつ支払うべきか　*109*
第7節　途中で建築を中止してもらえるか　*109*

▶第9講　製造業における法律問題1　耐久消費財

第1節　耐久消費財の特徴　*111*
第2節　道路運送車両法に基づくリコールについて学ぼう　*114*
第3節　製造物責任法について学ぼう　*115*

▶第10講　製造業における法律問題2　食品・医薬品・化学製品

第1節　製品としての食品・医薬品・化学製品の特徴と法の規制　*122*
第2節　食品についての規制　*124*
第3節　医薬品, 化学製品についての規制　*130*

▶第11講　ロジスティクス業における法律問題　運送・倉庫・場屋

第1節　ロジスティクス業と商法　*132*
第2節　運送営業　*133*
第3節　運送取扱営業　*138*
第4節　倉庫営業　*139*
第5節　場屋営業　*141*

▶第12講　金融業における法律問題1　銀行

第1節　銀行業の意義　*144*
第2節　預金業務　*147*

もくじ 5

第3節　銀行の行う貸付業務とはどのようなものか　*152*

▶**第13講　金融業における法律問題2　証券・保険**

第1節　証券取引　*156*

第2節　保険取引　*161*

▶**第14講　サービス業における法律問題1　人材業**

第1節　人材業の業務内容　*167*

第2節　人材派遣業について　*169*

第3節　労働者派遣法違反の場合　*175*

▶**第15講　サービス業における法律問題2　仲介業**

第1節　仲介業とは何か，またなぜ必要なのか　*181*

第2節　仲介業は法律によってどのように規律がなされているのか　*182*

第3節　仲介業において問題となりやすい状況とは―仲介業者の排除―　*186*

第4節　仲介業に当たる業態にはどのようなものが存在するのか　*188*

第3編

▶**第16講　企業法務の意義**

第1節　企業法務の意義　*194*

第2節　契約書のドラフトとブリーフィング　*195*

第3節　和文の契約書と英文契約書　*198*

第4節　法務部と外部の弁護士との共闘―法務企業部が得意なこと，苦手なこと―　*206*

▶**第17講　コンプライアンスとリスク管理**

第1節　総説―リスク管理の重要性―　*208*

第2節　個人情報保護法の概要　*209*

第3節　企業の社会的責任とは　*215*

▶第18講　ビジネスと企業組織1　コーポレート・ガバナンス
第1節　コーポレート・ガバナンスとは何か　*217*
第2節　日本におけるコーポレート・ガバナンスに関する議論　*219*
第3節　日本の経営機構に関するさまざまな改正　*223*

▶第19講　ビジネスと企業組織2　M&A
第1節　M&Aとは何か　*229*
第2節　M&Aの各手法にはどのようなものがあるか　*230*
第3節　敵対的企業買収と防衛策　*240*

▶第20講　ビジネスと企業組織3　コーポレート・ファイナンス
第1節　資金調達の概要　*244*
第2節　デット・ファイナンス　*246*
第3節　アセット・ファイナンス　*251*
第4節　エクイティ・ファイナンス　*253*
第5節　投資型クラウドファンディング　*255*

▶第21講　ビジネスと企業組織4　企業と従業員（労務管理）
第1節　労働者および使用者概念と労働契約　*256*
第2節　非正規雇用　*263*

▶第22講　企業取引1　債権管理・回収
第1節　企業が存続するための取引　*267*
第2節　債権とは何か　*268*
第3節　債権の管理―企業が損失を出さないために―　*271*
第4節　債権の回収　*276*

もくじ　7

▶第23講 企業取引2　与信取引と担保

第1節　企業における信用リスクの回避　*280*

第2節　与信とは何か,与信取引とは何か,与信管理とは何か　*281*

第3節　担保とは何か　*284*

▶第24講 企業取引3　取引決済

第1節　さまざまな決済手段　*292*

第2節　金銭による支払,小切手による支払　*293*

第3節　銀行振込の法律関係　*295*

第4節　約束手形の振り出し　*297*

第5節　いわゆる電子マネーと暗号資産(仮想通貨)　*299*

▶第25講 企業取引4　公正取引の確保

第1節　経済法の意義　*304*

第2節　独占禁止法とはどのような法律か　*306*

第3節　国際取引と独占禁止法との関わり　*314*

▶第26講 ビジネスと知的財産権

第1節　知的財産権保護の必要性　*316*

第2節　知的財産権の発生　*320*

第3節　特許権―発明の保護―　*320*

第4節　商標権―ブランドの保護―　*322*

第5節　著作権　*325*

▶第27講 紛争の処理

第1節　民事訴訟制度を利用した紛争の処理の必要性を理解しよう　*329*

第2節　民事訴訟の具体的な手続の流れを理解しよう　*330*

第3節　強制執行手続について理解しよう　*337*

第4節　民事訴訟以外の紛争解決手段についても知ろう　*338*

▶第28講　ビジネスと租税

第1節　租税とは　*340*

第2節　租税に関する手続　*342*

第3節　ビジネスに課される租税　*344*

第4節　租税がビジネスに与える影響と諸問題　*347*

第5節　国際取引増加に伴う諸問題　*350*

▶第29講　企業と犯罪

第1節　企業と犯罪　*353*

第2節　企業による犯罪の諸類型　*354*

第3節　企業による犯罪に対する制裁　*362*

▶第30講　企業の倒産処理

第1節　なぜ企業の倒産処理手続が必要になるのか　*365*

第2節　企業の倒産処理手続の見取図　*367*

第3節　清算型の私的整理について学ぼう　*367*

第4節　法的倒産手続について学ぼう　*369*

第5節　新たな再建型の私的整理について学ぼう　*373*

索　　引　*375*

もくじ　9

凡　例

参照条文を括弧内に示す場合の用法はつぎのようにした。

例

（民法 709 条）　　　　　　　　民法第 709 条

（借地借家法 5 条 1 項・2 項）　借地借家法第 5 条第 1 項，同 2 項

（独禁法 25 条，民法 709 条）　独禁法第 25 条，民法第 709 条

判例を引用する場合の用法はつぎのようにした。

例

（最判昭 36・4・20 民集 15・4・774）　　最高裁判所判決昭和 36 年 4 月 20 日，
　　　　　　　　　　　　　　　　　　　最高裁判所民事判例集 15 巻 4 号 774
　　　　　　　　　　　　　　　　　　　頁収載

（大連判明 41・12・15 民録 14・1276）　大審院連合部判決明治 41 年 12 月 15
　　　　　　　　　　　　　　　　　　　日，大審院民事判決録 14 輯 1276 頁
　　　　　　　　　　　　　　　　　　　収載

（大判昭 7・5・9 民集 11・824）　　　　大審院判決昭和 7 年 5 月 9 日，大審院
　　　　　　　　　　　　　　　　　　　民事判例集 11 巻 824 頁収載

（東京高判平 14・12・22 判時 1828・99）東京高等裁判所判決平成 14 年 12 月 22
　　　　　　　　　　　　　　　　　　　日，判例時報 1828 号 99 頁収載

（東京地判平 15・5・28 判時 1835・94）東京地方裁判所判決平成 15 年 5 月 28
　　　　　　　　　　　　　　　　　　　日，判例時報 1835 号 94 頁収載

判例集

民集　　　大審院，最高裁判所民事判例集

刑集　　　大審院，最高裁判所刑事判例集

高刑集　　高等裁判所刑事判例集

法律雑誌

金法　　　旬刊金融法務事情

判時　　　判例時報

法令名略称表

【英】
ADR法　裁判外紛争解決手続の利用の促進に関する法律
【か行】
金商法　金融商品取引法
景品表示法　不当景品類及び不当表示防止法
憲法　日本国憲法
個人情報保護施行令　個人情報の保護に関する法律施行令
個人情報保護法　個人情報の保護に関する法律
【さ行】
資金決済法　資金決済に関する法律
出資法　出資の受入れ，預り金及び金利等の取締りに関する法律
消契法　消費者契約法
【た行】
宅建業法　宅地建物取引業法
電子契約法　電子消費者契約及び電子承諾通知に関する民法の特例に関する法律
特定商取法　特定商取引に関する法律
特定商取法施行規則　特定商取引に関する法律施行規則
特定商取法施行令　特定商取引に関する法律施行令
特定融資枠契約法　特定融資枠契約に関する法律
独禁法　私的独占の禁止及び公正取引の確保に関する法律
【は行】
パートタイム労働法　短時間労働者の雇用管理の改善等に関する法律
不正アクセス禁止法　不正アクセス行為の禁止等に関する法律
不登法　不動産登記法
【ま行】
民執規則　民事執行規則
民執法　民事執行法
民訴規則　民事訴訟規則
民訴法　民事訴訟法
【や行】
預託法　特定商品等の預託等取引契約に関する法律
【ら行】
労基法　労働基準法
労組法　労働組合法
労契法　労働契約法
労働者派遣法　労働者派遣事業の適正な運営の確保及び派遣労働者の保護等に関する法律

第1編

第1講

ビジネス法へのいざない

学修の要点

・ビジネス上のトラブル解決のため，法が活用できることを理解しよう。
・ビジネス上のトラブル予防のため，法が活用できることを理解しよう。

▶ 第1節　ビジネスの世界から法の世界へ

　一口にビジネスといっても多様であり，抽象的な理屈を述べても仕方ないので，まずは具体的なケースを用いて考えてみよう。

1　ビジネスの世界―私的自治の原則の下,話し合いによる解決が原則―

【Case 1-1】
　Aは，Bから，原材料甲を仕入れ（30円），これを加工し，製品乙とした上で，Cに製品乙を販売している（100円）。

　【Case 1-1】は，要は，30円で仕入れたものを，加工して100円で販売しているわけである。仮に加工の部分を除いて考えると（実際には，加工賃のほか，原材料・製品の保管費用，人件費等種々の経費がかかるが，さしあたり除外しておく），安く仕入れて高く売った結果，差額70円がAの手元に残り，これがAの利潤となる。これは商売の基本である。ABCのいずれも，この商売がうまく回っている間は，誰も法のことなど意識しない。

14

ところが商売は，いつもうまくいくとは限らない。【Case 1-2】は，その一例
である。

【Case 1-2】
　（a）【Case 1-1】において，Bは，約束の期日（納期）までに，原材料甲を
Aに納品できなかった。

この場合でも，すぐに法的解決にまで進むわけではない。たとえば，【Case
1-2】（a）において，BがAに「泣きつき」，Aが納期を変更して，トラブルが
解決される場合もあるし，Aが，当初の納期までに，別の業者Dから原材料甲
を仕入れることで，トラブルが解決されることもある（この場合，Bは，Aから
「切られる」ことになろう）。

【Case 1-2】
　（b）【Case 1-1】において，Cは，Aから製品乙を買いうけ，その引渡し
を受けたにもかかわらず，約束の支払期日までに代金を支払うことができな
かった。

また，【Case 1-2】（b）において，Aが，（Cが泣きついた結果）支払の繰り延
べを認めれば，それで紛争は解決するし（その場合，Cは，次回以降手形で支払
う等といった，何らかの手段を講じるようにAから求められるのが通例である），C
としては，知人Eから借り入れて，Aへの支払にあてるといった解決もある。
　ビジネスの世界は，基本的には，国家を介さない人と人との話し合いの世界
であり，当事者が合意する限り，その合意が尊重される。これを私的自治の原
則という。私的自治の原則の下では，人と人は対等であり（この場合の人を，法
律の世界では「私人」という），対等な私人同士の間では，「泣き寝入り」も1つ
の解決なのである。

2　「法の世界へ」1　発生したトラブル解決のための法の活用

しかしながら，世の中の事象は複雑であり，すべてが話し合いにより，うま
く解決できるわけではない。

第1講　ビジネス法へのいざない　15

【Case 2-1】

　【Case 1-1】の事例において，A は，買受人 C から，製品乙の不具合につ
いてクレームを受け，乙の不具合により C に生じた損害を賠償しなければな
らないことになった。A が調査したところ，不具合の原因は，原材料甲の不
具合によるものであることが明らかになった。A が，このことを理由として，
B に賠償を求めたところ，B は，製品乙の不具合は，A の加工に起因するも
のであるとして，賠償に応じない。

　【Case 2-1】も，【Case 1-2】と同様に，【Case 1-1】から生じたトラブルであ
るが，【Case 1-2】と異なり，話し合いで解決することは困難である。今後のト
ラブル回避策として，A が B との契約を解除して，原材料甲の供給先を他に求
めることにしたとしても，A が C に支払った額を B に請求しうるかという「後
始末」の問題は残らざるを得ない。このようなトラブルは，システム契約にお
いてはよく生じうる（たとえば，甲がバッテリー，乙が蓄電装置であるような場合）。
結局，甲の不具合か乙の不具合かは，AB 間の法的紛争解決の決め手として，訴
訟において判断されることとなろう。

【Case 2-2】

　【Case 1-2】（b）の事例において，A は，C から泣きつかれたので，代金の
支払繰延べに応じたところ，繰り延べ後の支払期日にも C からの支払がなさ
れなかった。そうこうするうちに，C との連絡がつかなくなった。しばらく
すると，C の破産管財人である F 弁護士から，C が破産したという連絡を受
けた。

　【Case 2-2】は，【Case 1-2】（b）の事例における C の資金繰りが極限まで悪
化し，C が破産手続開始決定を受けた例である（第 30 講参照）。この場合，C
には，もはや自身で自己の財産を管理処分する権限（管理処分権という）がなく
なっているため，A は，C と個別交渉して，製品乙の引き上げをすることはで
きない。もはや，話し合いによる解決の道はなく，A としては，C の管理処分
権を有する F 弁護士によって，C の財産（その中には，A が引き渡した製品乙も

16

含まれよう）が売却・換価された金銭の中から，他の多数の債権者とともに，公平・平等な弁済を受け，それで満足するしかない。

【Case 2-3】（a）

　Gは，Hに対し，金1000万円を貸し付けた。貸付けに際し，GH間では，契約書が取り交わされている。しかし返済期限が過ぎても，HはGに借入金の返済をしなかった。

　GH間のお金を貸す契約は，法律の世界では，消費貸借契約という（民法587条）。Hが支払わなかった場合，Gは，Hに対し，訴訟（貸金返還請求）を提起することになる。いわゆる民事裁判である。裁判において，契約書はGの権利（消費貸借契約に基づく貸金返還請求権）を基礎付ける重要な「証拠」として役立つことになる。

【Case 2-3】（b）

　【Case 2-3】（a）の訴訟において，Gは，Hに対して勝訴し，Gの勝訴判決は確定した（確定とは，もはや上訴による不服申立ての可能性がなくなったことをいう）。しかしながら，依然として，Hはお金を返済しようとしない。

　法による解決は，強制力を伴う。法に従わない場合，法は，企図した目的を強制的に実現する。【Case 2-3】（b）において，Gは，Hに対する勝訴判決に基づき（この場合の判決のことを，債務名義という（民事執行法22条1号）），Hに対して，強制執行をすることができる。具体的には，Hの預金債権を差し押さえたり，Hの不動産を差し押さえ，これを強制的に競売・換価して，お金を回収することができるのである。

3　「法の世界へ」2　トラブル予防のための法の活用1―執行証書―

　【Case 2-1】～【Case 2-3】は，いずれも，発生したトラブル解決のために，法が登場しなければならない点で共通している。トラブルの「後始末」のために法を活用できるのであれば，トラブルが生じないようにするためにも，法を利用できるはずである。これが「予防法務」としての法の活用である。

第1講　ビジネス法へのいざない　17

【Case 3-1】
　【Case 2-3】(a) において，Gは，Hに対してお金を貸し付ける際に，合意の下，公証役場で，公正証書を作った。同証書は，執行証書（債務者Hが直ちに強制執行に服する旨の陳述が記載された公正証書）であった。

　【Case 3-1】においては，【Case 2-3】(a) と異なり，予め執行証書が作成されている。執行証書は，【Case 2-3】(b) における確定判決と同様，債務名義とされている（民事執行法22条5号）。つまり，執行証書があれば，面倒な裁判手続を飛ばして，Gは，いきなり強制執行をすることができるのである。【Case 3-1】において，Hが支払をしない場合，【Case 2-3】(a) の場面（訴訟）をワープして，直ちに【Case 2-3】(b) の場面（強制執行）へと移行することになる。

【Case 3-2】
　【Case 1-2】(b) において，Aは，Cとの間で新たに消費貸借契約を締結し，Cの未払金債務を，新たな契約に基づくAのCに対する貸付金とすることに合意した。併せて，新たな契約につき，執行証書を作成することにした。

　【Case 3-2】の新契約のように，既存の債務（さしあたり未払金のことと理解しておいてよい）を新たに貸金債務に改めることを準消費貸借という（民法588条）。準消費貸借につき執行証書を作ることで，【Case 3-1】と同様，【Case 3-2】においても，Aは，裁判をせずに，直ちに強制執行をすることができる。

4　「法の世界へ」3　トラブル予防のための法の活用2―契約書―

【Case 3-3】(a)
　【Case 2-1】において，Aは，Bとの間で，契約書を取り交わすことにした。その契約書には，原材料甲の仕様・規格やAの検査・検収の手続，契約違反の場合における損害賠償についての取り決めがなされていた。

執行証書は，実際のところ，貸借に関する契約についてしか利用できず，射程が狭い。ただ，「貸借に関する契約」以外においても，トラブル予防のため，法を活用することは可能である。【Case 3-3】（a）は，予めトラブルになりそうな事項につき，AB 間できちんと取り決めを交わしていた事例である。契約書を作りこんでおくことで，後日【Case 2-1】のようなトラブルが生じうることを避けることがある程度可能になる。

【Case 3-3】（b）
　【Case 3-3】（a）において，AB は，それぞれ保険に加入することを取り決め，それぞれ保険に加入した。

保険とは，火災・死亡・病気等の偶然の事故による損害を補償するため，多数の者が一定の資金（＝保険料）を出し合い，実際に事故があった時その者に一定金額（保険金）を与える制度のことである。保険に加入することにより，後日の賠償金を，保険でカバーすることが可能になる。保険制度のフレームワークは，保険法という法律で規定されている。

▶ 第2節　法とは何か

1　これまでのまとめと本書の構成

ここまで，いくつかの Case を検討してきた。これらによって，ビジネスを行う上で，法を理解しておくことが必要不可欠であることが理解できたであろう。ビジネスに関する法規制は多岐にわたるが，本書では，それらを「ビジネス法」と一括りにし，ビジネス法に携わることを「ビジネス法務」と総称する。そして，本書は，「ビジネス法」「ビジネス法務」の標準的テキストとして編まれたものである。「ビジネス法」の法規制は，法学部では，民法，商法……と個別の法律ごとに，別々に講義される。

他方，本書は，「法学部以外」の学部生や短大生が「ビジネス法」「ビジネス法務」について，学ぶためのテキストなので，そのような編別は取らない。コンパクトに，重要なところをサッとみて，ビジネス法務のエッセンスを味わっていただき，後で，その思い出を（学年末試験という形で）味わっていただくた

第1講　ビジネス法へのいざない　19

めの，「ビジネス法観光ガイドブック」に徹する。かような目的を有する本書は，全3編に分かれ，総論である本編の後，次編である第2編で，もっぱらビジネスを実現する基本的手段である民商法上の契約について俯瞰し，次いで第3編で，より応用的なビジネス法上のさまざまなトピックを取り扱う。民法典，商法典といった法典を完備するわが国においては，法典ごとに精緻な体系があるが，本書では，それらにとらわれず，ビジネスの現場で体験するトピックごとに，理解の容易な基本から応用へと段階的に進むよう，整理して説明することにしている。

2　法について

最後に，本書で取り扱う「法」の概念について一言しておく。「法とは何か」という問いは，大変奥深いが，本書では，さしあたり，「強制力を持った国家が定めたルール」であると理解しておこう。強制とはどのようなものかについては，前述の強制執行を思い浮かべていただきたい。

法には，いろいろな形態があるが，ビジネス法，ビジネス法務で大事なのは，国家の制定法（いわゆる法律）と判例法（裁判所の判決が積み重なって先例となったもの）の2つである。初学者にとってはとりわけ前者が重要である。前述のごとく，ビジネス法を構成する法律には，多様な種類のものがある。ただ，それらの多くは「六法」という書籍の中にコンパクトにまとめられている。本書の読者は，それらを手元に置き，参照しつつ，本書を読み進めてほしい。語学の学習と同じで，六法を引いた分だけ，法に習熟するのである（法律の条文の読み方については，市販されている「法学」のテキストを参照されたい。さしあたり，事実上の本書の姉妹書である川端敏朗・松嶋隆弘編『スタンダード法学』芦書房，2018年）を挙げておく）。

さあ，次講から，ビジネス法，ビジネス法務の世界がはじめよう。

（松嶋隆弘）

第2編

ビジネス法務

第2講
小売業における法律問題 1
契約とは何か

学修の要点

・契約とはどのようなものであるかについて学ぼう。
・契約の内容や締結する過程に問題がある場合のルールについて学ぼう。
・契約の内容が実現されない場合のルールについて学ぼう。

第1節 契約の意義

1 小売業と契約

　小売業とは，製造業者から直接，あるいは卸売業者を介して購入した商品を，最終消費者に販売する業態である。製造業者・卸売業者との関係も，最終消費者との関係も，売買契約である。売買契約の当事者の法律関係については，民法が規定している。

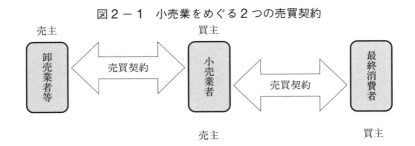

図2－1　小売業をめぐる2つの売買契約

2 契約とは何か

2-1 法律的に意味を持つ約束

契約とは，2人以上の人の間で交わされる約束のうち，法律的に意味を持つものを指す。私たちは，時計店で時計を買うこともあれば，友人と食事の約束をすることもある。前者は時計の売買にあたり，時計や代金を授受する権利や義務が発生するが，後者についてはこれを契約とは考えないのが普通である。たとえば，友人が予定の時間に遅れてきたことに対して損害賠償を求める訴えを起こしたり（後述の債務不履行による損害賠償の請求），約束の時間に来ない友人を強制的に映画館に来させる申立てを行ったり（後述の履行の強制）しても，時計の売買契約の場合とは異なり，裁判所は，通常はそのような請求を認める判断はしないだろう。「法律的に意味を持つ」というのは，そういうことである。

2-2 法律行為の一種としての契約

契約は，法律行為の一種である。法律行為とは，法律効果（権利の発生・消滅などの権利変動）を生じさせる行為で，意思表示を要素とするものである。意思表示とは，法律効果を発生させたいという意思（内心的効果意思）を，外に向けて表示することである（法律の分野では「意志」ではなく「意思」と表示することに注意しよう）。

法律行為には，契約のほか，単独行為（遺言，法律行為の取消し，契約の解除など），合同行為（会社の設立など）がある。契約は，後に述べるとおり，申込みと承諾という2つの意思表示によって成り立っており，合同行為は会社等を設立しようという複数の意思表示によって成り立っている（ただし，現在の会社法では，1人で株式会社を設立することができる）。これに対して，単独行為の場合は，意思表示がそのまま法律行為となる。

2-3 債権発生原因としての契約

契約は，債権を発生させる原因の1つでもある。債権とは，ある人（債権者）が，他のある人（債務者）に対して，一定の行為（給付）を求める権利のことである。たとえば，冒頭でふれた時計の売買契約を例に取ると，売主は，買主に対して時計の代金を支払うよう求める権利（売買代金債権）を有し，時計を引き渡す義務（目的物引渡債務）を負う。これに対して，買主は，時計を引き渡すよ

う求める権利（目的物引渡債権）を有し、代金を支払う義務（代金支払債務）を負う。債権は、請求する権利を持つ側（債権者）からみれば債権だが、請求される側（債務者）からみれば債務である。

このような、債権を発生させる原因には、契約のほか、法律上の義務を負わない者が他人のために事務の管理（たとえば飼い主が見つかるまで拾ったペットの世話をすること）を行う事務管理（民法697条以下）、過払い利息など、正当な根拠（法律上の原因）がないのに受けとった財産や労務、すなわち不当利得（民法703条以下）、故意や過失で他人に損害を与える不法行為（民法709条以下）がある。契約によって発生する債権のことを約定債権、それ以外の3つの原因によって発生する債権のことを法定債権という。

3　契約の分類

3-1　典型契約（有名契約）と非典型契約（無名契約）

契約と呼ばれるものには、さまざまなものがある。①コンビニエンスストアで昼食のおにぎりを買うのも（売買契約）、②ひとり暮らしのためにアパートを借りるのも（賃貸借契約）、③銀行で住宅ローンを借りるのも（消費貸借契約）、契約である。また、④大学に入学して卒業まで講義などさまざまなサービスを受けるのも（在学契約）、⑤通学に電車を利用するのも（旅客運送契約）、⑥デパートでワイシャツを仕立ててもらうのも（製作物供給契約）、すべて契約である。

民法は、契約自由の原則という考え方をとっていて、契約の内容は、その契約の当事者が自由に決めてよいことになっており、何かトラブルが生じた場合には、当事者があらかじめ定めておいたルールによって問題が解決される。しかし、契約をするときに、当事者がすべてのことを契約書等で定めておくわけではなく、むしろ、細かいことを決めずに契約を結び、履行されることがほと

んどである。そのような場合には，民法が用意しているデフォルトルールによって問題が解決される。それが典型契約ないし有名契約といわれる 13 の契約類型ごとに定められたルールである。前記の例の中では，①〜③がこれにあたる。これに対して，民法に規定のない契約のことを非典型契約ないし無名契約という。無名契約の中には，複数の契約の性質を合わせ持つ，混合契約とよばれるものもある。たとえば，⑥の製作物供給契約は，デパートが用意した生地でワイシャツを仕立ててそれを顧客に引き渡す，というもので，売買契約と請負契約の両方の性質を持つものである。

このように，ある契約がどのような契約なのかを決めることを，契約の法性決定という。法性決定が必要なのは，その契約をめぐって紛争が起きたときに，民法のどの条文を適用するかを決める必要があるからである（たとえば，さきにあげた製作物供給契約については，売買契約の規定や請負契約の規定が適用される）。

なお，契約自由の原則に対して，所有権や担保物権などについてのルールを定めた物権法の分野では，法律に定めていない新しい物権を作ってはいけないことになっている（物権法定主義。民法 175 条）。物権には，絶対性や排他性という強い性質があるためである（契約などから発生する債権には，相対性しかなく，排他性もない）。

3−2　諾成契約と要物契約，要式契約

次項で述べるように，多くの契約は，申込みの意思表示と承諾の意思表示が合致することによって，つまり口約束だけで成立する（諾成契約の原則）。これに対して，消費貸借，使用貸借，寄託など，契約が成立するのに，目的物の引渡しが必要になる契約がある（要物契約）。また，書面の作成など，一定の方式で行わないと効力を生じない契約もある（要式契約）。金銭の借主（主たる債務者）の債務を保証人が保証する契約（保証契約）が要式契約に該当する（民法 446 条 2 項）。

3−3　双務契約と片務契約，有償契約と無償契約

契約が成立した後に，契約の双方の当事者が債務を負う契約を双務契約，一方当事者のみが債務を負う契約を片務契約という。これに対して，契約の両当事者が，対価として見合う経済的な負担（出捐）をする契約を有償契約，そう

ではないものを無償契約という。双務契約と有償契約，片務契約と無償契約は
重なり合うことも多いが（双務有償契約として売買，賃貸借，請負など，片務無償
契約として贈与，使用貸借など），たとえば，利息つきの金銭の貸し借り（金銭消
費貸借契約）のような，片務有償契約の例もある。

　双務契約と片務契約の区別と，有償契約と無償契約の区別がなぜ必要である
かというと，民法には，双務契約のみ，有償契約のみに適用されるルールがあ
るからである。双務契約に適用されるものとして，契約の相手方が債務の履行
を提供するまでは自分の債務の履行を拒める同時履行の抗弁権（民法533条），
契約当事者どちらの責任でもない理由で一方の債務の履行を受けられないとき
には自分の債務の履行を拒める危険負担（民法536条）の各制度がある。また，
有償契約には，売買契約の主要な規定が準用される（民法559条）。

　以上の分類を表にまとめると，以下のようになる。

表2－1　典型契約の分類一覧

権利移転型契約	贈与	549条	財産の無償譲渡	諾成	片務	無償
	売買	555条	財産権移転と代金支払	諾成	双務	有償
	交換	586条	金銭以外の財産権の相互移転	諾成	双務	有償
信用供与型契約	消費貸借	587条	借用物の消費後の返還	要物	片務	無償※1
貸借型契約	使用貸借	593条	無償での物の貸し借り	諾成※2	片務	無償
	賃貸借	601条	有償での物の貸し借り	諾成	双務	有償
役務提供型契約	雇用	623条	労働への従事と報酬支払	諾成	双務	有償
	請負	632条	仕事の完成と報酬支払	諾成	双務	有償
	委任	643条	法律行為の委託	諾成	片務	無償※1
	寄託	657条	物の保管	諾成※2	片務	無償
その他の契約	組合	667条	出資と共同の事業の経営	諾成	双務	有償
	終身定期金	689条	死亡までの金銭等の給付	諾成	片務	無償※1
	和解	695条	譲歩と争いの終結	諾成	双務	無償

（注）　※1　特約によっては有償契約となる。
　　　　※2　改正民法施行前は要物契約。

図２－３　到達主義のもとでの意思表示の効力発生時期と契約成立時期
（買主が売主に時計の売買契約を申し込む場合）

申込み「この時計を〇〇円で買いたいです」						承諾「その値段でその時計を売りましょう」
表白	電子メール（手紙）を書く			了知		
⇓ 発信	電子メールの送信ボタンを押す　手紙をポストに投函する			↑ 到達	契約成立	
⇓ 到達	電子メールが相手のサーバに届く　手紙が相手の郵便受けに届く	申込みの効力発生		↑ 発信		
⇓ 了知	相手が電子メール（手紙）を読む			↑ 表白		

４　契約の成立と契約上の債務の消滅

４－１　契約の成立時期

　多くの契約は，さきに述べたとおり，申込みと承諾という２つの意思表示の内容が合致することによって成立し，この段階から，一方当事者は，他方当事者に対して一定の請求権（契約上の債権）を有することになる。では，２つの意思表示が合致して契約が成立したといえるのは具体的にいつだろうか。

　民法では，意思表示が効力を発生するのは，意思表示が到達したときである（到達主義。民法97条１項）。契約の成立についても到達主義の考え方が採用され，承諾の意思表示が相手に到達したときに成立する（民法改正前は，契約成立については例外的に発信主義の考え方がとられており，さらにその例外として，契約の締結が電子メールやパソコンのブラウザなどの電子機器によって行われるときは，契約の成立時期は承諾の意思表示が到達したときであると規定されていた）。

４－２　契約上の債務の消滅

　両当事者が契約上の義務を履行し契約内容が実現されると（＝弁済），契約上の債務は消滅する。債権の消滅原因には，弁済の他にもいくつかのものがある。代表的なものは，本来の弁済に代えて物を引き渡す代物弁済，互いの金銭債務を重なり合う金額（対当額）で消滅させる相殺である。

第2節　契約の無効と取消し

1　無効,取消しとはどのようなことか

1－1　契約の無効

　契約の無効とは,当事者は契約を締結したつもりでいたが,何らかの事情があって,その契約が実ははじめから効力を発生していなかったということである。契約の無効は,契約が効力を発生していないという事実であるので,原則として,いつまでも,誰からでも主張することができるのが,次に述べる取消しとの違いである。

1－2　契約の取消し

　これに対して,契約の取消しは,何らかの理由（取消事由）がある場合に,その契約を取り消すことができる者（取消権者）が,一定の期間内に取消しの意思表示をすることにより,その契約が最初にさかのぼってなかったことになることである（遡及的無効）。たとえば,3-1で説明する未成年者の場合,取消しができるのは,未成年者自身やその法定代理人等に限られ（民法120条1項）,未成年者であった者が取消権を行使できる期間は,この者が成年になってから5年間または取消しの対象となる行為の時から20年間である（民法126条）。

2　契約の無効を主張できる場合

2－1　意思能力がない者が結んだ契約

　人は,出生することにより,権利を持ったり義務を負ったりする（権利義務の帰属主体となる）ことができる（権利能力）（民法3条。なお,胎児はまだ出生していないが,損害賠償の請求（民法721条）,相続（民法886条）,遺贈（民法965条）については,すでに生まれたものとして扱われる）。したがって,3歳の子供であっても,成人した大人と同じように,権利能力を持つわけだが,だからといって,大人と同じような合理的な判断ができるわけではない。

　民法は,自分の行為が法律上どのような結果を生じさせるかを判断できる精神的能力（意思能力）をもたない者（幼児以外にも,重い知的障害を持つ者,泥酔者等もこれにあてはまる）が結んだ契約（契約以外の法律行為も同様である）は無

効であると規定している（民法3条の2）。

2-2　公序良俗違反の契約

さきに，民法には契約自由の原則があると述べたが，どのような内容の契約を結んでもよいということではない。民法は，公の秩序や善良な風俗（公序良俗）に反する契約は無効であるとしている（民法90条）。具体的に何が公序良俗に反するかは，解釈にゆだねられるが，判例の積み重ねから，おおむね，次のように分類される。

①法秩序に反するもの　　殺人の依頼や盗品の売買，臓器売買など，犯罪にあたる事項を内容とする契約など。

②社会秩序に反するもの　　親族間での不同居契約，妾契約などの家族秩序に反する契約，売春契約等の性秩序に反する契約など。

③私人による基本的人権の侵害　　憲法が表明する価値に反する内容の契約，たとえば，法の下の平等に反する男女別定年制，思想信条の自由を侵害する試用期間終了後の思想差別，人身の自由を侵害する芸娼妓契約など。

④その他　　原野商法や霊感商法などの悪質な取引，相手方の急迫・軽率に乗じた代物弁済予約契約のような暴利行為など。

2-3　意思の不存在

真意でない意思表示については，表意者は一定の場合にはこれを無効であると主張することができる。具体的には，嘘や冗談で意思表示をする心裡留保（民法93条），相手と共謀して嘘の契約を結ぶ（通謀）虚偽表示（民法94条）の2種類がこれに該当する。これらは，表示に対応する意思（内心的効果意思）が存在しないことから，意思の不存在あるいは意思の欠缺と呼ばれる。これらについて，表意者は意思表示や契約の無効を主張することができるが，事情を知らないなど一定の事情がある者（善意の第三者など）にはこのことを主張（対抗）できない。

たとえば，Aが強制執行で財産を失うことを免れようとして，一時的にA所有の土地の名義をBに変更するために，Bと嘘の売買契約を結んだ場合，そのような契約は虚偽表示に該当し原則として無効である（民法94条1項）。しかし，Bが第三者Cに土地の所有権を譲渡してしまい，Cが土地の真の所有者が

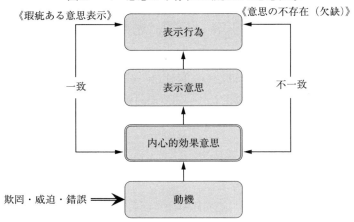

図 2 - 4 意思の不存在と瑕疵ある意思表示

Aであることを知らなかった（善意）場合，AがそのCに土地の返還を求めたとしても，Cは返還を拒むことができる（民法94条2項）。

民法94条2項の根底には，真の権利関係と異なる見た目（外観）を信じて第三者が取引に入った場合に，それが保護に価するものであれば保護するという考え方があり，類似する紛争の解決をするための，適切な条文がない場合に，この規定が類推適用されることがある。このような考え方を，権利外観理論（外観法理）といい，同様の制度として，民法には，表見代理（民法109条～112条）や受領権者としての外観を有する者に対する弁済（民法478条）の制度がある。

3　契約が取り消される場合

3-1　行為能力の制限

さきに，意思能力のない者が意思表示らしきことをしたとしても，後からその無効を主張することができると述べた。しかし，ある者に意思能力があったかどうかは，事例ごとの個別の判断となり，契約を結んだ者自身にとっても，その相手方にとっても，立証や予測可能性の点で問題がある。そのため，民法は，このような者をいくつかの類型に分けて，それらの者が単独で行った場合に後から取り消すことができる行為を定めている。

（1）　未成年者取消権

　成年（満20歳）に達しない者を未成年者といい，未成年者は原則として，その法定代理人（通常は親権者）の同意を得ないまま行った取引を取り消すことができる（民法5条1項）。ただし，これにはいくつかの例外がある。まず，未成年者が法定代理人の同意を得ないで行った取引であっても，次の3つに該当するものについては取り消すことができない。すなわち，①単に権利を得たり，義務を免れたりする行為（民法5条1項但書），②法定代理人が目的を定めて／目的を定めないで処分を許した財産の処分（民法5条3項），③法定代理人から許可された営業の範囲での行為（民法6条）である。

　また，未成年者であっても，婚姻をした者は成年に達したものとみなされる（民法753条，婚姻による成年擬制。「みなす」というのは，事実がそうでなくても，そのように取り扱うということであり，2－1で述べた胎児をすでに生まれたものとみなすというのも同じことである。事実関係がわからない場合に，いちおうそのように取り扱うという「推定」とは，推定の場合には事実がそうでないことの反証を許すという点で違いがある）。ただし，2022年4月から成年年齢が現在の満20歳から満18歳に引き下げられることが決まっており，それ以降は，婚姻による成年擬制の問題は生じない。

（2）　成年後見制度

　判断能力が十分でない者は，未成年者だけではない。精神病に罹患している者や，認知症の高齢者なども，民法による保護の対象になっている。民法は，成年被後見人，被保佐人，被補助人の3つの類型を定め，それぞれについて，一定の行為を取り消すことができるものとしている。

　「精神上の障害により事理を弁識する能力を欠く常況にある者」（民法7条）で，家庭裁判所で後見開始の審判を受けた者は，成年被後見人とよばれ，保護者として成年後見人がおかれる（後見人の権限や義務については民法853条以下に規定がある）。成年被後見人が行った「日常生活に関する行為」以外のすべての行為は取り消すことができる（民法9条）また，成年後見人は成年被後見人を代理して法律行為を行うこともできる（法定代理，民法859条1項）。事理弁識能力が著しく不十分な被保佐人（民法11条），事理弁識能力が不十分な被補助人（民法15条）についても，それぞれ取り消すことができる行為や保護者が代

理できる範囲が定まっている。

3−2　瑕疵ある意思表示

　錯誤，詐欺または強迫による意思表示を，瑕疵ある意思表示という。

（1）　錯誤

　意思表示の錯誤が法律行為の目的・取引上の社会通念に照らして重要なものである場合には，その意思表示を取り消すことができる（民法95条1項）。具体的には，表示に対応する意思を欠く場合（表示行為の錯誤（同項1号））と，行為の基礎とした事情についての認識が真実に反する場合（動機の錯誤（同項2号）。その事情を法律行為の基礎とすることが表示されていた場合のみ（同条2項））には，意思表示の取消しが可能となる。

　ただし，これには例外があり，錯誤が意思表示をした者の重大な過失によるものである場合は取消しができない（民法95条3項）。もっとも，相手方が錯誤を知っていたか，重大な過失によって知らなかった場合（同条3項1号）や，相手方が表意者と同一の錯誤に陥っていた場合（同項2号）には，取消しが可能である。

（2）　詐欺，強迫

　詐欺とは，他人を欺罔して錯誤に陥らせて意思表示をさせることであり，強迫（脅迫でないことに注意）とは，他人を威迫して畏怖させて意思表示をさせることである。たとえば，近いうちに一帯の土地の価格が暴落すると欺罔したり，売らなければ家族に危害を与えると脅したりして，土地を売らせた場合，意思表示をした者の真意と「土地を売る」という意思表示との間に食い違いはない。しかし，意思の形成過程に威迫による畏怖という「瑕疵」（きず）があるのであり，意思表示をした者を保護する必要がある。

　そこで民法は，詐欺または強迫による意思表示は取り消すことができるとした（民法96条1項）。強迫の場合には強迫によって意思表示をした者を保護する必要性が高いため，例外なく取消しが可能であるが，詐欺の場合には，2つの制限がある。まず，取消しをしても，そのことを善意無過失の第三者には対抗できない（民法96条3項）。また，詐欺が，取引の相手方でなく第三者によっ

て行われた場合には，取引の相手方が詐欺のあったことについて悪意または善
意・有過失であった場合にかぎり取消しが可能である（民法96条2項）。

　ただし，詐欺や強迫の規定は，じつは使いにくい規定である。たとえば，詐
欺があったと認められるためには，判例では，欺罔行為が違法であることのほ
か，表意者を欺罔して錯誤に陥らせようとする故意と，表意者にその結果，意
思表示をさせようとする故意という二重の故意が必要とされるからである（強
迫の場合も同様）。したがって，契約時の説明が紛らわしい，うそがあったといっ
た程度では，契約の取消しはできない。消費者と事業者との間で結ばれる契約
（消費者契約）については，このような厳しい要件を緩和して，消費者が自己の
権利を守りやすい制度設計がなされている（第3講参照）。

4　契約内容が実現されない場合のルール

4−1　契約内容が実現されない場合には

　契約は，すでに述べたように，両当事者が自発的に債務を履行しその内容が
実現されれば，その役割を終える。しかし，当事者の一方が債務を履行しない，
できない場合にそなえて，民法は，債務の内容を強制的に実現させる履行の強
制の制度を用意し，この履行の強制にかえて，あるいは履行の強制とともに，
債務を履行しなかった（債務不履行）当事者に対する損害賠償を認めている。債
務が契約によって発生したものである場合には，履行されていない債務の債権
者を契約の拘束力から解放する契約の解除制度も設けられている。また，売買
契約の目的物の種類・品質・数量が契約に適合しない場合には，買主による損
害賠償請求や契約解除が認められる（売主の契約不適合責任）。

4−2　履行の強制

　債務者が任意に自分の債務を履行しないからといって，債務者の自宅や店舗
に押しかけていって，むりやり売買代金を取り立てたり，売買の目的物を勝手
に持ってきたりすることは許されない（自力救済の禁止）。このような場合には，
公権力の担い手の1つである裁判所を通じて，強制執行の手続きをして自分の
債権の内容を実現させるしかない（その具体的な手続きは，民事執行法に規定され
ている）。これを民法では履行の強制という。

　履行を強制する方法には，いくつかのものがある。

　　　　　　　　　　　　　第2講　小売業における法律問題1　契約とは何か　33

①直接強制　　金銭の支払や物の引渡しをする債務については，裁判所に直接強制を求めることができる。たとえば金銭債務の場合には，債務者の財産を差し押さえ，それを換価し，債権者に配当する（民法414条1項，民事執行法168条）。債務者のところに十分な財産がない場合には（これを無資力という），いくら勝訴判決を得たとしても，債権の内容は実現されない（したがって，法制度を作ったり，あるいは既存の法制度を理解したりする場合には，この無資力のリスクをつねに念頭におく必要がある）。

②代替執行　　看板の撤去のように，直接強制の方法にはなじまないが第三者が債務者に代わって履行することが可能な債務の場合には，第三者に債務の履行をさせて，債務者にはその費用の負担をさせるという形で，債務の内容を実現することができる（民法414条2項，民事執行法171条）。

③間接強制　　債務者による債務の実現が行われない場合に，一定の金額の支払を債務者に命じ，心理的に圧力をかけ，債務の実現につなげるという方法もある（民事執行法172条・173条）。たとえば，マンションの居室を暴力団事務所として使用しないという債務について，違反のあった1日あたり定額を支払わせるような場合がこれにあたる。

4−3　債務不履行による損害賠償の請求と契約の解除

（1）　債務不履行とは

債務の履行が可能であるのに債務者が債務の本旨に従った履行をしない場合（履行遅滞），および履行が不能である場合（履行不能）を債務不履行という。債務不履行について債務者に帰責事由がある場合には，債権者は債務者に対して損害賠償を求めることができる（民法415条）。また，債務不履行があれば債権者は，契約そのものを解除することもできる（民法541条・542条）。

（2）　履行遅滞

履行遅滞による損害賠償請求をするための要件の1つ目は，正当な理由なく債務の本旨に従った履行をしないことである。したがって，売買契約のような双務契約において同時履行の抗弁権（民法533条）が成立する場合は，履行遅滞は成立しない。なお，債務の履行に債権者の協力が必要な場合には，現実に履行がされていなくても，履行に必要な準備を行えば（弁済の提供），履行遅滞

は成立しない。弁済の提供には，現実の提供（民法493条本文）と口頭の提供（民法493条但書）とがある。

履行遅滞による損害賠償が認められるための2つ目の要件は，履行期が過ぎていることである。具体的に履行期が過ぎる時期は，①確定期限付債務（「○月○日」「1カ月後」など）については，期限が到来した時（412条1項），②不確定期限付債務（「○○が死亡した時」など）については，債務者が期限到来を知った時（同条2項），③期限の定めのない債務の場合には，債務者が履行の請求を受けた時（同条3項）（ただし，貸金債務の場合には，貸主が相当期限を定めて催告しその期限が経過した時（民法591条））に履行遅滞となる。

履行遅滞による損害賠償が認められるための要件の3つ目は，債務者に帰責事由があることである。

履行遅滞が認められると，履行が遅れたことによる損害の賠償を請求する損害賠償請求権が発生する（遅延賠償）。損害賠償の範囲は，通常生ずべき損害と特別損害のうち予見可能であったものである（民法416条）。損害賠償は原則として金銭でこれを行い（民法417条，金銭賠償の原則），金銭債権の場合の遅延損害金（遅延利息）は，当事者が定めた約定利率がなければ法定利率によって計算する。損害賠償額は，予定しておくこともできる（民法420条）。

債権者が相当の期間を定めて履行するよう催告をしたにもかかわらず期間内に履行がなかった場合には，債権者は契約を解除することができる（民法541条）。ただし，契約の性質や当事者の意思表示により，特定の日時・一定期間内に履行をしなければ意味がない場合（定期行為）等，催告が意味を持たない場合，その時期を経過した場合には，解除に催告は必要ない（民法542条1項2号～5号）。契約解除をするのに債務者の帰責事由は不要である。

（3）履行不能

債務の履行が契約その他の債務の発生原因や取引上の社会通念に照らして不能になった場合には，債権者は債務者に損害賠償を請求することができる（民法412条の2第1項）。履行不能による損害賠償が認められるための要件の1つ目は，履行が不能であることであるが，この不能がいつ生じたか（契約成立の前か後か）は，損害賠償請求ができるかどうかには関係がない（民法412条の2第2項）。履行の不能には，物理的な不能だけでなく，不動産の二重売買（売主が

複数の者に不動産を売却する契約を結ぶこと。先に，対抗要件としての登記を具備した者が所有権を取得する）のような，社会的不能も含まれる。履行不能による損害賠償が認められるための要件の2つ目は，債務者に帰責事由があることである。

履行不能になると，債権者には，本来の履行にかわって損害の賠償を請求する損害賠償請求権（塡補賠償）と，契約解除権が発生する。履行遅滞の場合と異なり，履行不能を理由とする解除には催告しても無意味であり，催告は不要である（民法542条1項1号）。

（4） 不完全履行

履行らしきものはあるが完全ではなかった場合について，条文の規定にないが判例・通説はこれを不完全履行として扱う。たとえば，注文した商品の数が不足していた場合，調査報告書に不備があった場合，引越しの家具を運送したところ，運送が乱暴で家具が壊れた場合，運搬が乱暴で壁や他の家具を傷つけた場合等である。給付が不完全であるにとどまる場合には，その後の追完が可能であるか，不可能であるかに応じて，それぞれ，履行遅滞，履行不能のルールをあてはめて考えればよい。これに対して，給付目的物以外にも損害が拡大するような場合（保護義務違反，積極的債権侵害）には，履行遅滞や履行不能とは性質の異なる問題が生ずる。

4－4　契約不適合に対する売主の責任

売買の目的物として引き渡された物の種類，品質，数量が，契約内容に適合しない場合には，買主は売主に対して，次のような請求をすることができる。

まず，買主は売主に対して，履行の追完（目的物の修補，代替物の引渡し，不足分の引渡し）を請求することができる（民法562条）。相当の期間を定めて追完を請求したにもかかわらず期間内に追完がない場合には，買主は売主に代金を減額するよう求めることができる（民法563条1項）（そもそも追完が不能であるような場合には，ただちに減額請求が可能（民法563条2項））。また，買主はこれらの請求とともに，損害賠償請求や契約の解除をすることができる（民法564条）。これらの請求は，買主が不適合を知ったときから1年以内に売主に不適合を通知しなければ行使できなくなる（民法566条）。

売主の担保責任は任意規定であり，契約の当事者が特約でこれを排除したり，期間を短縮したりすることは可能であるが，売主が瑕疵について悪意であった場合には免責特約は無効である（民法572条）。しかし，消費者契約の場合には，消費者契約法が，消費者の利益を著しく害する免責特約の効力を制限している（第3講参照）。

5　定型約款

　民法の規定は，1対1の対等な当事者が交渉して契約内容を煮詰めていくモデルを前提に作られているが，現実にはそのような場合は多くはなく，私たちが関与する契約の多くは，事業者が多数の当事者と同内容の契約を反復・継続的に結ぶものである。このような契約において，想定した多数の相手方との契約に用いるためにあらかじめ定式化された契約条項のことを約款という。2017年改正で，民法は，約款のうち，「ある特定の者が不特定多数の者を相手方として行う取引であって，その内容の全部又は一部が画一的であることがその双方にとって合理的な」取引（定型取引）において，「契約の内容とすることを目的としてその特定の者により準備された条項の総体」（定型約款）についての規定を置くこととなった。

　ホテル等の宿泊約款，鉄道の旅客運送契約，電気・ガス・水道の供給契約などの定型約款に含まれる条項は，契約締結時に当事者がその条項を契約内容とする合意がある場合はもちろん（民法548条の2第1項1号），認識していなかったとしても，定型約款を作成した者（定型約款準備者）が，約款を契約の内容とすることをあらかじめ表示していた場合にも，契約内容に組み入れられる（同項2号。みなし合意）。

【参考文献】
潮見佳男『民法（全）』有斐閣，2017年。
山野目章夫『民法　総則・物権（第6版）』有斐閣，2017年。
山本豊，笠井修，北井功『民法5　契約』有斐閣 2017年。

（高橋めぐみ）

第3講

小売業における法律問題2
消費者法による民法理論の修正

学修の要点

- ・消費者法とはどのような法領域なのか，なぜ必要なのかを考えよう。
- ・消費者契約法の定める消費者取消権，不当条項規制を理解しよう。
- ・特定商取引法の定めるルール，とくにクーリング・オフについて学ぼう。

第1節　小売業者と消費者との法律関係

　小売業者は，消費者との間で取引をすることも多い。小売業者は，卸売業者から買った商品について，消費者との間で売買契約を結ぶ。売買契約についての一般的なルールは，前講で説明した内容が民法で規定されているが，契約相手が消費者である場合には，次節で述べる消費者の特性に応じてさまざまな特別なルールが定められている。

　本講では，消費者の特性を理解したうえで，具体的に，民法とは異なるどのような特別なルールが規定されているのかみていこう。

第2節　消費者法とは

1　消費者の特性

　消費者としての自分を事業者と比較すると，さまざまな違いがあることに気づく。たとえば，私たちは，購入しようとする商品やサービスについて，どの

程度の情報を持っているだろうか。その商品等を製造した製造業者や、販売しようとしている販売業者のほうが、私たちよりも多くの、そして精度の高い情報を持っていると考えるのが合理的であろう（情報の質・量の格差）。また、商品の価格等の契約条件について、個別の契約で交渉することは可能だろうか。私たちにあるのは多くの場合、せいぜい、どのような取引条件を提示する事業者と契約を結ぶかという相手方選択の自由くらいである（交渉力の格差）。このように、消費者と事業者との間には大きな格差がある。そして、この格差は、特定の消費者の知識や判断力が十分でないという個別の原因から生ずるものではなく、消費者が消費者であるがゆえに生じる構造的な格差である。

　民法では、契約の両当事者が対等であることを前提に多くのルール設定がなされている。しかし、当事者間に前記の格差がある場合には、その格差を前提に、それにふさわしい特別なルール設定をすることが必要である（実質的公平の実現）。消費者法という法分野においても、消費者と事業者との間のこのような格差を前提に、さまざまなルールが定められており、民法のルールが修正されている。

　なお、当事者の格差に着目して制定された法律には、消費者法のほかにも、労働法（雇い主と従業員）、借地借家法（マンションや一軒家の家主と入居者）、利息制限法（サラ金業者や銀行と借主）など多くのものがある。このような法律は社会法と呼ばれることも覚えておこう。

2　消費者法とは

　ここで、小売業者の法律関係からは少し離れて、消費者法とよばれる一群の法律の構造をざっとみておこう。消費者法とは、消費者にかかわる法律の集まりあるいは法分野を指す言葉であり、「消費者法」という名称の法律があるわけではない。消費者法の領域の頂点にあるのが消費者基本法（2004年に従来の「消費者保護基本法（1968年）」の大幅な改正とともに名称変更）であり、消費者法領域における憲法のような存在である。消費者基本法では、消費者政策の基本理念等が示され、また、さまざまな消費者の権利についても触れられているが、それらの消費者の権利が害されたとしても、消費者基本法を根拠に損害賠償などの請求を行うことはできない（プログラム規定）。表示の適正化による消費者の選択の自由の確保、契約の適正化による消費者の権利擁護、消費者の安全確

保など，領域ごとに，消費者基本法が定める消費者政策の基本理念を実現するためのさまざまな法律が定められているので，具体的な請求は，それらの個別の法律に基づいて行うことになる。

消費者法が定めるルールには，民事的な性質のものと行政的な性質のものとがある。

民事ルールの代表的なものは，クーリング・オフや，契約の取消権である。消費者は，これらの規定があることで，熟慮せずに，あるいは不当な勧誘の結果，締結してしまった契約の拘束力から逃れることができるようになっている。

他方，行政ルールは，いわゆる「業法」といわれる性質のもので，事業者がしてはならないこと，守らなければならない義務などを定めている。これらの行為規制に違反した事業者は，所轄の省庁の大臣による改善指示，業務停止命令，報告・立ち入り検査などの行政処分を受ける。場合によっては刑事処分が課される。

以下では，これらのうちの民事ルールを中心に，消費者契約法，特定商取引法について解説する。

▶ 第3節　消費者契約法

1　消費者契約法とは

消費者契約法は，「消費者と事業者との間の情報の質及び量並びに交渉力の格差に鑑み」て，「消費者の利益の擁護を図り，もって国民生活の安定向上と国民経済の健全な発展に寄与することを目的とする」法律である（消契法1条）。具体的には，消費者取消権，不当条項規制について定め，また，消費者の被害の発生・拡大を防止するために活動する適格消費者団体についての規定がおかれている。

2　消費者取消権

前講で述べたとおり，民法では，契約を締結する過程で詐欺や強迫があった場合には，その契約を取り消すことができることになっている（民法96条）。しかし，詐欺や強迫による取消しがじっさいに認められるには，高いハードルを越える必要がある。たとえば，詐欺による取消しが可能となるには，相手方を

40

欺罔して錯誤に陥らせる故意と，その錯誤によって相手方に意思表示をさせる「故意」が必要であると考えられている（二重の故意）。しかし，故意のような主観的な要件は立証が困難であり，詐欺による取消しが認められることは，あまりない（強迫についても同様）。たとえば，訪問販売の販売員のいいかげんなセールストークや居すわり等によって，不本意な契約を結んでしまった場合を考えてみれば，民法の詐欺や強迫の規定が役に立たないことがよくわかるであろう。

　そこで消費者契約法は，取消しが認められる要件を緩和し，取消権を定めた。詐欺の要件を緩和した誤認による取消し（消契法4条1項・2項）と，強迫の要件を緩和した困惑による取消し（消契法4条3項）である。また，過量契約も取消しの対象となっている（消契法4条4項）。

2－1　誤認による取消し

　民法の詐欺の要件を緩和して消費者に取消権を与えたものには，以下のものがある。(1) 重要事項についての不実告知，(2) 断定的判断の提供，(3) 不利益事実についての故意の不告知である。

(1)　重要事項についての不実告知(消契法4条1項1号)

　たとえば，家屋の耐震強度を上げるといいながら，まったく意味のないリフォーム工事を行う契約を結ばせる場合がこれにあたる。しかし，家屋の耐震強度が不十分であるという虚偽の事実を告げて，不必要なリフォーム工事を締結させられたというようなケースについては，従来は，重要事項が，「物品，権利，役務その他の当該消費者契約の目的となるものの質，用途その他の内容」（1号）または「対価その他の取引条件」（2号）であって「消費者の当該消費者契約を締結するか否かについての判断に影響を及ぼすべきもの」に限定されていたため，取消しが困難な状況にあった。2016年の改正（2017年施行）では，重要事項の範囲が，消費者の重要な利益（生命，身体，財産など）についての損害や危険を回避する必要性についての事項にまで拡大され，上の耐震強度のケースでも取消権を行使できるようになった。なお，不実告知は故意に行われたものである必要はない。

(2)　断定的判断の提供(消契法４条１項２号)

　株式や不動産の価格など，「将来における変動が不確実な事項」について，「絶対に値上がりします」等の断定的判断が提供された場合が，典型的なケースである。このような場合には，契約を取り消すことができる。この「変動が不確実な事項」が財産上の利得に限定されるかどうか（たとえば，「絶対にやせる」とエステに勧誘することがこれにあたるか）については，議論がある。

(3)　不利益事実についての故意・重過失による不告知(消契法４条２項)

　たとえば，眺望のよいことをうたい文句にしたリゾートマンションの販売過程において，すでに別のマンションの建築計画があり眺望が台無しになることがわかっていたにもかかわらず，そのことを告げなかった場合のように，重要事項や関連事項について，消費者の利益となることを告げ，かつ，消費者の不利益となる事実を故意に告げなかった場合にも，消費者取消権を行使することができる。この場合，不告知が故意や重過失によって行われたことが必要であるのが（1）の不実告知との違いである。

２－２　困惑による取消し

　消費者契約法の立法当初から，民法の強迫の要件を緩和して消費者が取消しをすることが認められていたのは，下記の（1）不退去および（2）退去妨害によって結んだ契約である。また，2018年の改正で，いわゆる（3）つけこみ型の契約も取り消せるようになった。

(1)　不退去(消契法４条３項１号)

　消費者が事業者に対し，退去してほしいという意思を示したにもかかわらず事業者が退去しなかった場合である。これには，明確に「帰ってほしい」と述べた場合だけでなく，たとえば「子供を塾に送っていかなければならない」等の場合も含まれる。

(2)　退去妨害(消契法４条３項２号)

　消費者が退去したいという意思を示したにもかかわらず，退去させなかった場合である。これも，明確に「帰りたい」と述べた場合だけでなく，「約束があ

る」「もう終電がなくなる」等で足りるとされる。

（3）　つけ込み型の不当勧誘等（消契法４条３項３号〜６号）

　消費者を困惑させて契約を締結させる不適正な勧誘方法には，消費者の経験不足や高齢・不安につけ込むものもある。2018 年改正で，消費者契約法には，以下の６つの場合に契約の取消しを認める規定が追加された（消契法４条３項３号〜８号）。

　①消費者の社会生活上の経験が乏しいことを知りながら，人生設計や容姿等についての不安につけ込んで契約を締結させる場合（進路に不安を抱えている学生の不安につけ込んで就職セミナーを受講させるなど），②同じく消費者の経験不足を知りながら恋愛感情を悪用して契約を結ばせる場合（いわゆるデート商法），③加齢等による判断力の低下を不当に利用して契約を締結させる場合（合理的判断ができなくなっている高齢者に年金では生活が成り立たないと告げて高額の投資用マンションを買わせるなど），④いわゆる霊感商法，⑤契約締結前に契約内容（となる予定の債務）を履行してしまい契約締結を断りにくくさせる場合（さお竹売りが契約締結前に消費者の自宅のサイズに合わせてさお竹を切ってしまうなど），⑥勧誘にあたっての調査や物品の調達等にかかった費用が無駄になるとして損失の補償を求める場合（勧誘のためにマンションの上層階まで荷物を運んだことを補償するよう求めるなど）に，消費者は契約を取り消すことができる。

表３−１　消費者契約法４条による契約締結過程の適正化（消費者取消権の発生）

誤認類型	１項１号	重要事項の不実告知
	１項２号	将来の変動が不確実な事項の断定的判断の提供
	２項	重要事項等の故意・重過失による不利益事実の不告知
困惑類型	３項１号	不退去
	３項２号	退去妨害
	３項３号	社会的経験の不足に乗じた不安をあおる告知
	３項４号	社会的経験の不足に乗じた恋愛感情等の悪用
	３項５号	加齢等による判断力の低下の不当な利用
	３項６号	霊感等による知見を用いた告知
	３項７号	契約締結前の債務の内容の実施
	３項８号	契約締結前の正当な理由のない損失補償の請求
過量契約	４項	通常の分量を著しく超える契約

このうち，①および②は，成年年齢が従来の20歳から18歳に引き下げられることへの措置で，被害の多発が想定される若年成年者への対応のために規定されたものである。

2－3　過量契約（消契法4条4項）

2016年改正で新たに加わった取消原因である。判断能力が低下し不安（健康，金銭，孤独）をかかえる高齢者をおもなターゲットに，さまざまな商品を次々に，必要な量を超えて売りつける「次々販売」が問題になっていた。この問題に対処するため，すでに，特定商取引法において，そのような取引（過量販売）が訪問販売によって行われた場合にはこれを解除できる制度が規定されていたが，それを，取引方法に関係なく，取消権として整備したのが，この制度である。

消費者契約の目的となるものの分量等（分量，回数，期間）が，契約をした消費者にとっての通常の分量等を著しく超える契約（過量契約）について，事業者がそのことを知って勧誘した場合に，消費者に取消権が認められるという制度である（消契法4条4項）。その「消費者にとっての通常の分量等」は，消費者契約の目的となるものの内容，取引条件，勧誘時の消費者の生活状況やそれについてのその消費者の認識を考慮して，契約する分量等として通常想定されるものである。

2－4　取消権を行使することができる期間と取消しの効果

消費者取消権を使って契約を取り消すことができる期間は，追認をすることができる時から1年間である（消契法7条1項前段。従来の6カ月間では短いという批判があったので延長された）。追認することができる時とは，消費者が誤認したことに気づいた時や困惑状態から脱した時など，取り消しの原因となっていた状況がなくなった，すなわち，契約を取り消そうと思えば取り消せるような状態になった時である。なお，追認することができる時から1年が経過しなくても，契約締結から5年を経過すると，この取消権は行使できなくなる（同項後段）。

消費者が取消権を行使すると，契約は最初に遡ってなかったことになる（遡及的無効）。その後，取り消された契約の「後始末」で，すでに支払った代金や，

引き渡された目的物の返還が行われることになる。その場合に消費者が返還する義務を負う範囲は，「現存利益」とよばれるものに限定される（消契法 6 条の 2）。現存利益というのは，取消しの時点で手元に残っているものを指す。したがって，たとえば，販売業者のうその説明でサプリメントを 10 ケース購入し，そのうちの 3 ケースをすでに消費してしまった場合には，7 ケースのみを返還すればよいということである。これに対して事業者は，10 ケース分の代金を消費者に返還しなければならない。

3　不当条項の規制

　消費者が事業者と結ぶ契約の多くは，「約款」といわれる，事業者側がすでに用意した契約条項を内容とすることが多く，消費者が事前にその内容を吟味し，変更することは，消費者と事業者との間にある情報の質・量，交渉力の格差を考えると，事実上不可能である。契約内容の違法性が強ければ，公序良俗に反するとして，そのような契約が無効であると主張することも可能であるが（民法 90 条），たんに，契約内容が消費者にとって著しく不利であるというだけでは，民法による消費者の救済はできない。

　そこで，消費者契約法では，公序良俗に違反するとまではいえなくとも，消費者を著しく不利な状況におく契約条項（不当条項）については，これを無効とした。具体的には，一定の限度を超えて，事業者の責任を免除したり制限したり（消契法 8 条），消費者の損害賠償額を予定したり違約金を定めたり（消契法 9 条）する条項は無効と定め，さらに任意規定よりも消費者の権利を制限したり義務を加重したりする条項で信義則に反して消費者の利益を一方的に害するものを無効とする規定（消契法 10 条）をおいている。また，新たに，消費者の契約解除権を奪う特約を無効とするルール（消契法 8 条の 2）や，消費者の後見開始等を理由とする解除条項を無効とするルールも追加された（消契法 8 条の 3）。以下では，8 条，9 条，8 条の 2 について解説する。

3－1　免責・責任制限条項(消契法8条)

　事業者に債務不履行や不法行為があった場合には，消費者は事業者に対して損害賠償を請求することができるが（民法 415 条・709 条）事業者の損害賠償責任を全部免責する条項は無効である。また，損害賠償責任が事業者の故意や重

過失によるものである場合には，損害賠償責任の一部であっても免除する条項は無効である。事業者の債務不履行責任（消契法8条1項1号・2号）と不法行為責任（同項3号・4号）について規定されている。

3−2　損害賠償額の予定・違約金条項（消契法9条）

　債務不履行があった場合の損害賠償は，現実に発生した損害を項目ごとに積み上げて算定するのが，実務の原則である（個別積み上げ方式）。しかし，すべての場合にそのような方式をとることは合理的ではないため，損害賠償の金額をあらかじめ定めておくことも可能である。これが損害賠償額の予定とよばれるものである（民法420条1項）。ホテルの客室や宴会場，パック旅行のキャンセル料の定めがこれにあたる。

　しかし，この損害賠償額の予定が，同種の契約が解除されるときに生ずる「平均的な損害を超える場合」には，その超える部分については契約条項は無効である（消契法9条1号）。たとえば，大学の入学手続き後に入学を辞退した場合には払い込んだ学納金を返還しないとの特約（学納金不返還特約）は，入学辞退の時期によっては無効となる（多くの場合，4月1日より前に辞退した場合には，無効とされる）。

　また，金銭債務の支払が遅延した場合の損害賠償額の予定や違約金が，14.6パーセントを乗じた額を超える場合には，その超える部分も無効である（消契法9条2号）。

3−3　消費者の解除権を放棄させる条項（消契法8条の2）

　事業者の債務不履行があった場合には，消費者には契約を解除する権利が発

表3−2　消費者契約法8条〜9条による契約内容の適正化（不当契約条項の規制）

事業者の損害賠償責任を免除する条項	8条
消費者の解除権を放棄させる条項	8条の2
消費者の後見開始等を理由とする解除条項	8条の3
消費者が支払う損害賠償の額を予定する条項等	9条
消費者の利益を一方的に害する条項	10条

生するが（民法541条・542条），この解除権を放棄させる条項も無効である。

第4節　特定商取引法

1　特定商取引法とは

　消費者が結ぶ契約の中には，トラブルが生じやすいタイプの取引がある。たとえば，訪問販売を考えてみよう。訪問販売では，急に自宅にセールスマンが訪れ，想定していなかった商品についての勧誘が始まり（不意打ち性），それが，自宅の中という，実は世の中から目の届きにくい場所で行われる（密室性）。このため，消費者は，十分かつ合理的な判断ができないまま，契約を締結してしまいがちである。

　特定商取引法の前身である訪問販売法は，この訪問販売や，通信販売，連鎖販売取引（いわゆるマルチ商法）など，消費者被害が多く発生していた取引を規制する特別法として1976年に制定された。その後の改正（と名称変更）をへて，特定商取引法は現在，表3-3に示す7つのタイプの取引について特別なルールを定めており，消費者が権利を侵害されないよう，また消費者の侵害された権利を救済するために，重要な役割を果たしている（ただし，特定商取引法の条文そのものは，「消費者」という語は使用しておらず，「購入者等」の語を用いている）。

　特定商取引法が定めるルールには，民事的な性質のものと行政的な性質のものとがある。

　民事ルールの代表的なものは，クーリング・オフや，契約の取消権，損害賠

表3-3　特定商取引法の規制する取引とおもな民事ルール

	規制年	定義	クーリング・オフ	その他の規制
訪問販売	1976	2条1項	8日	過量販売規制
電話勧誘販売	2000	2条2項	8日	過量販売規制
通信販売	1976	2条3項	－	法定返品権
連鎖取引販売	1976	33条	20日	中途解約権
特定継続的役務提供	1999	41条	20日	中途解約権
業務提供誘引販売取引	2000	51条	20日	中途解約権
訪問購入	2016	58条の4	8日	

第3講　小売業における法律問題2　消費者法による民法理論の修正　47

償額の制限等である。消費者は，これらの規定があることで，熟慮せずに，あるいは不当な勧誘の結果，締結してしまった契約の拘束力から逃れたり，不当な額の損害賠償責任を負ったりしないですむようになっている。このうち，クーリング・オフについては，次項で詳しく述べる。

他方，行政ルールは，いわゆる「業法」といわれる性質のもので，事業者が勧誘等にあたってしてはならないこと（不実告知の禁止，再勧誘の禁止），守らなければならない義務（勧誘目的の明示，書面交付義務）を定めている。これらの行為規制に違反した事業者は，経済産業大臣による改善指示（特定商取法7条など），業務停止命令（特定商取法8条など），報告・立ち入り検査（特定商取法66条）などの行政処分を受ける。場合によっては刑事処分が課される。

2　クーリング・オフ

特定商取引法の特徴的な制度の1つがクーリング・オフである。クーリング・オフとは，文字どおり，「頭を冷やす」「冷静になる」という意味であるが，消費者が，一定期間，特別な理由なく，申込みを撤回したり，締結した契約を解除したりすることを認める制度である。

たとえば，訪問販売や電話勧誘販売，訪問購入は，不意打ち的な勧誘を受けることが不本意な契約締結につながりうる。連鎖販売取引，業務提供誘引取引などは，取引の仕組みが複雑で，契約内容を理解しないまま契約を締結するおそれがある。特定継続的役務提供は，不意打ち的な勧誘がされるわけでも契約内容が過度に複雑なわけでもないが，役務（サービス）の内容が自分に合った有用なものであるかを事前に判断することは困難である。このような理由から，各取引にそれぞれクーリング・オフが認められているわけである。

通信販売については，ここで述べたような不意打ち性や複雑さがないとされ，クーリング・オフの制度は認められていないが，契約を結ぶ前に商品を手にとってみることができないという通信販売特有の性質から，クーリング・オフにかわる返品の制度（特定商取法15条の2）が設けられている（これについては第5講参照）。ただし，最近の主流となっている動画を利用したネット通販やテレビ通販の状況を考えると，通信販売に不意打ち性がないといってクーリング・オフを認めないことには異論もある。

なおクーリング・オフの制度は，個別クレジット（割賦販売法35条の3の10，

11），保険契約（保険業法 309 条），投資顧問契約（金商法 37 条の 6），預託取引（預託法 8 条）など，特定商取引法で規制されている取引以外についても定められている。

3 訪問販売のクーリング・オフ

それでは，クーリング・オフの具体的な内容を，訪問販売を例に説明しよう。

3－1 クーリング・オフの行使期間

訪問販売においては，事業者は，消費者から契約の申込みを受けた時には「申込書面」を，契約が成立した時には「契約書面」を，それぞれ交付しなければならないが，消費者は，これらの法定書面を受け取った日を含めて 8 日間，クーリング・オフすることができる（特定商取引法 9 条 1 項。起算日が申込時・契約成立時ではなく書面受領時であることに注意）。

したがって，契約成立等から日にちが経過してしまっていても，法定書面を受け取っていなければ，クーリング・オフの期間は進行しない。また，法定書面が交付されていても，書面に記載すべき内容（事業者の名称，住所，固定電話番号，商品名・製造者名，型式・種類，数量，価格，クーリング・オフができる旨の記述など）に不備がある場合にも，クーリング・オフの期間は進行しない。これらの場合には，事業者が，記載に不備のない書面を交付したときに，初めてクーリング・オフの期間が進行する。

クーリング・オフの妨害があった場合（事業者が事実と異なる説明をしたり，威迫したりしたために，消費者が誤認・困惑してクーリング・オフを行使しなかった場合）には，事業者は，あらためて書面でクーリング・オフが可能であることを告知しなければならず，それまでは，クーリング・オフ期間は進行しない。

小売業者の立場からすれば，いったん結んだ契約について，消費者が何の理由もなくクーリング・オフできるという制度には不満があるかもしれない。しかし，それがいやなのであれば，そもそもクーリング・オフされないような商品やサービスを提供すればよい。クーリング・オフの制度は，事業者にそのようなインセンティブを与え，適正な契約が結ばれるよう方向づけるものとして設計されているのである。

第 3 講　小売業における法律問題 2　消費者法による民法理論の修正　49

3-2 クーリング・オフの対象

クーリング・オフの対象となるのは，訪問販売の場合，すべての商品・サービスと，政令で指定された権利である。

ただし，いくつかの例外がある。たとえば，政令で指定された消耗品（化粧品や健康食品など）は，書面に「使用するとクーリング・オフできなくなる」と書かれている場合には，使用・消耗した商品についてはクーリング・オフができない（特定商取引法施行令別表第2）。また，政令で指定された金額に満たない現金取引（たとえば訪問販売の場合は，3000円）についても，クーリング・オフの対象からはずれる（特定商取引法施行令7条）。

3-3 クーリング・オフの行使方法

クーリング・オフの意思表示は，法律上は書面で行わなければならないことになっているが，これは書面によらなければクーリング・オフの効果が発生し

図3-1 商品の販売契約のクーリング・オフの書面の例

```
                    通知書

  株式会社○○
  代表取締役○○○○様


  契約年月日　令和○○年○○月○○日
  商品名　○○○
  契約金額　○○○円
  販売会社　株式会社○○　△△営業所
  担当者名　○○○○


  上記日付の契約は解除します。
  支払った代金○○円を返金し，商品を引き取
  ってください。


  令和○○年○○月○○日
  住所　○○県○○市○○町○-○-○
  氏名　○○○○
```

ないという趣旨のものではなく，後日の紛争を防止するために規定されたものである。具体的には，取引の対象が高額な場合には内容証明郵便で，それほど高額ではない場合には，必要事項を記載した郵便はがき（両面をコピーして保存する）を配達記録付きの書留で出すのが合理的であろう。クーリング・オフの期間内に書面が発信されれば，効果が生ずる（発信主義。特定商取法9条2項）。期間内に事業者のところに到達する必要はない。

3−4 クーリング・オフの効果

　クーリング・オフがされると，契約は締結した時に遡ってなかったものとなる。したがって，事業者は，消費者にまだ支払われていない代金の支払を請求することはできず，受け取った代金があれば，消費者に返還しなければならない。また，消費者が受け取った商品は事業者が引き取らなければならない（引き取り費用は事業者が負担する）。

【参考文献】
中田邦博・鹿野菜穂子『基本講義　消費者法（第3版）』日本評論社，2018年。
坂東俊矢・細川幸一『18歳から考える消費者と法（第2版）』法律文化社，2014年。
日本弁護士連合会編『消費者法講義（第4版）』日本評論社，2013年，日本評論社。

（高橋めぐみ）

第4講

卸売業における法律問題

学修の要点

・民法の特別法である商法の適用範囲はどのように決められるのか学ぼう。
・卸売業（商人間の売買取引）に関する民法と商法の規定はどのように違うのか学ぼう。

第1節 卸売業の意義

1 卸売業とは何か

本講では卸売業の法律問題について学ぶが，そもそも卸売業とは何だろうか。

たとえば国内外のちょっと珍しい食品を扱う食料品店（小売業）のお菓子について考えてみよう。ビスケットはイギリスのメーカーのもの，チョコレートはベルギーのメーカーのもの，かりんとうは日本のメーカーのものなど，世界中のさまざまなメーカーの商品が店に陳列されている。このような多様な商品を大量に買い集め，在庫しておき，食料品店から指示を受ける者や，求められ

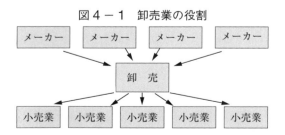

図4-1 卸売業の役割

た商品を食料品店の各店舗に届ける者が，卸売業を営む商人である。卸売業は，商人であるメーカーと，私たち消費者に対して商品を売る商人である小売業の間に立ち，商品の流通，在庫調整，物流等の役割を担っているのである（図4－1参照）。

2　卸売業の法律問題

　卸売業に関わる法律問題は多岐にわたるが，本講では，商人であるメーカーや小売業者と，商人である卸売業者との間で行われる商人間の売買取引（商事売買取引）に関する，商法の規定について説明をする。

　そもそも売買取引という場合，商人ではない一般人による売買取引と，商人間で行われる売買取引が考えられる。前者は，広く一般私人の私的利益の調整を行う一般法である民法の規定が適用されるが，本講で扱う商人間の売買取引については，特別法である商法が適用されることになる。つまり，商事取引の特徴やその目的から，民法を適用することが商事売買取引の場面においては適切ではないような場合に，民法を修正したり補充したりする規定として商法は存在しているのである。具体的な商法の規定についてみると，商法上に定められている売買取引に関する規定は，契約の申込みおよび承諾に関する民法の特則（商法508条・509条），売買の効果に関する民法の特則（商法524条以下）である。

　また，一般取引と比較した商事取引の特徴とは以下のとおりである。①企業は営利を目的とし，しかもこの目的は継続的かつ計画的である。②企業が営利目的を効率的に達成させるために，取引を反復して行い，かつ集団的な処理を行うことが多い。③取引の円滑・確実化への要請が高い。④商法は経済の変化・進展とともに常に発展するため，進歩的な傾向がある。このことから経済的合理性を基本に置いた規定が多いと指摘される。

　以下では第一に，商法の適用範囲はどのように確定されるのか説明を行い，続いて，商事取引に対する商法の規定のうち主要なものについて解説する。

　なお，2017年に成立した民法（債権法）改正の影響で，商法についてもいくつか改正が行われた。本講では改正後民法および商法を「民法」「商法」と呼び，改正前の民法および商法については「改正前民法」「改正前商法」と呼ぶ。

第4講　卸売業における法律問題　53

第2節　商法の適用範囲はどこからどこまで

1　商法の範囲を決める「商人概念」と「商行為概念」

　ここまでで，売買取引に関する法律には，主に民法と商法というものがあるということが分かった。前述のとおり，売買取引についての基本的なルールは民法が適用され，特別な場合に商法が適用される。では，その「特別な場合」はどうやって決まるのだろうか。言い換えると，いったいどこからどこまでが民法の適用範囲であり，どこからどこまでが商法の適用範囲なのだろうか。

　商法は，「商人」という概念と「商行為」という概念の2つの概念を使って，その適用範囲を明らかにしている。つまり，商法上に列挙されているある種の行為を商行為であると定め，その上でそれら商行為を行う者のことを商人と定めるのである。同時に，商人が行う行為のことを商行為とするという2段構えの定義付けによって商法の適用範囲に線引きをすることで，商法の適用範囲から不当に漏れてしまう行為や人を減らそうとしている。

　以下では，「商人」とは何か，「商行為」とは何かについて説明する（図4－2参照）。

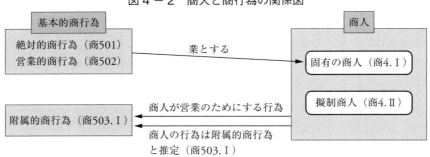

図4－2　商人と商行為の関係図

2　商人とはなにか

　商法の適用範囲を決める1つ目の概念は，「商人」である。商法上の規定によれば，商人とは，①絶対的商行為（商法501条）または営業的商行為（商法502条）（両者を併せて「基本的商行為」という）として商法上にリストアップさ

れた行為を業とする（ビジネスとして行う）固有の商人（商法4条1項）と，②基本的商行為にあたらない非商行為を業として行っている擬制商人（商法4条2項），そして③外国会社（会社法2条2号）を含む会社（株式会社・合名会社・合資会社・合同会社（会社法2条1号））がある。どのタイプの商人であっても，商法の適用の場面では，差別されることなく「商人」として扱われる。

それでは，①固有の商人と②擬制商人について，以下でそれぞれみてみよう。

2－1　固有の商人

固有の商人とは，「自己の名をもって」「商行為をすることを」「業とする」者のことである（商法4条1項）。

まず，「自己の名をもって」とは，商人が売買取引などの法律行為を行うにあたり，当該行為から生じる権利・義務を負う者（＝帰属主体）が当該商人本人であることを意味する。それでは，支配人や代表取締役のように，職業の特質上当然に他人の名前（雇用主である商人や会社の名前）を使って契約を締結する者はどうだろうか。たとえその者の行為が基本的商行為にあてはまるとしても，他人に対して権利・義務を帰属させることになるため，「自己の名をもって」という要件を満たさないことになる。

次に「商行為をすることを」という要件については，「第2節3　商行為とはなにか」で詳しく説明する。

最後に「業とする」とは，営利の目的をもっており，かつ同種の行為を集団的・計画的に行うことを意味するとされている。簡単に言ってしまえば，ビジネスとして行っていることが求められていると考えればよいだろう。ここでいう営利の目的とは，利益が出ることを予定しているということであり，結果的に利益が出なくても構わないし，主たる目的が営利目的でありさえすればよいため，他の目的が存在していたとしても構わない。

同種の行為を集団的・計画的に行うこととは，たまたまある商行為を行ったというのでは足りず，反復・継続して同種の商行為を行う必要があるということである。

2－2　擬制商人

擬制商人とは，基本的商行為を業として行うという要件を満たさないために

第4講　卸売業における法律問題　55

商法4条1項の固有の商人には当てはまらないものの，商法4条2項の要件を満たし商人とみなされる者である。具体的に列挙された商行為（商法501条・502条）に当てはまる者の行為だけを商行為とすると，経済や社会の急速な発展に法律がついていけないことがある。たとえば商法が明治32年（1899年）に誕生したとき，これこそ商行為であると想定されていた行為は，いわゆる2次産業・3次産業といわれる，どこかから仕入れきてどこかに売る行為や，何らかの作業をしてあげて手数料を取るような行為であった。したがって，農・林・水産業・鉱業のような自分で生産または収穫（＝原始取得）した商品を販売するような一次産業ないし原始産業は想定に含まれていなかった。だが，このような行為も，店舗や設備といった近代的設備や規模に注目した場合，一般私人というよりは商人に近い存在ということができ，民法ではなく商法の適用範囲に置く方が自然であると考えられるようになった。

　こうして擬制商人として商人の枠に加えられた者は，①店舗またはこれに類似する設備において有償取得した（お金を払って手に入れた）のではない物品の販売を業とする者と，②鉱業を営む者の2種類である（商法4条2項）。前者は漁師が自分で獲った魚をなんらかの店舗で売るような場合であり（なお，漁師から買い付けた魚を，小売の魚屋に売る卸売業者の場合は，有償取得した商品を売ることになるため，商法501条1号の商行為にあたり，擬制商人ではなく固有の商人になる），後者は鉱山経営のような場合である。

3　商行為とはなにか

　商法の適用範囲を決める2つ目の概念は「商行為」である。商法は商行為を①「絶対的商行為（商法501条）」，②「営業的商行為（商法502条）」，③「附属的商行為（商法503条）」という3種類の類型に規定している（図4-2参照）。絶対的商行為および営業的商行為は，併せて基本的商行為と呼ばれ，商人を導く概念であることはすでに述べたところである。一方，附属的商行為は，「商人が営業のために行う行為」を「商行為」であると逆に導く概念である。

　それでは以下では，①絶対的商行為，②営業的商行為，③附属的商行為についてそれぞれみてみよう。

3-1 絶対的商行為

商法501条は，絶対的商行為として4種類の行為を限定列挙している。これらの行為は，とても営利性の高い行為であるため，その行為を行うのが商人でなかったとしても，また1回限りの反復性のない行為であったとしても商行為として扱われる（表4-1参照）。

表4-1　絶対的商行為

1号	利益を得て譲渡する意思（投機意思）をもって，動産，不動産または有価証券を他人から有償で取得し（投機購買），その取得した動産等を譲渡する行為（実行行為）	安く買って高く売ること 有償取得が要件なので，原始取得したものを売却する行為は含まない 取得したものを加工してから譲渡する場合も含む
2号	将来他から取得する予定の動産または有価証券の供給契約（投機売却）をし，およびその履行のためにする有償取得行為（実行行為）	買主をみつけて高く売っておいて，目的物を売った値段よりも安く買う（例：株式） 不動産は含まれない
3号	取引所においてする取引	商品取引所，金融商品取引所
4号	手形その他の商業証券に関する行為	

3-2 営業的商行為

商法502条は，営業的商行為として13種類の行為を限定列挙している。これらの行為を，営業として行うときには商行為となる（表4-2参照）。営業的商行為は，絶対的商行為に挙げられている行為よりも，営利性が低い行為であるため，営業として行う場合に限り商行為として扱われる。なお，営業として行うとは，営利の目的で反復・継続して行うことをいう。

表4－2　営業的商行為

1号	他に賃貸する意思をもって（投機意思），動産または不動産を有償取得または賃借し（投機賃借），そうして取得・賃借したものを賃貸する行為（実行行為）	不動産賃貸業，レンタカー業等のレンタル業。
2号	他人のためにする製造・加工に関する行為	材料に労力を加えるという行為を引き受ける行為。物の種類に変更が生ずる場合が製造（紡績業），生じない場合が加工（クリーニング業）。
3号	電気またはガスの供給に関する行為	
4号	運送に関する行為	人または物を場所的に移動させる行為を引き受ける行為。
5号	作業または労務の請負	作業の請負は，家屋等の建築などを引き受ける行為。労務の請負は，労働者の供給を請け負う行為。
6号	出版，印刷，撮影に関する行為	
7号	場屋取引	公衆の来集に適する場所と人を整え，客に一定の設備を利用させる行為（ホテル，遊園地）。
8号	両替その他の銀行取引	銀行取引には，受信行為および与信行為の両方が必要であるため，与信しかしない貸金業は含まれない（判例）。
9号	保険	
10号	寄託の引受け	他人のために物の保管を引き受ける行為（倉庫，駐車場）。
11号	仲立または取次に関する行為	仲立とは，他人間の法律行為の媒介を引き受ける行為（仲立人）。取次とは，自己の名をもって他人の計算において法律行為をすることを引受ける行為（証券会社）。
12号	商行為の代理の引受け	締約代理商。
13号	信託の引受け	

3－3　附属的商行為

　商人の行為についての整合的法規制の必要から，商人が営業のためにする行為は商行為とされる（商法503条1項）。つまり，商人が本来の目的として行う

営業である絶対的商行為・営業的商行為以外でも，営業のための手段として行う行為も商行為として扱おうとする規定である。印刷業を始める前に印刷機を購入したり，事務所を借りたりする行為がこれにあたる。また，商人の行為は，営業のためにするものと推定を受ける（商法503条2項）。

第3節　民法と商法のルールの違い

　ここまでで，どういうときに民法ではなく商法が適用されるのかが分かった。以下ではより具体的に，商事取引に関する規定の中でも民法と異なる商法ならではの規定について，売買取引の流れに沿って説明しよう。

1　契約の成立の場面

1-1　申込みの効力

　契約についての一般原則を定めているのはいうまでもなく民法である。民法によれば，契約は申込者による申込みに対して，相手方が承諾することによって成立する（民法522条）。しかし申込みをしたものの，いつまでも承諾の連絡がない場合，申込者はいったいいつまで待たなければならないのだろうか，申込みの効力はどのような場合に失効するのだろうか。

　承諾期間を定めている場合の扱いについては，商法に規定がないため民法が適用される。一方，承諾期間の定めがない場合については，平成29年民法改正によって，民法が改正され，これに応じて商法の改正も行われた。承諾期間の定めがない場合，当事者が対話者間（面と向かって契約を結ぶような場面が想定されているが，必ずしも地理的な遠近をいうのではなく，直接相手方と意思の交換ができる場合も含む）であるのか，隔地者間（遠くに離れていて意思の伝達に時間がかかる者同士の場面をいう）であるのかによって扱いが異なる。

　承諾期間を定めないでした申込みであり，かつ対話者間の場合の商法の規定（改正前商法507条）は，民法と比して取引の迅速性の要請が高いことから，申込みに対し直ちに承諾しなかったときは申込みの効力を失うと規定していた。「効力を失う」ということは，当事者の意思を挟む余地なく，時間の経過によって自動的に効力が失われるということを意味しており，取引の迅速性に寄与する条文となっていたことがわかる。しかし平成29年民法改正により，民法の

第4講　卸売業における法律問題　59

規定についても，対話者に対して行った申込みに対して，対話が継続中に承諾の通知を受けなかったときは，申込みの効力を失う（民法525条3項）という規定が新設され，これを受けて商法の規定は削除された。

一方，承諾期間を定めないでした申込みであり，かつ隔地者間の場合には，民法の規定は相当の期間が経過後に申込みを撤回して初めて効力を失う（民法525条1項）としている。しかし商法では取引の迅速性の要請から，申込みを受けた者が相当の期間内に承諾の通知を発しなかったとき，その申込みは撤回の手続きなしに自動的に効力を失うと定めている（商法508条1項）。

1－2　諾否通知義務

商人は，平常取引をする者からその営業の部類に属する契約の申込みを受けたときは，遅滞なく，契約の申込みに対する諾否の通知を発することを要し（商509条1項），もし承諾するか否かの通知を遅滞なく発しなかったときには，申込みを承諾したものとみなす（同2項）と規定されている。平常取引とは，すでにある程度の継続的取引関係にあり，かつ今後も継続が予想される関係のことをいう。つまり，申込みが継続される見込みが高い場合には，沈黙＝承諾との期待を生じさせるのであり，商法はそのような期待を保護すべきであると説明される。また，このような厳しい規定を設けることで，商人に対して，申込みされたときに無視を許さず，諾否の通知を行うよう間接的に義務付けたものといえる。

なお，民法においては，平常取引か否かに関わりなく，原則どおり承諾がない限り契約は成立しない。

1－3　送付物品保管義務

商人がその営業の部類に属する契約の申込みを受けた場合，申込みとともに受け取った物品（たとえば商品見本）があるときは，その申込みを拒絶したときであっても，申込者の費用をもってその物品を保管しなければならないと規定する（商法510条）。商事取引の世界では，迅速かつ円滑な取引のために，申込みに対して承諾してくれるだろうと想定し，前もって物品の一部や全部を送ることがよくあるからである。

なお，この送付物品保管義務は民法上には存在しない義務である。

2 「定期売買」で契約を解除したい場合

　売買取引における一方当事者の履行遅延および不履行があった場合，他方当事者はどうやったら契約の解除ができるだろうか。民法と商法の規定に違いが生じるのは，その売買契約が定期売買であった場合である。

　定期売買とは，売買の性質上一定の日時や期間に履行されなければ意味をなさない場合（印刷済み年賀状やクリスマスケーキ）や，契約当事者の意思表示により一定の日時や期間に履行されなければ意味をなさない旨が合意されていた場合における売買をいう。

　商法が適用される商人間の売買において，定期売買であったにもかかわらず，当事者の一方が履行をしないでその時期を経過してしまったとき，相手方が直ちにその履行の請求をした場合を除き，契約の解除がされたものとみなされ（商法525条），解除の意思表示がなくても契約解除の効力が発生する。当然，催告も不要である。

　一方，民法が適用される一般の売買取引において，当事者の履行なく履行期間を経過した場合，取引の相手方は催告なしで解除することができる（民法542条1項4号）とされている。「解除をすることができる」だけなので，相手方には履行を請求するか，契約を解除するか選択の余地がある。

　民法の規定のように，相手方の意思によって履行か解除かが決まる場合，債務不履行の当該商人は不安定な立場に置かれることになる。そこで法律関係の早期の安定を図るため，商事取引の場合には，相手方の意思表示は関係なく契約が解除されることになる。

3 買主による受領の遅延および拒絶があった場合

　買主が売買取引の目的物の受領を拒絶，またはこれを受領することができないとき，売主はいつまでも引渡しの義務を果たすことができないままになってしまう。そのような売主が早々に引渡義務から免れることができるよう，民法および商法はそれぞれ売主に対して権限を与えている。

　まず商法が適用される商人間の売買において，売主は，商法524条1項により，その売買の目的物を供託所（大臣指定の倉庫であり，国家機関）に供託し，または相当の期間を定めて催告をした後に競売に付することができるとされている。そうすることで売主は晴れて義務から逃れられるのである。

第4講　卸売業における法律問題　61

しかし例外もある。すなわち同条2項に当てはまる場合（損傷や価格下落のおそれがある物が目的物である場合）には，例外的に催告すらせずにいきなり競売に付すことが認められる。そして前者の原則の場合でも，後者の例外の場合でも，売買の目的物を競売に付したときは，売主は，その代価を供託しなければならない。ただし，競売の売得金の全部または一部を代金に充当できる（同条3項）。

一方，民法が適用される一般の売買取引において，受領拒否もしくは受領不可があった場合，民法494条1項は，弁済者は，債権者のために弁済の目的物を供託することができるとの原則を示している。つまり民法上は供託が原則となる。しかし，民法497条に列挙されているような例外的な場面（生もの等の供託に適さない場合や，滅失損傷の可能性がある場合等）では，例外的に裁判所の許可を得て競売に付すことができ，その代金を供託所に供託することができるとされている。

民商法両者の違いは，両者の例外規定における裁判所の許可の要不要や，催告の要不要にあるが，これらの違いは，商事売買において売主側の使い勝手をよりよくしようとしたことから生じている。しかし実際には，契約に「期間を過ぎたら任意に処分できる」などと書いておくことで対応しているといわれている。

また，競売はあくまでも売主の権利であるため，当然のことながら競売を行わずに，受領拒絶を理由として契約を解除するという選択も可能である。

3−1　商品が届いたあと─買主の目的物検査・通知義務─

いよいよ売買取引の目的物が買主の元に届いたが，商人間の売買取引の場合には，買主はもう一仕事する必要がある。つまり，買主は商品の受領後，遅滞なく検査をし（商法526条1項），問題があれば売主に対して直ちに通知しなければならないのである（同条2項）。

ここでいう検査結果に問題があった場合とは，売買の目的物の種類，品質または数量に関して契約の内容に適合しない場合をいう（同条2項）。民法改正以前の商法は，瑕疵または数量に不足を発見したときとしていたが，民法改正によって民法自体が瑕疵担保責任から契約不適合責任へと考え方を変更したため，商法も検査によって確認する事項が前記のように変更になったのである。

買主が検査および通知をしなかった場合，買主は債務不履行となるわけではなく，ただ目的物に契約とは異なるなんらかの問題があったときに，売主に対して権利を主張するための条件を失うことになる。具体的には，履行追完の請求，代金の減額の請求，損害賠償の請求，契約の解除ができなくなる。つまり，買主の検査・通知義務とは，民法に基づく責任追及を行うための前提条件を課したものなのである。

なお，民法は，受領した直後の目的物の検査・通知義務を課してはいない。その代わり，種類または品質に関する契約不適合を認識したにもかかわらず1年間売主に対してその旨の通知をしない場合に，買主が救済手段を失うことになる（民法566条）。このように民法では通知に1年間の猶予が設けられているが，もしこれが商人間取引であれば，あまりにも長い期間売主を不安定な立場に置くことになってしまう。したがって商法では，前記のような検査・通知義務を課しているのである。

3-2　買主の目的物保管・供託義務

検査の結果，目的物の受け入れが不可となった商品について，本来，買主は保管せずに売主に返せばそれでよいはずである。しかし商法は，買主は契約を解除したときであっても，売主の費用をもって売買の目的物を保管し，または供託しなければならない（商法527条1項）としている。また，目的物について滅失または損傷のおそれがあるときは，例外として裁判所の許可を得て競売に付し，その代価を保管もしくは供託しなければならないとする（同項但書）。

このような規定になっているのは，商人の場合，買主の住所の近くに別の新しい買主を探すことがあるからである。

▶ 第4節　卸売業における法規制

本講では，そもそも民法ではなく商法が適用される場面の包括的な説明を行った上で，卸売業（商人と商人の売買取引）を行う上で，注意すべき商法ならではのルールについてみた。商人と消費者間の売買取引や私人間の売買取引とは違い，商人間の取引は，基本的に同等な立場の者（しかも商人というプロフェッショナル）同士の売買である。したがって，より一層取引が活発になり，無駄なコ

第4講　卸売業における法律問題　63

ストを減らし，積極的に取引を行うことができるよう期待した工夫が凝らされていることが分かっただろう。

【参考文献】

落合誠一・大塚龍児・山下友信『商法Ⅰ　総則・商行為（第 6 版)』有斐閣，2019 年。

近藤光男『商法総則・商行為法（第 8 版)』有斐閣，2019 年。

江頭憲治郎『商取引法（第 8 版)』弘文堂，2018 年。

大村敦志・道垣内弘人編『民法（債権法）改正のポイント』有斐閣，2017 年。

小林隆一『流通の基本（第 5 版)』日本経済新聞出版社，2016 年。

藤川信夫・松嶋隆弘編著『エッセンシャルビジネス法務（補訂版)』芦書房，2012 年。

（品川仁美）

第5講

電子商取引

学修の要点

・電子商取引の特徴を対面取引との相違を考えながら学ぼう。
・電子商取引に対する法規制（他の取引と共通のものとそうでないもの）を学
ぼう。

第1節　電子商取引とは──その特徴と長所・短所──

1　電子商取引とは

　電子商取引（EC取引）とは，インターネットその他のコンピュータ・ネット
ワークを利用して行われる取引をいう。電子商取引には，米コビシント（自動
車業界の電子資材調達市場）のような企業間の取引（B to B取引），楽天やアマゾ
ンその他のネットショッピング等の企業と消費者との間の取引（B to C取引）と
個人間のネットオークション等の消費者同士の取引（C to C取引）がある。

　2017年度において，日本国内のBtoC-EC取引の市場規模は，16兆5054億
円（前年比9.1％増），BtoB-EC取引の市場規模は317兆2110億円（前年比
1.3％増）にのぼり，拡大の一途を歩んでおり（経済産業省商務情報政策局情報経
済課「平成29年度我が国におけるデータ駆動型社会に係る基盤整備（電子商取引に
関する市場調査）報告書」），今後ますます電子商取引が商取引の中で占める割合
は高くなっていくと思われる。

　電子商取引も取引の一形態であることから，基本的には取引一般を規律する
民法や商法が適用されるが，コンピュータ・ネットワークを用いて行われると

第5講　電子商取引　65

いう特性から，前記法律が具体的に適用される場面で，たとえば対面取引等の他の取引と異なる取扱いがされていたり，特別法が制定されていたりすることがある。

そこで，まず，対面取引と電子商取引の具体例を挙げながら，電子商取引の長所と短所を確認した上で，同取引に適用される法律等を説明することとする。

2　対面取引と電子商取引(B to C取引)の具体例

まず，ある消費者が商品を購入するまでの流れについて，対面取引と電子商取引について具体例を挙げながら見ていくこととする。

2-1　対面取引

A洋服店に青色のTシャツを買いに行き，実際に商品を触ったり試着したり，商品の材質等について店員に聞いたりして1枚選び，レジで代金を現金で支払い，Tシャツをその場で受け取った。

2-2　電子商取引

インターネットショッピングモール「A市場」で「Tシャツ」「青色」というキーワードを入力して検索したところ，多数のTシャツが表示された。画面上で商品の説明欄に「日本製，シルク100％」と書いてあったこと等から，B社製の青色Tシャツ（Mサイズ）を選んだ。「B社製の青色Tシャツ」という同一商品の中でも，A市場に出店していたC店は1000円という破格の値段で，他の店に比べて格段に安かったためこれを1枚選び，「カート（買い物かご）」に入れた。その後，画面上の「レジに進む」をクリックしたら，購入する商品名，注文個数や代金が表示され，支払方法が列挙されたので，それを一読し，クレジット払いを選択した上で「注文を確定する」のボタンをクリックした。その後，受注確認のメールが送られてきた。

図5-1 電子商取引の流れ

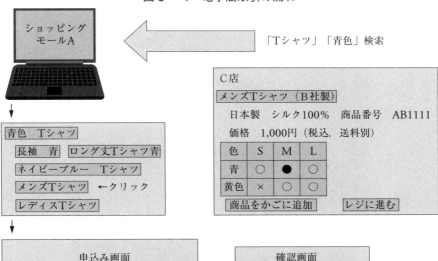

3 電子商取引の長所と短所

電子商取引の主な長所と短所は，表5-1のとおりである。

表5-1 電子商取引の長所と短所

| 長　所 | ①＜客側＞365日24時間いつでも，どこからでも商品を閲覧し，注文できることが多く，自宅で受け取ることができる。
②＜客側＞画面上のボタンをクリックするだけで注文が完了するので，店員とのやりとりやレジに並ぶことが不要なため，煩わしさや時間のロスが避けられる。
③＜客側＞購入希望者は，多種多様「青色のTシャツ」から自分の希望により合致する商品を選ぶことができる。自分の探している商品を一括して検索することができ，同じB社製の青色Tシャツについて，より安い店から購入することができる。
④＜店側＞ネットショップは，実店舗に比べて，店舗維持費用がかからないことが多いので費用を抑えられやすく，商品を安く提供しやすい。したがって，新規参入もしやすい。 |

		⑤＜店側＞客側にとっての前記①～③のメリットが購入の誘因となるため，価格・商品表示等で優れていれば購入して貰いやすい。
短　　所		①＜客側＞ネットを介しての取引であり，商品の現物を直接見たり触ったり試着したりすることができないため，想像していた商品と異なる商品を購入するリスクがある。思っていた青色と異なっていたり，Ｍサイズでも自分には小さかったり，触手したらシルク100％でないことがすぐに分かったのに，ネット上の表示を信頼して買ってしまったりする可能性がある。
		②＜客側＞直接店に赴かないため，取引相手（Ｃ店）に接することがないことから，一般的に，詐欺に遭う危険性が実店舗以上に高くなる。
		③＜客側＞実店舗であれば，「青色のＭサイズのＴシャツ１枚」を実際に目で確認し手に取りレジに持って行くが，電子商取引は画面上で確認してクリックするだけで注文が完了するため，商品を選択する際に「黄色」や「Ｌサイズ」を誤注文したり，「２枚以上」のＴシャツを選択したりしてしまう可能性が，実店舗に比べて大きい。
		④＜店・客側＞実店舗では現金の支払と同時に商品を受け取ることができるが，電子商取引は隔地取引のため，代金引換である場合は別として，商品が先に届くか支払が先になる。したがって自分の義務を先に履行した方がリスクを負うことになる。
		⑤＜店側＞購入者が直接店に赴かないため，申し込んでいる名義人本人が注文をしているか確認できず，取引が成立した後に，第三者や子どもによる「なりすまし」だったと主張される可能性が大きい。
		⑥＜店側＞青色のシルクのＴシャツの価格が「10000円」であるのに，０を１つ入力漏れしたため「1000円」という価格表示をしてしまうというリスクがある。

　表5－1中の短所を回避するためには，取引の当事者が自己防衛することが何よりも重要で有効であるが，法律や省庁の準則等が事前規制や事後救済の措置を設けて対応している。

▶ 第2節　電子商取引に適用される法律

　電子商取引も私人間の取引の場合，原則として民法や商法が適用される。さらに，B to C取引の場合は，取引の一方当事者が消費者であるため，事業者と消費者との交渉や情報の格差を踏まえ消費者保護の観点から制定された，民法の特別法である消費者契約法が適用される。また，電子商取引は通信販売の一

形態であるので，通信販売事業者に対する規制は電子商取引にも適用される。さらに，広告については以下のとおり特定商取引法や景品表示法が適用されるし，商品によっては医薬品医療機器等法，健康増進法，食品表示法等の規制の対象ともなる（これらの詳細については，第2講，第3講，第10講等を参照）。電子商取引の支払方法としては，銀行振込，代金引換等以外にもクレジットカード払いが利用されることが多く，それについては割賦販売法が適用される。

それ以外にも，電子商取引特有の法律が適用されるので，以下これらを概説する。

▶ 第3節　広告規制

1　実物と異なる内容による広告の禁止―購入者の判断を誤らせないために―

第1節2の例にあるように，商品を購入するにあたっては，商品に関する説明を読む等して購入するかどうかを決めるのが一般的である。それにもかかわらず，商品について実際と異なる説明がなされていたとしたら，購入者は判断を誤る可能性が高く，購入者に損害を与えることになってしまう。そこで，下記のとおり，法律で虚偽の広告等を禁止することにより，購入者の保護が図られている。

すなわち，特定商取引法では「誇大広告表示」と「不当表示」が禁止されている。通信販売を行う際に販売条件等について広告する場合，特定商取引法が定める事項について虚偽・誇大な広告をしてはならない（特定商取法12条）。誇大広告とは，実際のものより著しく優良であり，もしくは有利であると人に誤認させる表示をいう。たとえば，第1節3の短所で述べたように「シルク」と表示されていたが実際は「ポリエステル」であった場合には，不当表示規制を受ける。

また，景品表示法は，不当表示の優良誤認や有利誤認を禁止している。不当表示とは，①事業者が，自己の供給する商品または役務の取引において一般消費者に対してする表示であって，②優良誤認または有利誤認に当たり，③不当に顧客を誘引し，④一般消費者による自主的かつ合理的な商品選択を阻害するおそれがある表示をいう（景表法4条1項1号，2号）。②の優良誤認とは，品質，規格その他の内容についての不当表示をいい，有利誤認は，価格その他の

第5講　電子商取引　69

取引条件に関する不当表示をいう。さらに，同法は，これらの優良誤認と有利誤認とは別の不当表示類型を定めている。すなわち，商品やサービスの取引に関する事項について一般消費者に誤認されるおそれがあると認められ，内閣総理大臣が指定する表示類型は，不当表示に該当する（景表法4条1項3号）。その中には，「商品の原産国に関する不当表示」や「無果汁の清涼飲料水等についての表示」が含まれる。第1節2の例で，外国製のTシャツを日本製と偽った場合，製造国が異なっているので，優良誤認を生じさせるか否かを検討するまでもなく，同号により不当表示となる。

2 広告を受け取ること自体を望まない場合─電子メール広告やファクシミリ送信の禁止─

　電子メール広告を送信することについて承諾しない者に対しては，電子メール広告を送信することは禁止されている（特定商取引法12条の3の1項）。したがって，通信販売事業者が電子メール広告を送信するには，事前に相手方からその広告を送信することの承諾を得ていなければならない。また，通信販売をする場合の，商品またはサービス等の販売・提供条件について，相手方の承諾を得ていないファクシミリ広告も原則として禁止されている（特定商取引法12条の5第1項柱書）。これに対して，自社の広告物を電子メールやファクシミリ以外の方法で送る場合には，個人情報保護法に基づき利用目的を予め明示しておけば許される。

▶ 第4節　返品特約

1 電子商取引を含む通信販売一般について
1－1　法定返品権
　第1節3のとおり，電子商取引を含めた通信販売は，対面取引と異なり，顧客は商品を直接現認したり触手したり試着したりできず，実際に送られてきた物がイメージしていた物と異なることがあるが，そのような場合返品できるのだろうか。

　店舗側としては，商品に欠陥がない場合でも返品を認めるか，認めるとしてどのような条件で認めるかについて，自ら判断して決めることができるが，返

品を認めない場合にはその旨を，認める場合にはその条件を広告に記載しなけ
ればならない。返品特約を広告に表示していない限り，顧客から商品等の売買
契約の申込みを受けた場合，商品の引き渡しを受けた日から8日を経過するま
では，申込者・購入者からの申込みの撤回や契約の解除を拒絶することはでき
ない（特定商取引法15条の3）。

　返品特約は，顧客にとって見やすい箇所において明瞭に判断できるように表
示する方法その他顧客にとって容易に認識することができるよう表示する必要
がある（特定商取引法施行規則9条3号・16条の3）。

　第1節2の例で述べると，イメージしていた青色と異なる色だったり，普段
着用しているMサイズより小さかったりした場合，その商品のウェブ上，返
品についてどのように表示されていたかによって返品の可否が決まる。

1-2　クーリング・オフ制度との違い

　クーリング・オフ制度とは，訪問販売について一定の要件の下に，クーリン
グ・オフできる旨の書面による告知を受けた日から8日以内に書面による解約
の通知を発すれば，無条件で解約できる制度をいう（特定商取引法9条）。電子商
取引等の通信販売には，訪問販売等には認められているクーリング・オフ制度
は認められていない。その理由は，訪問販売等の場合には，販売者が自宅等に
現れ，訪問を受けた側が購入を強引に勧誘され断りきれない等，不意打ちによ
り消費者の購入に関する自主性が損なわれる可能性が高いが，通信販売の場合
には，自宅等での対面による圧力を受けることなく自主的に判断できることが
多いからである。

　したがって，前記のとおり，返品の可否や返品が認められる場合の条件等に
ついては，消費者が容易に認識することができるように表示すれば，販売者が
自由に決めることができる。

2　電子商取引の場合

　これに加えて，電子商取引については，返品特約の表示を最終申込画面にも
重ねて表示しなければならない（特定商取引法15条の3第1項但書括弧，特定商取
引法施行規則16条の3）。具体的な内容については，経済産業省が公表している
「通信販売における返品特約の表示についてのガイドライン」6～11頁を参照。

第5講　電子商取引　71

第5節　注文者の操作ミス等による誤注文

1　契約の有効性（取引一般）

　第1節3で述べたように，電子商取引の場合には，青色のMサイズのTシャツを1枚購入するつもりが，「黄色」や「Lサイズ」を誤注文したり，クリックを繰り返したりすること等により「2枚以上」のTシャツを選択してしまう可能性は，実店舗に比べて大きい。

　このように注文者としては意図と異なる内容の申込みをしたり，全く申込みを行う意思がないにもかかわらず，申込みをしてしまったりした場合には，真意と実際の意思表示が異なっていることを表意者自身が知らなかったため，表意者を保護する必要がある。意思表示に対応する意思を欠く錯誤等であり，その錯誤が法律行為の目的および取引上の社会通念に照らして重要なものであるときは，取り消すことができる（民法95条1項）。ただし，その原則を貫くと販売者の取引の安全を害してしまうので，例外的に，申込みをした者に錯誤について重大な過失があれば，原則として，意思表示の取消しをすることができない（同条3項柱書）。ここに重過失とは，普通の人なら注意義務を尽くして錯誤に陥ることはなかったのに，著しく不注意であったために錯誤に陥ったことをいう。

　たとえば，第1節2の例でいうと，実店舗で青色と間違えて黄色のTシャツを買ってしまった場合には，一般の人ならそのような色の間違いはしないと思われるので，錯誤があったことに重過失があると認められ，客は売買の取消しを主張できないだろう。一方で，サイズ違い（MサイズとLサイズ）の場合には，重過失の有無は，実際の大きさの違いやサイズ表示の位置や大きさがどの程度だったか等によって判断され，ケースバイケースであろう。これに対して，電子商取引の場合には，画面表示の内容やレイアウト等によってもケース・バイ・ケースであろうが，実店舗の場合に比べると，重過失がなかったと認められることも少なくないであろう。

2　電子商取引の例外
2－1　意思確認の措置義務
さまざまな取引の中でもB to Cの電子商取引の場合，以下の①または②の場

合を除き，要素の錯誤に当たる操作ミスによる消費者の申込みの意思表示は取り消すことができる（電子契約法3条）。この場合，注文者に操作ミスについて重大な過失があっても販売者は契約の有効性を主張できない。電子商取引の場合には，対面取引とは異なり，商品の実物を手に持ってレジに行くのではなく，画面上で確認して機械を操作するだけで注文まで終わってしまうので（その点が電子商取引のメリットでもありリスクでもある），そのような操作ミスができるだけ生じないように，取引のプロである事業者に事前に防止措置を講じさせることにより，取引のプロではない消費者を保護する必要があるからである。

<消費者の申込みの意思表示が無効とならないのは>
① 消費者が申込みを行う前に，消費者の申込み内容等を確認する措置を事業者側が講じた場合
② 消費者自らが，確認措置が不要である旨意思の表明をした場合

2-2 事業者の講じる確認措置

それでは，前記囲み記事①に該当する場合，すなわち，販売者が，消費者に重大な過失があって誤注文したときに，契約の有効性を主張できるのはどのような場合か。

経済産業省「電子商取引及び情報材取引等に関する準則（平成30年7月）」（以下「準則」）は，「確認措置」と認められる例と認められない可能性がある例を提示している（準則9〜10頁）。すなわち，ⓐあるボタンをクリックすることで申込みの意思表示となることを消費者が明らかに確認することができる画面を設定すること，ⓑ確定的な申込みとなる送信ボタンを押す前に，申込みの内容を表示し，そこで訂正する機会を与える画面を設定することなど，申込みを行う意思の有無と入力した内容をもって申込みにする意思の有無について，消費者に実質的に確認を求めていると判断できる措置になっている必要がある。

「最終確認画面」を設けていない場合であって，意思表示の内容が，同一画面上であっても，確定的な申込みとなる送信ボタンと全く別の場所に表示されているときは確認措置と認められない可能性がある。

第5講　電子商取引　73

図5−2 確認措置と認められる例

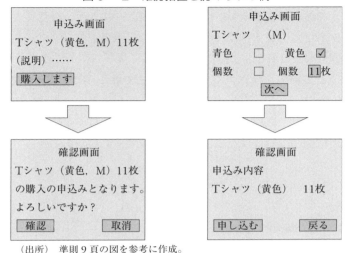

（出所） 準則9頁の図を参考に作成。

図5−3 確認措置と認められない可能性がある例

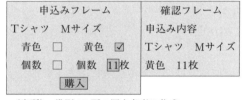

（出所） 準則10頁の図を参考に作成。

第6節 電子商取引の成立時期

1 契約の成立時期

　契約は申込みと承諾の意思が合致した時に成立する。契約が成立すると，原則として契約の当事者はその契約に拘束され，申込者は代金を支払う義務を，承諾者は商品を引き渡す義務を負うことになるので，契約がいつ成立するか，承諾の効力が発生するのがいつかが問題となる。

　隔地者間の契約一般の成立時期については，改正前民法では承諾はその意思を発した時に効力が生じるとされていたが（改正前民法526条1項および527

条），電子商取引のような電子メール等の電子的方法による通知の場合，送信後極めて短時間で相手に到達することを考慮して，前記改正前民法の規定は適用されず，電子契約法において，当該契約は承諾通知が到達した時に成立するとされている（電子契約法 4 条，改正前民法 97 条 1 項）。

　もっとも，民法改正により，電子商取引以外の取引についても承諾の通知が到達した時に契約が成立することになったので，改正後は電子商取引と一般的な遠隔者間取引との間の契約成立時期の相違は解消されている。

2　どのような場合が「到達」に該当するか

　民法は到達の時期についての明文規定を置いていない。判例上，意思表示の到達とは，意思表示が相手方にとって了知可能な状態におかれたこと，意思表示が相手方の支配圏内におかれたことをいうと解されている（最判昭 36・4・20 民集 15・4・774，最判昭 43・12・17 民集 22・13・2998）。

　電子承諾通知の到達時期については，相手方が通知に係る情報を記録した電磁的記録にアクセス可能となった時点が到達した時と解されている。たとえば，電子メールにより通知が送信された場合は，通知された情報が受信者（申込者）の使用に係るまたは使用したメールサーバ中のメールボックスに読み取り可能な状態で記録された時点であり（準則 6 頁），実際には申込者が閲覧しなくとも前記時点で契約が成立する。

　なお，注文をするとすぐに申込者のメールアドレスに自動的に届く受注確認メールは，本文において「本メールは受信確認メールであり，承諾通知ではありません。在庫を確認の上，受注が可能な場合には改めて正式な承諾通知をお送りします。」という記載がされていることも多い。このような場合は，承諾通知は別途なされることが明記されている以上，そのようなメールが届いたとしても承諾通知には該当しない。

▶ 第7節　販売者の操作ミス等による価格誤表示

　表 5 - 1 のように，ネットショップが「10000 円」の T シャツの価格を誤って「1000 円」と表示してしまいウェブ上に掲載した場合，それに基づき注文があった場合，店は T シャツを 1000 円で販売しなければならないか。

第 5 講　電子商取引　75

1　売買契約が成立しているか

　ウェブサイトに価格を誤表示して掲載した行為は，契約の申込みの誘引にすぎず，第6節で述べたとおり，その後購入希望者からの注文があり，売主からの承諾通知のメールが注文者に到達した時点で，原則として契約が成立する。

　したがって，1000円という誤表示でウェブに掲載しても承諾の前に気がついて訂正する等をすれば，店は1000円で販売する義務はない。

2　契約が成立した場合の錯誤取消しの主張

　承諾通知が到達した後に店が価格誤表示に気がついた場合，契約は成立しているので，原則として1000円で販売する義務を負う。ただし，前記の注文者の誤注文と同様に，店の意思表示に重要な錯誤があり，錯誤について重大な過失がなかった場合には，店は取り消すことができる（民法95条1項，3項）。

　売買契約における価格は，通常は販売に関する意思表示の主要な部分であり，重要な錯誤にあたると思われる。しかし，電子商取引において価格誤表示を回避するためには，価格をシステムに入力する際に慎重に行えば足りる。しかも，それがB to C取引の場合，販売者は事業者であり，個人とは異なり販売のプロである。したがって，価格誤表示について販売者に重過失がないといえる可能性は極めて低いであろう（準則29〜30頁）。

　もっとも，相手方（買主）が，販売者の錯誤を知っていたり，知らなかったことについて重大な過失があれば，販売者は，自らの錯誤について重過失があっても，取り消すことができる（同条3項1号）。

▶第8節　**なりすまし**

1　第三者によるなりすましによる契約の効果が本人に生じるか

　電子商取引の場合，表5－1の短所⑤で述べたとおり，売買の当事者が取引の際に対面しないため，第三者や子どもが本人を装って契約を結ぶリスクが対面取引に比べて格段に大きい。

　電子商取引において，第三者がIDやパスワードを無断で使ったり，クレジットカード情報を不正に使用したりして契約が結ばれた場合に，これらを勝手に使われた本人は責任を負うのか。

インターネットショッピングモールでの購入のように継続して購入する場合，最初に，特定のIDやパスワードを使用することにより本人確認を行うことにするなど，本人確認の方式について販売者と購入者との間で事前に合意されていることが一般的である。このような場合，事前に合意した方式により本人確認がされていれば，原則として契約の効果は本人に帰属し，本人との間で契約は成立する。

　しかし，本人が消費者の場合には，なりすまされた本人の利益が信義則に反して一方的に害されるような内容の事前合意は，消費者保護を目的とした消費者契約法10条により無効となる。無効となる可能性がある例としては，IDやパスワードにより事業者が本人確認をしさえすれば，事業者に帰責性がある場合でも本人に効果が帰属するとする条項等が挙げられる（準則45～46頁）。

2　クレジットカード決済におけるなりすまし行為の効力

　電子商取引の場合，決済方法としてクレジット払いを利用することも多い。クレジット決済の場合には，下記図5－4のとおり，販売店がカード会社に代金を請求し，カード会社はカード会員にその代金を請求することになるが（銀行口座からの引き落としが一般的である），仮に本節1で売買契約の効果が本人に帰属すると認められた場合，本人はカード会社に対して支払義務を負うのか。

　カード払いの場合，カード番号や有効期限などのクレジット情報を入力することによって決済が行われることが多いが，なりすましが行われた場合，現行の主なクレジットカード会員規約からすると，クレジットカード会員は，①善良なる管理者の注意をもってクレジットカードおよびクレジットカード情報を

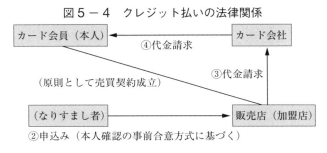

図5－4　クレジット払いの法律関係

（出所）「電子商取引準則」46頁の図を参考に作成。

管理する義務に違反したとき，②クレジットカードの紛失・盗難に遭った後，速やかに届け出る等の措置を行わなかった場合などを除き，支払義務を負わないことになっている。

クレジットカード会員に責任があるとされる具体例としては，①家族や同居人がクレジットカードを使用した場合，②他人にクレジットカードを貸与したり，カード情報（番号や有効期限）を教えたりして，そのカードやカード情報を使用された場合が該当する。これに対して，責任がないとされる可能性がある場合としては，①カード情報が使用された場合であっても，カードとカード情報を適切に管理・保管していた場合や，②加盟店からカード情報が漏洩し，使用された場合等が挙げられる（準則48〜49頁）。

【参考文献】

石井美緒・嶋田英樹・松嶋隆弘編著『インターネットビジネスの法務と実務』三協法規出版，2018年。

田島正広監修・編集代表・編著『第3版　インターネット新時代の法律実務Q＆A』日本加除出版，2017年。

吉川達夫『電子商取引法ハンドブック（第2版）』中央経済社，2012年。

（石井美緒）

第**6**講

不動産業における法律問題 1
不動産売買

学修の要点

・不動産売買をめぐる基本的な法準則について学ぼう。

▶ 第1節　**不動産売買とは**

1　本講で学ぶこと

　本講から第8講にかけては，不動産業にまつわる法律問題について学ぶ。もっとも，ここでは，不動産を取り扱う業者の目線に立って各種業法等について解説するのではなく，むしろ，不動産売買（本講）や不動産賃貸借（第7講），不動産建設（第8講）をめぐる基本的な法準則，とくに民法上のそれについて解説することとしたい。不動産業に携わる者も，このような民法上の規律についての知識は当然に必要とされることに鑑みても，このような対象の限定は許されるであろう。

　さて，本講では，不動産の売買をめぐって生じうる法律問題や，それに対する法規制について学ぶ。もっとも，いきなりこのようにいわれても，何について学ぶのか漠然とした不安を抱くだけであろう。そこでまずは，本講において学ぶ対象であるところの，「不動産売買」とはなにかという問題について，簡単に説明しておこう。

2　不動産とはなにか

　まず，読者の皆さんは，「不動産」と聞いて，どのようなモノを想像するだろ

第6講　不動産業における法律問題1　不動産売買　　79

うか。たとえば，皆さんが今まさに手に持っているこの本は不動産だろうか。ノートをとるためのペンはどうだろう。自動車は不動産かもしれない。スマートフォンはどうだろうか。じつは，ここに挙げた物は，すべて不動産ではない。不動産とは，読んで字のごとく，「動かない財産」である。不動産とは，「土地及びその定着物」（民法86条1項）を指す（ちなみに，民法86条2項では，「不動産以外の物は，すべて動産とする」とされている。したがって，上に挙げたような物は，すべて「動産」である）。つまり，土地や，その上に定着して建っている家などが，不動産なのである。

　さて，不動産とは土地や建物を指すわけであるが，これらが私たちの日常生活やビジネスにとっても身近な物であることは，容易に理解できると思う。私たちは大地に立って生活しているし，家がなければ雨や風をしのぐこともできない。その家も，宙に浮いているわけではなく，土地の上に建っているのである。ビジネスにおいても，不動産は非常に大事な役割を果たしている。というのも，たとえば商品を作り出すには工場という建物が必要になるし，その工場も土地に建てる必要があるからである。

3　なぜ不動産を「売買」するのか

　それでは，なぜ不動産の「売買」が行われるのだろうか。すでにみたように，不動産は私たちの日常生活やビジネスにとって欠かすことのできない財産である。しかし，当たり前の話ではあるが，私たちは生まれながらにして土地や建物を持っているわけではない（もちろん，相続等による例外はありうる）。私たちが不動産を利用して生活やビジネスを営もうと思ったら，まずは不動産を入手しなくてはならないのである。

　それでは，私たちはどのようにすれば不動産を入手することができるのだろうか。まず考えられる方法は，目的とする不動産を持っている人から「買う」ことである。ここに，不動産の「売買」が行われる理由がある。それでは，このような不動産の売買をめぐってどのような法律問題が生じるのか，また，どのような法的規律が用意されているのか。これから，これらの事柄について学んでゆこう。

第2節　売買契約と所有権の移転

　そもそも，私たちがなぜ不動産を買うのかといえば，その不動産の所有権を取得するためである。私たちは，自分の所有する物であるからこそ，自由に使うことができるのである（民法206条）。

　それでは，不動産の所有権は，いつの時点で買主に移るのだろうか。通常，不動産売買のプロセスは，いくつかの段階に分けて考えることができる。しいて単純化しても，まず当事者（売主と買主）が出会い，現地見分や関係当事者からの聞き取り等を経て，値段や明渡日についての交渉が始まる。交渉が煮詰まると，当事者の間で売買契約が締結される。そしてその後，実際に代金が支払われたり，不動産が明け渡されたり，登記がなされたりする，といくつかの段階を考えることができる。さて，このうちのどの段階で，不動産の所有権が売主から買主へと移るのだろうか。

　この点については諸説あるが，一般的には，売買契約の成立と同時に，所有権が売主から買主に移転すると考えられている（最判昭33・6・20民集12・10・1585）。これは，民法176条が，「物権の設定及び移転は，当事者の意思表示のみによって，その効力を生ずる」と定めていることによる。すなわち，契約とは「買います」という申込みの意思表示と「売りましょう」という承諾の意思表示が合致することによって効力を生ずるのであるが，この意思表示によって所有権という物権も売主から買主へと移転すると理解されているのである。もっとも，代金の支払や土地・建物の明渡しも済んでいない時点で所有権が移転するというのは当事者の意思に反するという指摘もある。この問題は，当事者の間で所有権の移転時期について合意しておくことによってある程度回避することができるが，それでも，当事者の間でそのような合意がない場合には，契約の成立と同時に所有権が移転すると考えられているのである。

第3節　所有権の公示—登記—

　それでは，不動産の売買契約を締結すれば，買主としては安泰だろうか。実は，売買契約を締結しただけでは，買主はまだ安心できない。売買契約を締結

第6講　不動産業における法律問題1　不動産売買　81

することによって，買主は目的の不動産の所有権を一応は取得している。しかし，自分こそがその不動産の所有者であるということを，売主以外の第三者に対しても主張するためには，買主は「登記」というものを備えなくてはならないのである（民法177条）。

　この点について確認するために，たとえば次のような場面を想像してほしい。Aは，Bから甲土地を購入する契約を締結し，代金の支払も済ませ，甲の明渡しも受けていた。ところが，Aが甲に関する登記を備える前に，Bが，甲を第三者であるCに重ねて売却し，登記もCに移転してしまった。このとき，AはCに対して，甲の所有権を主張することができるだろうか。

　じつは，このような場合，AはCに対して自分の所有権を主張することができない。むしろAは，Cから甲を明け渡すように求められたならば，これに従わなければならない。それというのも，Aは登記を得ておらず，Cは登記を得ているからである。

　なぜ，AはBから先に甲を買ったにもかかわらず，登記を備えなかったというだけで，後から現れたCに敗れてしまうのか。この点を説明する前に，まずは不動産の登記について，簡単に説明する必要がある。

　登記とは，不動産に関する物権の変動を公示するものである。もっとも，このようないい方はやや抽象的すぎるかもしれない。少し補足しよう。まず「物権」とは，読んで字のごとく，物に対する権利である。より厳密には，目的物を排他的・独占的に支配することのできる権利である。一口に物権といっても，そこには所有権をはじめとして，地上権等の用益物権や抵当権等の担保物権というように，多様なものが含まれている。しかし，とりあえずここでは，所有権を念頭に置いておけばよい。次に「公示」であるが，これも読んで字のごと

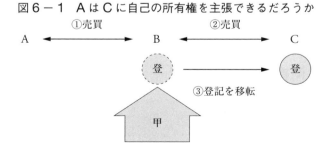

図6-1　AはCに自己の所有権を主張できるだろうか

く，その物に対して，今誰が，どのような内容の物権を有しているのか，その物権がどのような過程を経て変動してきたのかを，第三者の目からみても分かるように公に示しておくことである。そして，不動産に関しては登記がこの公示の機能を果たすのである。なお，日本においては，土地と建物はそれぞれ別個の不動産とされており，登記もそれぞれ別個に用意される。

　図6-2（これは土地に関する登記の見本であるが，建物に関しても基本的には同様の書式である）を参照してほしい。登記すべき事項は，大きく分けて2つである。すなわち，第一に，当該不動産の所在地や物理的状況といった，同一性を確認するための情報である。具体的には，土地の場合は，その土地の所在（市区町村名など），地番，地目，地積である（不登法34条1項）。建物の場合は，その建物の所在（市区町村名など），家屋番号，建物の種類，構造および床面積などである（不登法44条1項）。第二に，当該不動産について，だれがどのような権利を有しているかにかかわる情報である。登記できる権利は，所有権や地上権といった物権に限らず，賃借権といった債権も含まれている（不登法3条）。このうち，第一のものは「表題部」に（不登法2条7号），第二のものは「権利部」に記載される（不登法2条8号）。「権利部」はさらに「甲区」と「乙区」に分けられ，「甲区」には所有権に関する事項が，「乙区」には所有権以外の権利に関する事項が記載される。

　この登記をみることによって，私たちは，不動産に関する多くの情報を得ることができる。たとえば，図6-2の登記の表題部をみれば，この土地の所在地や面積が分かる。次に権利部をみると，この土地は，平成20年10月15日に甲野太郎が所有権の保全登記をなし，その後，平成20年10月26日に甲野太郎から法務五郎が購入したことが分かる。さらに，法務五郎は，平成20年11月4日に株式会社南北銀行から4000万円の金銭を借り受け，その担保としてこの土地に抵当権を設定したことが分かる（抵当権については，第23講を参照）。このようにして私たちは，登記をみることによって，今だれがその土地の所有者なのか，その土地には，他にだれがどのような権利を有しているのかを把握することができるのである。

図6-2 登記事項証明書(土地)の見本

様式例・1

表 題 部 (土地の表示)	調製	余白		不動産番号	0000000000000
地図番号	余白		筆界特定	余白	
所 在	特別区南都町一丁目			余白	

① 地 番	② 地 目	③ 地 積 ㎡	原因及びその日付〔登記の日付〕
101番	宅地	300:00	不詳 〔平成20年10月14日〕

所有者 特別区南都町一丁目1番1号 甲野太郎

権 利 部 (甲 区)	(所 有 権 に 関 す る 事 項)		
順位番号	登 記 の 目 的	受付年月日・受付番号	権 利 者 そ の 他 の 事 項
1	所有権保存	平成20年10月15日 第637号	所有者 特別区南都町一丁目1番1号 甲野太郎
2	所有権移転	平成20年10月27日 第718号	原因 平成20年10月26日売買 所有者 特別区南都町一丁目5番5号 法務五郎

権 利 部 (乙 区)	(所 有 権 以 外 の 権 利 に 関 す る 事 項)		
順位番号	登 記 の 目 的	受付年月日・受付番号	権 利 者 そ の 他 の 事 項
1	抵当権設定	平成20年11月12日 第807号	原因 平成20年11月4日金銭消費貸借同日 設定 債権額 金4,000万円 利息 年2・60%(年365日日割計算) 損害金 年14・5%(年365日日割計算) 債務者 特別区南都町一丁目5番5号 法務五郎 抵当権者 特別区北都町三丁目3番3号 株式会社南北銀行 (取扱店 南都支店) 共同担保 目録(あ)第2340号

共 同 担 保 目 録				
記号及び番号	(あ)第2340号		調製	平成20年11月12日
番 号	担保の目的である権利の表示	順位番号	予 備	
1	特別区南都町一丁目 101番の土地	1	余白	
2	特別区南都町一丁目 101番地 家屋番号 1 01番の建物	1	余白	

これは登記記録に記録されている事項の全部を証明した書面である。

平成21年3月27日
関東法務局特別出張所 登記官 法 務 八 郎

* 下線のあるものは抹消事項であることを示す。

整理番号 D23992 (1/1) 1/1

(出所) 法務省のウェブサイト (http://www.moj.go.jp/content/000001918.pdf) より転載。

第4節　公示の原則

さて，民法177条によれば，「不動産に関する物権の得喪及び変更は……その登記をしなければ第三者に対抗することができない」とされている。つまり，売主から不動産を買い，所有権を取得したとしても，そのことを登記しておかなければ，第三者に自分の所有権を主張できないのである。それでは，なぜこのような準則が設けられているのだろうか。

この点について考えるために，土地（建物でもよい）を買う者の立場になって考えてみてほしい。たとえば，Aがある土地を買おうと思ったら，まず登記を確認して，今だれがその土地の所有者なのかを確認するだろう（そもそも，登記という制度がなければ，このように現在の所有者を確認することも困難で，だれを相手に交渉をしてよいのかも分からないであろう）。登記をみたところ，そこにはBの名前が記載してある。そこでAは，Bと土地の売買契約について交渉を始め，最終的に契約を締結する。ところがその後，実はその土地は，すでにCという人物が先にBから購入していたことが発覚したとしよう（図6－3）。

このとき，Aは，せっかく買った土地を諦めなければならないのだろうか。仮に，登記に記載はないものの，Cが先に購入した以上は所有権者であり，Aはこれを認めなければならないとしたら，Aとしては納得がいかないであろう。先にCが所有権を取得していたのであれば，その旨をきちんと知らせてほしかったと思うに違いない。ここに，民法177条の存在意義がある。

つまり，民法177条は，不動産について所有権等の物権を取得したならば，そのことを登記してきちんと公示しておかなければ，後からその不動産につい

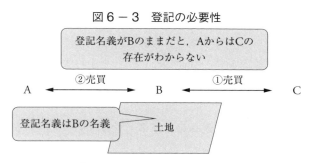

図6－3　登記の必要性

て権利を取得した者に対して物権を主張できないとすることによって，先のような問題が生じないようにしているのである。このように，公示をしておかなければ物権を第三者に対して主張できないという原則を「公示の原則」といい，ここでの登記を「対抗要件」という。すぐ上の例でいえば，Ｃは登記を備えていないのであるから，たとえ先に土地を購入していたとしても，そのことをＡに対しては主張できない。Ｃは，対抗要件としての登記を欠いているためである。結果としてＡは，登記に記載されていない事柄を無いものとして扱うことができるのである。

　この原則によって，先に「本講で学ぶこと」で挙げた問題についても理解することができる（図6−1）。ＡはＢから先に甲を購入していたが，所有権を取得したことを登記して公示していなかった。そのため，後から甲を購入したＣに自身の所有権を対抗できないのである。そして，先に登記を備えたＣは，自らの所有権をＢに対抗することができ，結果としてＣが確定的に甲の所有者となるのである。

▶ 第5節　民法177条にいう「第三者」の範囲

　それでは，不動産について物権を取得した者は，登記を備えていなければ，どのような第三者に対しても対抗することができないのだろうか。「第三者」という文言を素直に読めば，契約の当事者以外の者をすべて含みそうであるが，実はそうではない。判例によれば，民法177条にいう「第三者」とは，①当事者およびその包括承継人（たとえば，相続人など）以外の者で，②登記がなされていないことを主張する正当な利益を有する者を指すとされる（大連判明41・12・15民録14・1276）。

　もっとも，登記がなされていないことを主張する正当な利益を有する者といっても，なお抽象的である。もう少し具体的にみてみよう。

　まず，不動産登記法5条に，登記のないことを主張することのできない第三者が挙げられている。すなわち，詐欺または強迫によって登記の申請を妨げた第三者は，登記のないことを主張することができない（不登法5条1項）。また，他人のために登記を申請する義務を負う第三者も，その登記がないことを主張することができない（不登法5条2項）。

また，他人の土地を無権限で不法に占有している者も，登記のないことを主張することができない。たとえば，Ｂから甲土地を購入したＡが登記を備えていない間に，Ｃが勝手に甲土地に侵入し住み始めたとする。そこでＡがＣに甲土地を明け渡すように求めたとして，ＣはＡに登記のないことを主張して明け渡しを拒むことはできないのである。

　それでは，次のような場合はどうであろうか。ＡがＢから甲土地を1000万円で購入したが，登記は備えていなかった。その後，Ａがすでに甲土地を購入したことを知っているＣが重ねて甲土地をＢから1500万円で購入したとする。Ｃとしては，Ａがすでに甲土地を購入したことを知ってはいるが，自分も甲土地がどうしても必要であったため，Ａよりも高値で購入することにしたという。さて，このようなとき，ＣはＡが登記を備えていないことを主張してＡの所有権を否定できるであろうか。

　判例は，この例のように，単に自分よりも先に問題の不動産につき物権を取得した者がいることを知っているに過ぎない者（このように，何事かの事情を知っているということを指して「悪意」という。これと反対に，何事かの事情を知らないことを指して「善意」という）は，なお民法177条にいう「第三者」に該当するとしている（大判明45・6・1民録18・569など）。このような判例の態度の背後には，いわゆる自由競争の論理があると指摘されている。

　もっとも，第三者が，自分よりも先に不動産につき物権を取得した者があることを知っているだけでなく，さらに登記の不存在を主張することが信義に反するような事情がある場合には，そのような第三者は，いわゆる「背信的悪意者」であるとされ，民法177条の第三者に該当しないとされる（最判昭43・8・2民集22・8・1571など）。たとえば，自分より先にＡがＢから甲土地を購入していたことを知っているＣが，Ａが登記を備えていないことをいいことに，あとでＡに高値で売りつける目的でもって重ねてＢから甲土地を購入した場合，ＣはＡが登記を備えていないことを主張する正当な利益を有しないとされるのである。このような考え方を，「背信的悪意者排除論」ともいう。

▶ 第6節　登記に公信力はない

　ところで，よく不動産の登記には「公信力」がない，などと説明されるが，

これはどういう意味だろうか。たとえば，次のような場面を想像してみてほしい。Ａは，Ｂから甲土地の購入を持ち掛けられ，登記を確認した。するとそこには，Ｂが所有者である旨の記載がある。そこでＡは，Ｂこそが所有者であると考え，Ｂとの間で甲土地を購入する契約を締結した。ところがその後，甲土地の本当の所有者はＢではなく，Ｃであることが判明した。どうやらＢは，登記に必要な書類を偽造し，Ｃの土地を勝手に自分名義に書き換えていたようである。さて，このような場合に，Ａは甲土地の所有権を取得することができるであろうか。

　実は，このような場合，Ａは甲土地の所有権を取得できない。つまり，登記という公示を信用して取引をしたとしても，そのような信頼は保護されないということである。このことを指して，登記には「公信力」がないといわれるのである。

　それでは，なぜ登記には公信力がないのであろうか。この点については，登記はしばしば実体を反映しないことがある（公示が不完全である）という事情が挙げられることもあるが，むしろ，不動産という財産の性質によるところが大きい。つまり，不動産は動産に比べると，経済的な価値が相対的に高く，所有者の生活にとって死活的に重要である場合が多い。また，動産は比較的頻繁に取引がなされるのに比べて，不動産はめったに取引がなされない（読者の皆さんの中にも，動産は購入したことがあるという人は多いかもしれないが，不動産を売買したことがあるという人は少ないだろう。もちろん，不動産を専門に扱う業者は不動産売買の経験も豊富であろうが，それでも，動産の取引数に比べると少ないであろう）。このような不動産の性質に照らせば，不動産の真の所有者が簡単に所有権を失う事態はなるべく避けるべきである。そこで民法は，登記を信頼して取引に入った者には気の毒ではあるが，取引の安全（動的安全ともいう）よりも真の所有者の権利の保護（静的安全ともいう）を重視し，登記に公信力を与えていないのである。

　このような性質を有する登記は，学生証に例えられることがある。つまり，大学生が学生証を持っていないと，図書館等の大学の施設を利用することができない。しかし，大学生ではない者が学生証だけを持っていたとしても，それで大学生になれるわけではなく，当然，図書館等の施設を利用することができるわけではない。このように，学生証は大学生であるという身分を他者に示す

ために必要であるが，かといって学生証があれば大学生という身分を取得する
わけではない。登記も，それがなければ物権の存在を他者に対して主張するこ
とができないが，かといって登記だけがあってもそこに物権が発生するわけで
はないのである。

　このように，登記には公信力がないことから，不動産の取引をしようとする
者は，登記を鵜呑みにするのではなく（登記の調査が重要であることはもちろん
であるが），現地見分や関係当事者からの聞き取り等，慎重に調査をするべきで
ある。

【参考文献】
秋山靖浩・伊藤栄寿・大場浩之・水津太郎『物権法（第2版）』日本評論社，2019年。
道垣内弘人『リーガルベイシス民法入門（第3版）』日本経済新聞出版社，2019
　年。
淡路剛久・鎌田薫・原田純孝・生熊長幸『民法Ⅱ　物権（第4版）』有斐閣，2017年。
鎌野邦樹『不動産の法律知識（第2版）』日本経済新聞出版社，2017年。
山野目章夫『不動産登記法入門』日本経済新聞出版社，第2版，2014年。

（内田　暁）

第7講

不動産業における法律問題2
不動産賃貸借

学修の要点

・不動産賃貸借をめぐる基本的な法準則について学ぼう。

▶第1節　不動産を買うだけの余裕はないけれど不動産は必要だ

　不動産を利用するための手段は，なにも目的の不動産を買うことに限られない。その不動産を所有する者から「借りる」という方法もある。たとえば，読者の皆さんの中にも，親元を離れて，アパートやマンションを借りて一人暮らしをしている人がいるかもしれない。建物を建築するための敷地を地主から借りたり，お店を出店するために建物の一角を借りたりする場合もあるかもしれない。このように，不動産を「借りる」という場面は，私たちの日常生活やビジネスにとって身近なものである。そこで本講では，不動産を「借りる」場面，すなわち不動産の「賃貸借」にかかわる法準則について解説することとしよう。

　なお，不動産賃貸借をめぐる基本的な準則は民法に定められているが，「建物の所有を目的とする……土地の賃借権の存続期間，効力等並びに建物の賃貸借の契約の更新，効力等」（借地借家法1条）に関しては，借地借家法という特別法にも規定がある。賃貸借契約をめぐる民法上の規定は，対等な力関係にある当事者間で契約が締結されることを前提としている。しかしながら，不動産賃貸借では，当事者間の力関係が対等でないこともしばしばである（一般的に，不動産という資本を所有している賃貸人の立場の方が，不動産を借りる必要のある賃借人に比べて，相対的に強い）。このような，当事者間の力関係の不平等を是正す

90

るのが，借地借家法なのである。本講では，不動産賃貸借をめぐる民法上の準則を中心に取り上げながら，必要に応じて借地借家法についても触れることにしよう。

　それにしても，なぜ私たちは不動産を「借りる」のであろうか。不動産を利用したいのであれば，その不動産を買えば良いのではないか，と疑問に思う人もいるかもしれない。しかし，経済的に高額の不動産を買うというのは，大きな決断を伴うものである（マイホームの購入は，多くの人にとっては一生に一度の買い物である）。不動産を購入するための資金を用意できない場合もあるだろう。また，比較的短い期間だけ不動産を利用できればそれで良いという場合もあるだろう（たとえば，大学に通っている間だけ部屋を借りられれば良いという場合など）。このようなときに，不動産を「借りる」という選択肢が合理的な意味を持ってくるのである。

　さて，不動産を「借りる」には，その不動産について「賃貸借契約」という契約を締結する必要がある。そこでまずは，不動産の賃貸借契約をめぐる基本的な法準則について確認することにしよう。

▶ 第2節　不動産賃貸借契約の概要

1　賃貸借契約はどうやって締結するのか

　賃貸借契約は，「当事者の一方がある物の使用及び収益を相手方にさせることを約し，相手方がこれに対してその賃料を支払うこと及び引渡しを受けた物を契約が終了したときに返還することを約することによって」成立する（民法601条）。賃貸借契約の目的物たる「ある物」とは，なにも土地や建物といった不動産に限定されるわけではない。たとえば，DVD や CD をレンタルする場合や，自動車をレンタルすることも，賃貸借契約の一種である。本講では不動産の賃貸借契約の場面を念頭において解説する。

　さて，賃貸借契約は，貸主（賃貸人）が「ある物の使用及び収益を相手方にさせることを約し」，借主（賃借人）が「賃料を支払うこと及び引渡しを受けた物を契約が終了したときに返還することを約する」ことによって成立する。ここで，「約し……約する」ことによって成立するとされていることに注目してほしい。これは，当事者間の約束のみで契約を成立させることができる（つまり，

第7講　不動産業における法律問題2　不動産賃貸借　91

契約を成立させるのに契約書等の書面を必要としない）ことを示しているのである。このように，当事者間の約束のみで成立させることのできる契約を「諾成契約」という（もっとも，宅地建物取引業者は賃貸借契約の締結にあたって借主に書面を交付する義務を負う。宅建業法 37 条 2 項）。さらに，賃貸借契約によって，賃貸人は目的物を貸す義務を，賃借人は賃料の支払と目的物を返還する義務を負担することから，賃貸借契約は「双務・有償契約」である（第 2 講を参照）。

2　賃貸人の主な権利と義務

　さて，賃貸借契約が成立すると，賃貸人は，目的物を賃借人に使用・収益させる義務を負うことになる（民法 601 条）。また，この義務の具体化として，賃貸人は目的物を修繕する義務を負う（民法 606 条）。たとえば，家屋の賃貸借において，屋根から雨漏りがする場合，賃借人はその家屋を満足に使用することができないであろう。そこで賃貸人は，自らの負担で雨漏りを修繕しなければならないのである。もっとも，賃借人の責めに帰すべき事由によって修繕の必要性が出た場合（たとえば，賃借人が室内で木刀を振り回して窓が割れた場合など）には，賃貸人は修繕の義務を負わない（民法 606 条但書）。

　他方で，賃貸人は，目的物を貸すことの対価として，賃借人に賃料を請求する権利を取得する。

3　賃借人の主な権利と義務

　賃借人は，賃貸借契約によって，目的物を使用・収益する権利を取得する（民法 601 条）。もっとも，いくら使用・収益することができるといっても，どのような使い方をしても良いわけではない。賃借人は目的物の性質および契約によって定まる用法を遵守して目的物を使用しなければならない（民法 616 条・594 条 1 項）。たとえば，ペット禁止のマンションでペットを飼うことは，用法遵守義務に反することになるだろう。

　他方で賃借人は，目的物を使用・収益することの対価として，賃料を支払う義務を負う（民法 601 条）。賃料は，動産，建物および宅地の賃貸借の場合は毎月末，その他の土地の場合は毎年末に支払うのが原則である（民法 614 条）が，当事者の特約で修正されることも多い。

　また，賃借人は，賃貸借契約の終了に際して，賃借目的物を賃貸人に返還す

る必要がある（民法601条）。賃借人は，賃借目的物の保管に際しては，善良なる管理者の注意義務（いわゆる善管注意義務）を負う（民法400条参照）。賃借物が修繕を要する状態になった場合には，賃借人は賃貸人に遅滞なくその旨を通知しなくてはならない（民法615条）。賃借物がどのような状態であるのかは，賃貸人にも利害関係のある事柄だからである。さらに賃借人は，賃借物を受け取った後に生じた損傷がある場合には，賃貸借の終了に際してその損傷を原状に回復する義務を負う（ただし，通常の使用によって生じた損傷や経年劣化等は除く。また，賃借人の責めに帰することのできない事情によって生じた損傷についても同じである。民法621条）。

第3節　賃貸人側に第三者が現れる場合―大家さんは交代するのか―

今までは，貸す人（賃貸人）と借りる人（賃借人）との当事者間の話であったが，ここに第三者が関わる場合もあり，少々複雑な法律関係が生じる場合もある。

図7－1を参照してほしい。たとえば，地主であるAからBが土地を賃借し，その上に建物を建てて住んでいるとしよう。Aがその土地を第三者Cに売却した場合，Bは土地の賃借権をCにも主張することができるだろうか。賃借権が債権であることを強調すると，債権は債務者に対してしか主張できない（したがって，債務者でないCに対しては主張できない）ということになりそうである（このような考え方を指して「売買は賃貸借を破る」などといわれることもある）。

しかし，たとえば，土地を賃借して，その上で生活や商売を営んでいたにもかかわらず，地主が変更になったから退去しなければならないというのでは，賃借人にとって酷である。そこで民法は，「不動産の賃貸借は，これを登記した

図7－1　賃借目的物の所有権が第三者に移転した場合

ときは，その不動産について物権を取得した者その他の第三者に対抗することができる」と規定する（民法605条）。先の例でいえば，Bは賃借権を登記しておけば，その土地について所有権を取得したCに対しても，自らの賃借権を主張していけるのである（BとCの優先劣後は，Bによる賃借権の登記とCによる所有権移転登記のどちらが先かによって決まる）。

　もっとも，実は不動産賃借権の登記制度は，そこまで利用されていないといわれている。というのも，不動産の賃借権を登記するためには賃貸人の協力が必要となるのであるが，賃貸人としては，賃借人の賃借権を強化する登記に協力するインセンティブに乏しいためである。しかしそれでは，賃借人の保護に欠けるといわざるをえないであろう（実際，日露戦争の直後には，土地賃貸人がその所有権を第三者に移転して賃借権を覆滅させる，いわゆる地震売買が社会問題となった）。

　そこで，民法の特別法である借地借家法で，次のような特則が定められている。まず，土地を借りている賃借人は，賃借権そのものの登記がなかったとしても，「土地の上に借地権者が登記されている建物を所有するときは，これをもって第三者に対抗することができる」（借地借家法10条1項）。つまり，土地の賃借人は，賃借権そのものの登記ができなかったとしても，その土地上に建てた建物の登記をすれば，賃借権を第三者にも対抗することができるようになるのである。また，マンションの一室を借りて生活している人など，建物の賃借人については，「建物の賃貸借は，その登記がなくても，建物の引渡しがあったときは，その後その建物について物権を取得した者に対し，その効力を生ずる」（借地借家法31条）とされている。

　これらの方法のいずれかによって賃借人が賃借権につき対抗力を備えた場合には，その不動産の賃貸人たる地位が目的物を譲り受けた者に移転する（民法605条の2第1項）。先の例でいえば，Bが賃借権について対抗力を備えていた場合には，賃貸人たる地位もAからCに移転することになる（以降はCB間で賃貸借関係が継続することになる）のである。

　なお，譲受人たる第三者は，譲り受けた不動産について所有権移転の登記を備えなければ，賃借人に対して賃貸人であることを主張できない（民法605条の2第3項）。先の例でいえば，CはAから譲り受けた土地について登記をしなければ，自分が賃貸人であることをBに主張できない（したがって，登記を備えていないCから賃料を請求されてもBはこれを拒むことができる）のである。

94

第4節　賃借人側に第三者が現れる場合―又貸しは大丈夫か―

1　2つのパターン

　賃借人側に第三者が現れる場合としては，賃借権が第三者に譲渡されたり，賃貸借目的物が転貸されたりする場合が考えられる。賃借権の譲渡とは，たとえば，Aの土地を賃借しているBが，その土地の上に建物を建て，その建物を賃借権ごと第三者のCに売却する場合などである。転貸とは，いわゆる又貸しのことで，たとえばAから建物を借りているBが，その建物を第三者Cに又貸しするような場合である。これらの点について民法は，賃貸人の承諾がある場合とない場合とにパターンを分けて規律を設けている。

2　賃貸人の承諾がない場合

　まず，賃貸人の承諾なく賃借権の譲渡ないし転貸が行われた場合についてであるが，この場合，賃貸人は賃貸借契約を解除できるとされている。「賃借人は，賃貸人の承諾を得なければ，その賃借権を譲り渡し，又は賃借物を転貸することができない」（民法612条1項）のであって，「賃借人が前項の規定に違反して第三者に賃借物の使用又は収益をさせたときは，賃貸人は，契約の解除をすることができる」（民法612条2項）のである。

　この準則は，賃貸人にとっては賃借人（賃料債務を負担する者）が誰であるのかが重要な関心事であることに鑑みれば，一定の合理性があるともいえる。しかし他方で，賃借人の側からすれば，やや窮屈な準則である。実質的には賃貸人に何らの損害も生じていないにもかかわらず，形式的に賃借権の無断譲渡ないし無断転貸に該当するとして賃貸借契約が解除されてしまうというのも，行き過ぎの感がある。

　そこで判例では，古くから，賃借権の無断譲渡ないし無断転貸があった場合の賃貸人の解除権を制限する法理が展開されてきた。いわゆる信頼関係破壊の法理である。信頼関係破壊の法理によれば，形式的にみれば賃借権の無断譲渡ないし無断転貸があったと評価できる場合でも，それが賃貸人と賃借人との間の信頼関係を破壊してしまうほど重大な背信行為とはいえない場合には，賃貸人は民法612条2項に基づいて賃貸借契約を解除することができない，とされ

第7講　不動産業における法律問題2　不動産賃貸借　95

るのである（最判昭 28・9・25 民集 7・9・979）。

3　賃貸人の承諾がある場合

次に，賃貸人の承諾を得て賃借権の譲渡ないし転貸が行われた場合の法律関係についてみておこう。まず，賃貸人の承諾を得て賃借権の譲渡がなされた場合，旧賃借人は法律関係から離脱し，以降は賃貸人と新賃借人との間で賃貸借契約が存続することになる（図 7 − 2）。

賃貸人の承諾を得て転貸借が行われた場合には，賃貸人と賃借人（転貸人）との間，および賃借人（転貸人）と転借人との間に，それぞれ賃貸借関係が発生する。また，転借人は「賃貸人と賃借人との間の賃貸借に基づく賃借人の債務の範囲を限度として，賃貸人に対して転貸借に基づく債務を直接に履行する義務を負う」（民法 613 条 1 項前段）（図 7 − 3）。つまり，賃貸人は，賃借人に対して請求できる賃料を，転借人にも請求することができるのである。このとき，転借人は，「賃料の前払いをもって賃貸人に対抗することができない」（民法 613 条 1 項後段）。転借人は，「すでに転貸人に賃料を支払ったから」といって賃貸人からの請求を拒むことはできないのである。これは，転貸借に承諾を与えた賃貸人の権利を保護する趣旨である。

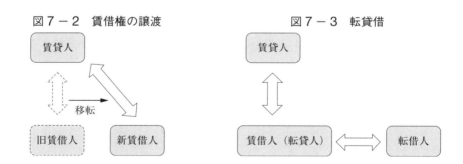

図 7 − 2　賃借権の譲渡　　　　　　図 7 − 3　転貸借

第 5 節　賃貸借契約の終了

1　期間の定めがある場合

賃貸借契約は，期間の定めがある場合には，その期間の満了によって終了す

る。たとえば，期間を2年として部屋を借りた場合には，2年後にはその部屋を返さなければならないのである。

　なお，賃貸借の存続期間は，最長でも50年を超えることができないというのが民法上の原則である（民法604条1項）。賃貸借契約を更新することはできるが，その場合でもやはり，更新の時から数えて50年を超える賃貸借をすることはできない（民法604条2項）。また，更新するか否かは原則として賃貸人の自由である。もっとも，賃借人が賃貸借期間の満了後も引き続き賃借物の使用・収益を継続する場合で，賃貸人がこれを知りながら異議を述べなかった場合には，賃貸借契約は従前と同一の条件で更新されたものと推定される。ただし，この場合には，更新後の賃貸借契約は期間の定めのないものとなり，当事者はいつでも解約の申入れをすることができる（民法619条。期間の定めのない賃貸借については，後述の第2項も参照）。

　このような民法のルールも，DVDや自動車といった物の賃貸借を考えれば，あながち不合理とはいえない（DVDや自動車を50年間もレンタルしようと思う人は，ほとんどいないであろう）。しかし，不動産の賃貸借の場合には問題がありうる。というのも，不動産は，それを借りる人の生活やビジネスにとって死活的に重要な物でありうるからである。

　そこで，以上に述べた民法の準則は，不動産賃借人の保護の観点から，特別法（借地借家法）によって修正されている。まず，建物の所有を目的とする借地については，存続期間は最低でも30年とされ，当事者がこれより長い期間を定めた場合はそれによるとされている（借地借家法3条）。これにより，民法上の上限である50年を超える借地契約も可能となる。また，当事者が借地契約を更新する場合，その期間は更新の日から10年（借地権の設定後の最初の更新にあっては，20年）とされる（借地借家法4条）。借地権者は，借地権の期間満了に際して借地権設定者に更新を請求することができる。この場合，借地契約は従前と同一の条件で更新されたものとみなされる（借地権者が土地の使用を継続する場合も同様である。借地借家法5条1項・2項）。借地権設定者は，借地権者からの更新請求に対して異議を述べることもできるが，その異議は借地権設定者および借地権者が土地の使用を必要とする事情や，借地に関する従前の経過，土地の利用状況，立退料の支払の有無などを総合的に考慮して，正当な事由があると認められる場合でなければ述べることはできない（借地借家法6条）。

建物の賃貸借についても，民法 604 条の適用が排除され（借地借家法 29 条），民法上の上限である 50 年を超える借家が可能となる。建物の賃貸借について期間の定めがある場合，当事者が期間の満了の 1 年前から 6 カ月前までの間に相手方に対して更新をしない旨の通知をしなかったときは，従前の契約と同一の条件で契約を更新したものとみなされる（ただし，その期間は，定めがないものとされる。借地借家法 26 条 1 項）。更新をしない旨の通知をした場合であっても，期間満了後に賃借人が建物の使用を継続し，賃貸人がこれに対して遅滞なく異議を述べなかったときは，やはり従前の契約と同一の条件で契約を更新したものとみなされる（借地借家法 26 条 2 項）。また，賃貸人の側から更新を拒絶するには，建物の賃貸人および賃借人が建物の使用を必要とする事情のほか，建物の賃貸借に関する従前の経過，建物の利用状況および建物の現況，立退料の支払の有無などを総合的に考慮して，正当の事由があると認められる場合でなければすることができないとされる（借地借家法 28 条）。

このように，借地／借家に関しては，賃借人保護のために，民法の原則が修正されているのである。なお，借地，借家のいずれにおいても，以上に説明したところに反して借地権者／賃借人に不利な特約を結ぶことはできない（借地借家法 9 条・30 条。逆に，借地権者／賃借人にとって有利な特約は有効である。このような規定を片面的強行規定ともいう）。

2 期間の定めがない場合

賃貸借契約の締結に当たってはその期間が定められるのが一般的であるが，仮に期間の定めがなされなかった場合は，賃貸借契約はいつ終了するのか。この場合には，「各当事者は，いつでも解約の申入れをすることができる」（民法 617 条 1 項前段）とされている。このとき，土地の賃貸借は解約の申入れの日から 1 年，建物の賃貸借は 3 カ月の期間を経過した時に終了する（民法 617 条 1 項後段 1 号・2 号。なお動産の賃貸借は解約の申入れから 1 日で終了する。民法 617 条後段 3 号）。

もっとも，建物の賃貸借に関しては，借地借家法によって，解約の申入れの日から 6 カ月を経過することによって終了するものとされている（借地借家法 27 条）。民法における原則よりも長い猶予期間を賃借人に与えることで，賃借人の保護を図ったものである。さらに，賃貸人は正当の事由がなければ解約の

申入れをすることができないとされており（借地借家法28条），この点でも賃借人の保護が図られている。

3　賃借物の全部滅失等による終了

たとえば，家を借りて住んでいる場合に，その家が災害等で滅失したとしよう。このとき，その家についての賃貸借契約はどうなるか。この点について民法は，賃貸借契約は「賃借物の全部が滅失その他の事由により使用及び収益をすることができなくなった場合」にも終了すると定めている（民法616条の2）。

4　解除による終了

以上に述べてきたものの他に，賃貸借契約は，解除されることによっても終了する。賃貸借契約の解除事由としては，さまざまなものがある。たとえば，すでに説明したように，賃貸人の承諾を得ないで賃借権の譲渡や転貸が行われた場合には，賃貸人は契約を解除することができる（民法612条2項）。また，賃貸人が賃借人の意に反して賃借物の保存行為をし，そのために賃借人が賃借をした目的を達することができなくなるときは，賃借人の方から契約を解除することができる（民法607条）。また，耕作または牧畜を目的とする土地（畑など）の賃貸借については，賃借人が不可抗力（寒波による不作など）によって引き続き2年以上賃料より少ない収益しか上げることができなかったときは，賃借人は契約を解除することができる（民法610条）。

以上に挙げたのは，賃貸借契約に特有の解除事由である。この他に，契約一般の問題として，当事者の債務不履行を理由とした解除（民法541条・542条参照）は認められるのであろうか。一般論としていえば，賃貸借契約も契約であるから，当事者に債務不履行があれば解除することができるといえそうである。しかし，たとえばペット禁止のマンションでハムスターを飼育したからといって，部屋を退去するところまで話が大きくなってしまうのも考えものである。不動産の賃貸借が，賃借人の生活やビジネスにとって重要なものであることを考えれば，軽微な債務不履行を理由として賃貸借契約が軽々に解除されてしまうことは望ましくないといえよう。そこで判例・学説は，債務不履行を理由とした賃貸借契約の解除を，先に説明した信頼関係破壊の法理によって制限するという立場を採用している。つまり，たとえ債務不履行があっても，それが当

第7講　不動産業における法律問題2　不動産賃貸借　99

事者間の信頼関係を破壊するほどに重大なものでない場合には，賃貸借契約を
解除することはできないと考えるのである。

　なお，賃貸借契約が解除された場合，その効力は将来に向かってのみ生じる
（遡及効の否定。民法620条前段）。

▶ 第6節　敷金の問題

　賃貸借契約の終了に関連して，敷金の話もしておきたい。本書の読者の中に
も，親元を離れ，アパートやマンションの部屋を借りて一人暮らしをしている
という人がいるかもしれない。思い出してほしいのだが，部屋を借りる際に，
大家さんや不動産管理会社に家賃とは別に「敷金」というものを支払わなかっ
ただろうか。敷金は，昔から不動産の賃貸借に際して賃借人から賃貸人に支払
われる慣習があり，地方ごとに額が異なったりする。なかには「敷金・礼金ゼ
ロ」を謳う賃貸借物件（いわゆるゼロゼロ物件）もあるが，多くの場合には敷金
の支払が必要となる。皆さんの中にも，敷金を支払って部屋を借りた人が多い
と思う。

　敷金とは「賃料債務その他の賃貸借に基づいて生ずる賃借人の賃貸人に対す
る金銭の給付を目的とする債務を担保する目的で，賃借人が賃貸人に交付する
金銭」のことであり，賃貸人は，敷金を受け取っている場合には「賃借人に対
し，その受け取った敷金の額から賃貸借に基づいて生じた賃借人の賃貸人に対
する金銭の給付を目的とする債務の額を控除した残額を返還しなければならな
い」（民622条の2）。「賃借人の賃貸人に対する金銭の給付を目的とする債務」
とは，たとえば賃料債務である。敷金を差し入れている場合，賃貸人は，不払
いの賃料分を敷金から控除して，残額を賃借人に返還するのである。このよう
に，賃貸人は，敷金を受け取っておけば，万一賃借人が賃料等を不払いしたと
しても，取りはぐれることがない。その意味で，敷金は賃借人の債務を担保し
ているといえるのである。

　さて，すでに述べたように，賃貸人は，賃借人の未履行債務分を敷金から控
除して余りが出る場合には，残額を賃借人に返還しなければならない。問題は，
どのタイミングで賃貸人は敷金を返還しなければならないのか（逆にいえば，賃
借人の賃貸人に対する敷金返還請求権はいつ生じるのか）である。この点について

民法は,「賃貸借が終了し,かつ,賃借物の返還を受けたとき」または「賃借人が適法に賃借権を譲り渡したとき」に,賃貸人は敷金を返還しなければならないと規定している（民622条の2第1項1号・2号）。このうち,前者についていえば,賃借人の敷金返還請求権は賃貸借が終了したことのみでは生じないという点が重要である。敷金返還請求権は,賃貸借が終了し,賃借物が返還されてはじめて生じるのである。たとえば,マンションの一室を借りる際に敷金を大家に差し入れていたとして,期間が満了して賃貸借が終了したとしても,それだけでは賃借人は大家に敷金の返還を求めることができない。賃借人は,実際に部屋を退去してはじめて敷金の返還を求めることができるのである。したがって,賃借人は,「敷金を返してもらうまでは退去しないぞ！（敷金返還債務と賃借物返還債務との同時履行）」と主張することはできないのである（最判昭49・9・2民集28・6・1152）。

【参考文献】
道垣内弘人『リーガルベイシス民法入門（第3版）』日本経済新聞出版社，2019年。
内田勝一『借地借家法案内』勁草書房，2017年。
鎌野邦樹『不動産の法律知識（第2版）』日本経済新聞出版社，2017年。
中田裕康『契約法』有斐閣，2017年。
内田貴『民法Ⅱ（第3版）』東京大学出版会，2011年。

（内田暁）

第**8**講

建設業における法律問題
建物建設

学修の要点

・不動産建設請負をめぐって生じうる法律問題について学ぼう。

▶ 第1節 **夢のマイホームを手に入れるためには**

　読者の皆さんが，将来的にマイホームを手に入れたいと思ったら，どのような方法によってそれを入手するだろうか。すでに建築された家を不動産会社から購入するという方法が，まず考えられるだろうか。この場合には，第6講で学んだ不動産売買が問題となる。ただ，この方法では，すでに家は完成してしまっているため，皆さんの細やかなニーズには合致しない可能性もある。皆さんの好みに合ったマイホームを手に入れるには，そのような好みを反映した家を建てるしかない。もちろん，皆さんに家を建てる技術があるのであれば，土地だけ手に入れて，上物（家）は自分で建築しても構わない。しかし，家を建てるだけの技術を持っているという人は，そう多くはないであろう。そうすると結局，自分のニーズに合ったマイホームなどというのは所詮夢の中だけのおとぎ話として諦めるしかないのであろうか。いや，まだ諦めるのは早い。たとえ自分に家を建てるだけの技術がなくても，自分好みの家を手に入れる方法はある。家を建てる技術を持っている人（大工さんなど）にお願いして，家を建ててもらえばいいのである。もちろん，大工さんに頼む場合にはそれなりのお金がかかるだろうが，この方法を使うことによって，皆さんは夢のマイホームを手に入れることができるのである。

このように，他人にある仕事（家の建築など）をお願いして，その仕事の完成に対して報酬を支払う契約を，請負契約という。本講では，この請負契約をめぐる法的規律について，不動産建設の場面を念頭に置いて学修しよう。なお，家の建築など，不動産建築の請負契約に関しては，建設業法 34 条に基づいて国土交通省に設置された中央建設業審議会が公表している各種の約款（民間工事に関しては，「民間建設工事標準請負契約約款（甲），（乙)」）や民間（旧四会）連合協定工事請負契約約款委員会が公表している「民間（旧四会）連合協定工事請負契約約款」が用いられることが多く，それらによって民法の規律が修正されている箇所も少なからずあるため，注意が必要である。

▶ 第 2 節　請負契約とは

　まず，請負契約とはどのような契約なのかを確認しておこう。請負契約とは，「当事者の一方がある仕事を完成することを約し，相手方がその仕事の結果に対してその報酬を支払うことを約することによって」成立する，双務・有償の諾成契約である（民法 632 条）。もっとも，建設工事の請負の場合には，当事者は工事の内容や請負代金額，工事着手の時期や完成の時期などの事項を記した書面を相互に交付しなければならないとされている（建設法 19 条）。請負契約が成立することによって，請負人は注文された仕事を完成させる債務を負い，注文者は仕事の完成に対して対価を支払うべき債務を負担することになる。

　このような請負契約には，多様なものがありうる。すでに挙げた家の建設を大工さんに依頼する契約は，請負契約である。この他にもたとえば，オーダーメイドでスーツを仕立ててもらう契約であるとか，壊れた時計を修理してもらう契約，理髪店で散髪してもらう契約なども請負契約であるといえる。

　もっとも，だれか他人に仕事をしてもらう契約というのは，請負契約だけに限られるわけではない。雇用契約（民法 623 条以下）や委任契約（民法 643 条以

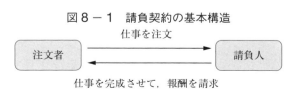

図 8 − 1　請負契約の基本構造

下）といったものもあるのである。それでは，請負契約とこれらの契約との違いはなにか。まず雇用契約との違いについていえば，雇用契約の場合は，被用者（雇われる人）は使用者（雇う人）の指揮命令に従って労務を提供することになるのに対して，請負契約の場合には，請負人は，仕事を完成させることが大事なのであって，そのためにどのような方法を用いるかは原則として自由に決定できる。また，委任契約との違いについていえば，委任契約の場合には受任者（委任を受けた人）は委任事務を善良な管理者の注意をもって処理する義務（善管注意義務）を負うが，仕事の完成は必ずしも重要な要素ではない。これに対して請負契約の場合には，仕事の完成こそが請負人の負うもっとも重要な債務となる。

以下では，注文者が大工さんや工務店，施工業者等（以下，単に「請負人」という）に建物の建築を依頼したという不動産建設の場面を念頭に置いて，そこで生じうるトラブルと，それに対する法的規律について，民法の規定を中心に確認しよう。

第3節 建物が建築途中で壊れてしまったら

建物の建築を請負人に依頼して，請負人が建築を開始したが，その建築途中で何かしらの理由で建物が壊れてしまったら，注文者と請負人との間の法律関係はどのようになるだろうか。たとえば，請負人が家を建てることを請け負ったが，その建築途中で地震が起きて家が倒壊してしまった場合などである。このとき，請負人はなお建物を完成させる義務を負うのであろうか。また，このとき請負人は，建築費を二重に負担しなければならないのだろうか。

このような問題については，そのトラブルにもかかわらず建物を建築することがまだ可能なのか，それとももはやできないのか，また誰のせいでトラブルが起きたのかに応じて分けて考える考え方が一般的であった。

まず，建築途中にトラブルが起こり，建物が滅失してしまったが，改めて建築しなおすことはできる場合（仕事の完成がなお可能である場合）について考えよう。この場合，請負人は建物を完成させる義務をなお負い続け，二重にかかる費用も負担しなければならないとされる（仕事の完成が可能である以上は，仕事完成義務も存続するのである）。しかし，トラブルが誰のせいで生じたのかに

104

よって，その後の処理は異なる。第一に，請負人のせいで建築途中の建物が滅失してしまった場合である。このとき，そのトラブルのせいで建築が遅れ，そのために注文者に損害が生じることがあり得る。この損害は請負人が賠償するのが筋であろう（履行遅滞を理由とする債務不履行責任である。民法415条）。第二に，注文者のせいで建築途中の建物が滅失してしまった場合である。このとき，請負人が債務不履行責任を負うことはない。反対に，請負人から注文者に対して損害（二重にかかる建築費用も含めてよいだろう）の賠償を請求することができる。第三に，誰のせいでもなく建築途中の建物が滅失してしまった場合である。このときには，請負人が債務不履行責任を負うことはないが，注文者に損害賠償を請求することもできない。

次に，建築途中のトラブルによって建物を再築することがもはや不可能となってしまった場合には，請負人の仕事完成義務は消滅する。ここでも問題は，そのトラブルが誰のせいで生じたのかである。第一に，請負人のせいで建物の完成が不可能になった場合である。このときには，請負人はもはや報酬を請求す

表8−1　建物が建築途中で滅失してしまった場合の取扱い

	建物の完成がなお可能である場合	建物の完成がもはや不可能である場合
請負人のせいでトラブルが生じた場合	請負人は，なお仕事の完成義務を負う（二重にかかる費用も負担する）。請負人は，注文者に債務不履行責任を負う。	請負人は，仕事完成義務を免れる。請負人は，注文者に債務不履行責任を負う。請負人は，注文者に報酬を請求できない。
注文者のせいでトラブルが生じた場合	請負人は，なお仕事の完成義務を負う（二重にかかる費用も負担する）。請負人は注文者に損害賠償請求できる。	請負人は仕事完成義務を免れる。請負人は，注文者に債務不履行責任を負わない。請負人は，注文者に報酬を請求できる。
誰のせいでもなくトラブルが生じた場合	請負人は，なお仕事の完成義務を負う（二重にかかる費用も負担する）。請負人は債務不履行責任を負わない。請負人は注文者に損害賠償請求できない。	請負人は仕事完成義務を免れる。請負人は，注文者に債務不履行責任を負わない。請負人は，注文者に報酬を請求できない。

第8講　建設業における法律問題　建物建設　105

ることができず，反対に注文者に対して履行不能を理由とした債務不履行責任を負担しなければならない。第二に，注文者のせいで建物の完成が不可能になった場合である。このときには，請負人が債務不履行責任を負うことはなく，注文者に対してなお報酬を請求することができる（民法536条2項）。第三に，誰のせいでもなく建物の完成が不可能となった場合である。このときには，請負人はもはや報酬を請求することはできない（民法536条1項）が，注文者に対して債務不履行責任を負うこともない。

　以上を表の形でまとめると，表8－1のようになる。

　もっとも，このようなトラブルに備えて，あらかじめ約款で定めが置かれることが多いであろう。

▶第4節　完成した建物は誰の物か

　注文者が請負人に建物の建設を依頼し，請負人が建物を完成させたとしよう。その建物がまだ注文者に引き渡されていないとして，このとき完成した建物の所有権は注文者にあるか，それとも請負人にあるか。「えっ。建物の建築を依頼したのは注文者なのだから，完成した建物の所有権は当然注文者にあるのではないの」と思われるかもしれない。しかしたとえば，建物を建てるための材料のすべてないし大部分を請負人が提供している場合にも，完成した建物の所有権は当然に注文者にあるといってもよいだろうか。また，請負代金がいまだ支払われていない場合にも，建物が完成した以上はその所有権は当然に注文者にあるといってもよいだろうか。むしろ，完成した建物の所有権は一時的に請負人が取得し，建物の引渡しによって注文者に所有権が移転する。注文者は，引渡しを受けて建物の所有権を取得するためには，請負人に請負代金を支払わなければならないと考える方が，請負人の請負代金債権を担保するためにも良いのではないか，とも考えられる。難しい問題であり，見解の相違がみられるところである。

　まず，完成した建物の所有権の帰属について注文者と請負人との間に特約があれば，その特約にしたがって処理すれば問題ない。問題は，そのような特約がない場合である。

　判例は，材料の提供者が誰かによって所有権の帰属を判定する立場を採って

106

いる。すなわち，注文者が材料の全部または大部分を提供した場合には，完成した建物の所有権も注文者に帰属する（大判昭7・5・9民集11・824）。反対に，請負人が材料の全部または大部分を提供した場合には，完成した建物の所有権はまずは請負人に帰属し，その引渡しによって注文者に移転するという（大判大3・12・26民録20・1208。このような判例の考え方を指して，請負人帰属説などということもある）。もっとも，判例は，所有権の帰属に関する当事者の特約を比較的ゆるやかに認定する傾向にあるともいわれる。たとえば，建物が完成する前に注文者が工事代金の全額を支払ったというような事情がある場合には，完成した建物の所有権は注文者に帰属するという当事者の合意を推認することができるという（大判昭18・7・20民集22・660など）。

　このような判例の考え方は，請負人が注文者に対して持つことになる請負代金債権を担保するために役立つとされてきた。というのも，請負人は，請負代金債権を担保するために不動産工事の先取特権（民法325条2号）を利用することができるが，この担保権は，工事前にあらかじめ工事の予算額を登記しなくてはならない（民法338条）など，制限が多くて使いづらい（不動産工事の先取特権を登記するというのは，注文者に対して「あなたが万が一代金を支払ってくれないと困るから，あらかじめ担保が欲しい」というに等しい。これはなかなかにいいづらい）。そこで，請負人に完成した建物の所有権が帰属することを認めることによって，請負代金債権を確かなものにできると考えられたのである（注文者は，建物の所有権を得るためには請負代金を支払う必要がある）。

　これに対して，学説では，完成した建物の所有権は最初から注文者に帰属するとする考え方（注文者帰属説）が多数である。注文者帰属説は，概ね次のような観点から，判例（請負人帰属説）の考えを批判する。すなわち，注文者の注文に応じて建物を建築するという契約の趣旨に鑑みると，完成した建物の所有権は注文者に帰属すると考える方が当事者の意思に沿う。また，請負人が工事代金債権を担保するためには，不動産工事の先取特権のほかにも，同時履行の抗弁権（民法533条）や留置権（民法295条）を用いることができるのであり，完成した建物の所有権を取得する必要はない。そもそも，完成した建物の所有権を請負人が取得したとしても，請負人には，その建物が建っている土地を利用する権限がない（建物の敷地を利用する権限は，多くの場合は注文者にある）から，結局意味がない（注文者から土地の所有権に基づく返還請求ないし妨害排除請求を

受けたら，請負人はこれに応じて建物を収去して土地を明け渡さざるをえなくなる），というわけである。

▶ 第5節　引き渡された建物が傾いていたら

　完成した建物が引き渡され，住み始めてみたら，どうにも様子がおかしい。ドアの立て付けが悪く閉まりにくい。かと思ったら，別のドアは勝手に開いてしまう。床に落としたペンはあらぬ方向に転がって行ってしまうし，外壁にはヒビも入った。どうやら，基礎工事に施工不良があったために家全体が傾いているようである。このように，引き渡された家が欠陥住宅であったという事案は，残念なことにしばしば起こることである（皆さんも，報道等で接したことがあるだろう）。このようなトラブルが起きた場合，注文者は請負人に対してどのような請求をすることができるだろうか。

　この点について民法は，売買に関する規定を請負にも準用する（民法559条）ことによって対処している。すなわち，注文者は，「引き渡された目的物が……品質……に関して契約の内容に適合しないものであるときは……目的物の修補……による履行の追完を〔請負人に〕請求することができる」（民法562条）。つまり，欠陥住宅を引き渡された注文者は，家を建てた請負人に修理するように求めることができるのである。

　注文者が相当の期間を定めて修補を請求したにもかかわらず，請負人がこれに応じなかった場合や，請負人が修補に応じない意思を明確にしている場合，あるいはそもそも修補が不可能な場合には，注文者は，欠陥の程度に応じて請負代金の減額を請求することができる（民563）。

　いずれにしても注文者は，請負人に対して損害の賠償を請求し（民法415条），あるいは契約を解除する（民法541条・542条）ことができる（民法564条）。もっとも，引き渡された住宅の欠陥が，注文者の提供した材料や指図による場合には，注文者は請負人に責任を追及することはできない（民法636条。ただし，請負人がその材料または指図が不適当であることを知りながら告げなかったときは，この限りでない。民法636条但書）。また，注文者は，「不適合を知った時から1年以内にその旨を請負人に通知しないときは……その不適合を理由として，履行の追完の請求，報酬の減額の請求，損害賠償の請求及び契約の解除をする

ことができない」（民法637条1項。もっとも，請負人が建物を注文者に引き渡した時に欠陥のあることを知っているか，重大な過失によって知らなかったときは，この限りでない。民法637条2項）。

第6節　請負代金はいつ支払うべきか

　大工さんや工務店に依頼して家を建ててもらったら，その代金はいつ支払うべきなのだろうか。この点について民法のルールを確認すると，そもそも請負契約は，注文者が「仕事の結果に対して」報酬を支払うことを約束することによって成立すると規定されている（民法632条）。つまり，請負契約においては，報酬は後払いが原則なのである。ただし，請負人に家を建ててもらう場合のように，完成した仕事の成果（家など）の引渡しを要する請負契約の場合には，注文者は「仕事の目的物の引渡しと同時に」請負人に報酬を支払うべきであるとされている（民法633条）。よって，工務店に家を建ててもらったら，工事代金は完成した家の引き渡しと引き換えに支払えばよいことになる。もっとも，これは任意規定であるから，当事者の合意によって修正することができる。たとえば，着工時に報酬の一部を支払い，その後は工事の進捗状況に応じて部分払いをし，完成後の引渡しの際に残額を支払う，などといった具合である。

　なお，「注文者の責めに帰することのできない事由によって仕事を完成することができなくなったとき」か，あるいは「請負が仕事の完成前に解除されたとき」には，請負人は，「すでにした仕事の結果のうち可分な部分の給付によって注文者が利益を受けるときは，その部分を仕事の完成とみなす」ことができ，その場合には「請負人は，注文者が受ける利益の割合に応じて報酬を請求することができる」（民法634条）。たとえば，家が途中まで完成した段階で請負契約が解除された場合には，請負人は出来形に応じて報酬の支払を受けることができるのである。

第7節　途中で建築を中止してもらえるか

　家を建ててもらう請負契約を締結したが，その後事情が変わって，建築を中止してもらいたいと考える場合もあるかもしれない。この場合，一度締結した

第8講　建設業における法律問題　建物建設　109

請負契約を中途解約することはできるだろうか。たとえば，注文者が家の建設を工務店に依頼したが，その後，仕事の都合から急遽海外へ転居しなくてはならなくなったとしよう。このとき，誰も住む予定のない家を建てるために工事を続行するのもバカらしい。注文者としては，できれば工事を中止してほしいと思うだろう。しかし他方で，工事を請け負った工務店（請負人）側としても，注文者の都合で突然工事をキャンセルされたのでは迷惑である。さて，注文者と請負人の利害をどのように調整するべきだろうか。

　この点について民法は，「請負人が仕事を完成しない間は，注文者は，いつでも損害を賠償して契約の解除をすることができる」（民法 641 条）と規定する。家を建ててほしいという注文をした者が，もはやその家を望んでいないのであるから，望まれない家を建てても仕方がない。そこで，注文者が中途解約を望むのであれば，まずはそれを認めるべきである。もっとも，この場合には，注文者は請負人に損害を賠償しなければならない。そして，ここでいう損害には，請負人が得るはずであった報酬も含まれると考えられている（もっとも，契約が維持されていればかかるはずであった費用については控除される）。このようにして民法は，注文者と請負人との利害を調整しようとしているのである。

　なお，注文者がする損害賠償は，請負契約の解除のための要件ではないと考えられている（大判明 37・10・1 民録 10・1201）。

【参考文献】
道垣内弘人『リーガルベイシス民法入門（第 3 版）』日本経済新聞出版社 2019 年。
鎌野邦樹『不動産の法律知識（第 2 版）』日本経済新聞出版社，2017 年。
中田裕康『契約法』有斐閣，2017 年。
内田貴『民法 II（第 3 版）』東京大学出版会，2011 年。

（内田暁）

第9講

製造業における法律問題 1

耐久消費財

学修の要点

・わが国における耐久消費財に関する消費生活用製品安全法，道路運送車両
法について学ぼう。
・わが国における製造物責任法について，その制度の概要について，具体的
なケースをとおして学ぼう。

第1節 耐久消費財の特徴

　自動車や電気製品（たとえば，エアコン，ストーブ，洗濯機）等の耐久消費財
（長期間にわたって利用されるもの）の利用は，日常生活において不可欠なもので
ある。もっとも，耐久消費財は，他の製品と異なり，製造当初にはなんら欠陥
がなくても，長期にわたって使用していくうちに劣化し，それによって，人の
生命または身体に重大な影響を及ぼすような事故が発生しうるという特性を有
している。そのような耐久消費財の特性に基づく事故を予防し，また，事故が
発生した場合には再発を防止し，被害の回復を図るための法律の規定が設けら
れている。

　そこで本講では，身近な耐久消費財に関して規律する法律のうち，消費生活
用製品安全法や自動車のリコールについて規律する道路運送車両法を概観し，
また，耐久消費財の欠陥により損害が発生した場合に問題となる製造物責任法
について，具体的なケースをとおして説明をしていくこととする。

1　消費生活用製品安全法による規制の仕組みを学ぼう

　たとえば，エアコンや掃除機などの耐久消費財は，製造された段階では安全性に問題はないが，長年使用している間に劣化し，それによって重大事故が発生することもあるため，販売後のアフターケアが求められ，一度事故が発生した場合には，同様の事故を予防するため，早期に事故の発生が公表されることが望ましい。また，石油ストーブやライターなどの耐久消費財は，製造段階で欠陥があると，それ自体によって火災などの重大事故が発生しかねない。

　以上のような問題に対処するために制定された消費生活用製品安全法は，①長期使用製品安全点検・表示制度，②国による重大製品事故報告・公表制度，③国による消費生活用製品の安全規制（PSC マーク制度）の3つの規制を設け，消費生活用製品に関して一般消費者の安全を図ることを目的としている。

　消費生活用製品安全法は，主として一般消費者の生活の用に供される製品である「消費生活用製品」に適用され，自動車，食品や医薬品には消費生活用製品安全法が適用されない点に注意が必要である（消費生活用製品安全法2条1項，別表5）。なお，自動車については，第2節で述べる道路運送車両法によって規制されることになる。

1－1　長期使用製品安全点検・表示制度の仕組みを知ろう(①)

　ふろがま，エアコン，洗濯機などは，製造された段階では安全性に問題がないが，長年使用しているうちに劣化し，それによって重大事故が発生することがある。

　そのような事態を防止するため，長期使用製品安全点検制度においては，「特定保守製品」の製造・輸入事業者に対して，その製品の設計標準使用期間，点検期間，点検の要請を容易にするための問合せ連絡先等を表示することを義務付け（消費生活用製品安全法32条の4第1項），また，当該製品の所有者から情報を提供してもらい，点検等の保守を行うことが求められている（消費生活用製品安全法32条の8第1項）。「特定保守製品」とは，消費生活用品のうち，長期間の使用に伴い生じる劣化により安全上支障が生じ，一般消費者の生命または身体に対してとくに重大な危害を及ぼすおそれが多いと認められる製品であって，使用状況等からみてその適切な保守を促進することが適当なものとして政令にて定めるものをいい（消費生活用品安全法2条4項），具体的には，屋内式

112

ガス瞬間湯沸器，屋内式ガスふろがま，石油給湯機等である。

また，長期使用製品安全表示制度においては，長年使用していることによる
劣化に伴う重大事故発生件数が多い製品（扇風機，エアコン，換気扇，洗濯機，ブ
ラウン管テレビ）について，消費者等に長期使用時の注意喚起を促す表示を義務
付けている（電気用品の技術上の基準を定める省令20条）。

1－2　国による重大製品事故報告・公表制度の仕組みを知ろう(②)

　消費生活用製品により，死亡事故，重傷病事故，後遺障害事故，一酸化炭素
中毒事故や火災などの「重大製品事故」（消費生活用製品安全法2条6項）が発生
した場合，そのことが広く消費者に伝わらないと，同様の事故が発生すること
になる。

　そこで，消費生活製品について重大製品事故が発生した場合に，同様の事故
が発生するのを防止するため，事故製品の製造・輸入事業者は，国に対して，
事故発生を知った日から10日以内に報告することが義務付けられ（消費生活用
製品安全法35条1項，消費生活用製品安全法の規定に基づく重大事故報告等に関す
る内閣府令3条），また，重大事故情報が報告されると，国は重大な危害の発生
および拡大を防止するため必要があると認められるときは，製品の名称および
型式，事故の内容等を迅速に公表することになる（消費生活用製品安全法36条1
項）。

　なお，自動車については，第3節の道路運送車両法に基づきリコールが実施
されている。

1－3　国による消費生活用製品の安全規制（PSCマーク制度）の仕組みを
　　　　知ろう(③)

　日常生活でもよく利用するライターや石油ストーブなどの製品は，安全性が
十分に確保されていないと，火災やけが等が生じる危険性のある製品である。

　そこで，消費生活用製品安全法は，消費生活用製品のうち，消費者の生命・
身体に対して特に危害を及ぼすおそれが多い製品については，国の定めた技術
上の基準に適合した旨のPSCマークがないと販売できず（消費生活用製品安全
法4条1項・13条），マークのない危険な製品が販売された場合には，国は製造
事業者等に回収等の措置を命ずることができるようになっている（消費生活用製

品安全法 32 条）。

　また，規制対象品目は，自己確認が義務付けられている家庭用の圧力なべ，乗車用ヘルメット，石油ストーブなどの特定製品，第三者機関の検査が義務付けられている乳幼児用ベッド，浴槽用温水循環器，ライターなどの特別特定製品である（消費生活用製品安全法 2 条 2 項，消費生活用製品安全法施行令 1 条・別表第一）。

▶ 第 2 節　道路運送車両法に基づくリコールについて学ぼう

　自動車については，道路運送車両法が適用されるため，前述のとおり消費生活用製品安全法の適用対象外となっている。

　道路運送車両法は，道路運送車両に関し，①所有権についての公証等を行い，②安全性の確保および公害の防止その他の環境の保全ならびに整備についての技術の向上を図り，③自動車の整備事業の健全な発達に資することを目的とする法律である（道路運送車両法 1 条）。

　自動車のリコールとは，一般に，自動車が保安基準に適合せず，あるいは適合しないおそれがあるため，製造業者が道路運送車両法 63 条の 3 における必要な改善措置を講じることをいう。

　わが国においては，三菱自動車が自動車部品の不具合についてクレームを受けていたにもかかわらず，複数回にわたってクレームを隠し，リコールを行わなかった結果，部品の不具合による事故によって，死傷者がでるという重大な事態が生じた。

　そこで，2000 年に発覚した三菱自動車のリコール隠しを契機として，2002 年に道路運送車両法が改正され，国土交通大臣は，自動者製造業者に対してリコールを勧告し，勧告に従わないときは，リコールを命じることのできる権限が与えられることになった（道路運送車両法 63 条の 2 第 1 項，5 項）。もっとも，国土交通大臣が命じることができるリコールは，保安基準への不適合が問題となった場合に限られる。基準不適合ではない安全上の欠陥については，自動者製造業者は，国土交通省に届け出て，改善のための措置を講じることになるほか，リコールおよび改善対策に該当しない場合，操作性の向上や品質改善のための措置を講じるときは，その措置の内容を国土交通省に通知しなければなら

114

ない（平成 6・12・1 自審第 1530 号運輸省自動車交通局長依命通達第 9，10）。

▶第3節　製造物責任法について学ぼう

1　製造物責任法制定の経緯について知ろう

　たとえば，X が Y 会社製造の新型スマートフォンを小売店 A で購入して使用していたところ，そのスマートフォンの欠陥により，突然，発熱し，それによって，X は火傷をし，また，自宅が焼失してしまったという事例があったとしよう。

　そのような場合，製造物責任法が制定される以前においては，被害者（X）が，直接の契約関係にある者（A）に対して責任追及を行う場合には，債務不履行責任（民法 415 条 1 項）ないし瑕疵担保責任（改正前民法 570 条，民法 562 条 1 項においては契約不適合責任）で，火傷の治療費や自宅の焼失についての損害賠償請求をすることができる。もし，直接の契約関係にある者に資力がない場合には，直接の契約関係にない製造業者（Y）に対して，不法行為（民法 709 条）に基づき責任追及を行いたいところである。もっとも，不法行為に基づいて製造業者の責任追及を行う場合，被害者が製造業者の過失を立証することが困難であり，被害者の救済が不十分であるという問題点があった。

　そこで，被害者の保護の観点から，製造物の欠陥により人の生命，身体または財産が侵害され，損害が生じた場合には，被害者は当該製造物の「欠陥」を立証すれば足り，過失を立証せずに，製造業者等に対して損害賠償責任を追及できる法制度として，製造物責任法が 1994 年に制定された（製造物責任法 1 条参照）。製造物責任法は，不法行為の特別法であり，不法行為における過失責任主義を修正して無過失責任とし，製造業者が引き渡した製品に「欠陥」が認められれば，損害賠償責任を負うことを認めたものである。前述の設例においても，X は，Y に対して，製造物責任法に基づき損害賠償請求をすることができる。

2　具体例をもとに検討しよう

　X は，外国車輸入会社 Y が輸入した高級乗用車（本件乗用車）を Y のディーラーである販売業者 A から購入した。

第 9 講　製造業における法律問題 1　耐久消費財　115

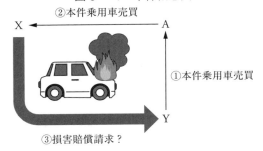

図9-1 本件概念図

　Xが本件乗用車を運転し，グアムでのゴルフ旅行に参加するために，成田空港に向かって高速道路上を走行していたところ，本件乗用車のエンジンルームから突然白い煙が吹き出したため，本件乗用車を止め消火活動を行ったが，本件乗用車の前方部分が完全に焼失し，また，ゴルフクラブ1本が焼失した。

　本件の事故原因は，本件乗用車のエンジンルーム内のオイル漏れにより，オイルが排気管の触媒装置の熱で発火し，出火したことによるものであった。

　この場合に，Xは，Yに対して，損害賠償請求することができるか（東京地判平15・5・28判時1835・94を素材として作成した）。

3　Xの請求が認められるための製造物責任法の要件について確認しよう

　製造物責任法3条本文は，製造業者等が引き渡した製造物の欠陥により他人の生命，身体または財産を侵害したときは，これによって生じた損害を賠償する責任を負う旨を規定している。製造物責任法3条本文の要件を分けていくと，被害者が製造業者等に損害賠償請求するための要件としては，①当該製造業者等，②製造，加工，輸入した製造物であること（「製造物」），③当該製造物を引き渡したこと，④欠陥の存在，⑤他人の生命，身体または財産を侵害したこと，⑥損害の発生，⑦欠陥と損害との因果関係が必要となる。

　以下で，①から⑦までの要件のうち，とくに重要な①②④⑥の要件について，具体例を前提に，詳しく説明する。

3-1　Yは，製造業者等といえるか（①）

　製造物責任の責任主体となる「製造業者等」は，製造業者，表示製造業者，

実質的製造業者の3つに分類される。

（1）　製造業者
　製造業者は，製造物を業として製造，加工または輸入した者（製造物責任法2条3項1号）をいう。定義上は，製造・加工業者だけでなく，輸入業者も含まれることになる。
　具体例におけるYは，自動車の輸入業者であるため，製造業者といえる。

（2）　表示製造業者
　表示製造業者は，自ら当該製造物の製造業者として当該製造物にその氏名，商号，商標その他の表示（氏名等の表示）をした者または当該製造物にその製造業者と誤認させるような氏名等の表示をした者である（製造物責任法2条3項2号）。
　表示製造業者の例としては，OEM（相手方商標による製品の受託製造）製品のように，実際の製造は製造委託先が行い，製品には製造委託元の名称がつけられる場合などである。

（3）　実質的製造業者
　実質的製造業者は，当該製造物の製造，加工，輸入または販売に係る形態その他の事情からみて，当該製造物にその実質的な製造業者と認めることができる氏名等の表示をした者である（製造物責任法2条3項3号）。
　実質的製造業者の例としては，自らは製造や輸入を行っていないが，その流通の実態に照らすと，販売業者が製造物に関する設計上または製造上の指示を与え，その製造物をすべて販売するなど製造物の製造や販売に深く関与している場合などがあげられる。

3-2　本件乗用車は，「製造物」といえるか（②）
　製造物責任法における「製造物」は，製造または加工された動産である（製造物責任法2条1項）。自動車や電気製品といった耐久消費財は製造物責任法の「製造物」に該当する。また，中古品や廃棄物も，「製造物」に該当し得る。これに対して，不動産，無体物であるソフトウェアは，動産ではなく，また，未

加工の農産物，畜産物，水産物は，加工されていないため，「製造物」には該当しない。もっとも，ソフトウェアに欠陥があった場合に，それを組み込んだ製造物の欠陥があるとされることはあり，また，農産物等も加工されると，「製造物」に該当することになる。

具体例における本件自動車も製造された動産であり，「製造物」に該当する。

3-3 本件乗用車に「欠陥」が認められるか（④）

「欠陥」とは，製造物が通常有すべき安全性を欠いていることをいう（製造物責任法2条2項）。そして「欠陥」の有無については，当該製造物の特性，通常予見される使用形態，製造物を引き渡した時期，その他の当該製造物に係る事情を考慮し製造物が通常有すべき安全性を欠いているか否かによって判断することとなる（製造物責任法2条2項）。

製造段階では欠陥がなかったが，その後の使用に伴って欠陥が生じた場合に，製造物責任法上の「欠陥」といえるであろうか。この点について，明文の規定はないが，製造物責任の根拠が欠陥のある製造物を引き渡した点に求められることから（製造物責任法3条），解釈上，欠陥は，引渡時に存在しなければならないと解されている。

具体例においても，本件自動車のエンジンルーム内のオイル漏れは，製造物が通常有すべき安全性を欠いており，「欠陥」といえよう。

3-4 Xには，どのような損害の賠償が認められるか（⑥）

製造物の欠陥により損害が発生したものの，損害が当該製造物のみにとどまっている場合は，被害者は契約責任で保護されるため，製造物責任法による損害賠償性請求は認められない（製造物責任法3条但書）。これに対し，製造物の欠陥が原因となり，人の生命，身体に被害が生じた場合や，当該製造物以外の財産を侵害した場合に，製造物責任法3条に基づく損害賠償請求が可能となる。

具体例において，本件自動車の焼失については，Aに対して契約責任を追及することによって損害を回復することができるため，製造物責任法に基づく損害賠償請求は認められない。これに対して，Xの精神的損害に対する慰謝料や焼失したゴルフクラブについては，損害賠償請求が認められることになる。

4 Yが責任を免れる場合はあるか

製造物責任法3条の要件を満たす場合であっても，製造物業者等による開発危険の抗弁または部品・原材料製造業者の抗弁が認められた場合には，製造物責任法上の損害賠償責任は負わないこととなる（製造物責任法4条）。具体例におけるYも，開発危険の抗弁，部品・原材料製造業者の抗弁が認められれば，損害賠償責任を免れることができる。

4−1 開発危険の抗弁について理解しよう

開発危険の抗弁とは，製造業者等が当該製造物を引き渡した時における科学または技術に関する知見によっては，当該製造物に欠陥があることを認識することができなかったことをいう（製造物責任法4条1号）。かかる抗弁が認められているのは，製造業者等が製造物責任法の適用を恐れて，新製品の開発が阻害されることを防ぐためである

引渡時における科学または技術に関する知見の水準としては，その当時入手可能な最高水準の科学または技術の水準が用いられると解されている。そのような知見の水準が問題となるのは，医薬品等である。

4−2 部品・原材料製造業者の抗弁について理解しよう

部品・原材料製造業者の抗弁とは，製造物が他の製造物の部品または原材料として使用された場合において，その欠陥が専ら当該他の製造物の製造業者が行った設計に関する指示に従ったことにより生じ，かつ，その欠陥が生じたことにつき過失がないことをいう（製造物責任法4条2号）。

具体的には，下請業者が大型機器の製造会社から当該機器を構成する一部品の設計を依頼され，設計図面を渡され，下請業者が設計図面どおりに部品を製造したが，そもそも部品の設計図面に間違いがあり，その間違いについて下請業者には過失がなかったケースがあげられる。

なお，欠陥が生じたことにつき過失がないこと（製造物責任法4条2号）とは，部品・原材料製造業者における契約上の立場や技術的水準等の状況を踏まえ，「欠陥」について部品・原材料製造業者が予見可能性または結果回避可能性がある場合には，免責は認められないことをいうと解されている。

第9講 製造業における法律問題1 耐久消費財 119

5　製造物責任法上の消滅時効について知ろう

　製造物責任法の損害賠償請求権は，被害者またはその法定代理人が損害および賠償義務者を知った時から3年間行使しないとき，その製造業者等が当該製造物を引き渡した時から10年を経過したときには，時効によって消滅する（消滅時効，製造物責任法5条1項）。

　もっとも，生命または身体の侵害の場合には，3年間の消滅時効では短いため，消滅時効は被害者またはその法定代理人が損害および賠償義務者を知った時から5年となる（製造物責任法5条2項）。また，10年の消滅時効は，不法行為における不法行為の時から20年の消滅時効（民法724条2号）よりも短い期間となっている。そこで，製造物責任法の損害賠償請求権の消滅時効は，身体に蓄積した場合に人の健康を害することとなる物質による損害または一定の潜伏期間が経過した後に症状が現れる損害については，その損害が生じた時から起算する（製造物責任法5条3項）とし，時効期間の起算点を変更することにより被害者保護を図っている。

　具体例におけるXも，事故後に，何もしないまま消滅時効期間を経過すると，製造物責任法に基づく損害賠償請求権も時効消滅し，Yに対して損害賠償金の支払を求めることができなくなる。

6　Xは,民法上の損害賠償請求が可能か

　製造物責任法に基づく損害賠償責任については，製造物責任法で定める事項以外については，民法の規定が適用される（製造物責任法6条）。具体的には，共同不法行為（民法719条1項）や過失相殺（民法722条2項）等である。

　また，製造物責任法に基づく責任追及は，民法に基づく責任追及を排除するものではない。そのため，具体例におけるXは民法が規定する債務不履行責任（民法415条1項），契約不適合責任（民法562条1項），不法行為責任（民法709条）も要件を満たせば，それぞれの責任に基づく損害賠償請求をすることが可能である。

【参考文献】

　経済産業省ウェブサイト。http://www.meti.go.jp/product_safety/consumer/index.html

　廣瀬久和・河上正二編『消費者法判例百選』有斐閣，2010年，200頁（小林秀

之），207 頁（朝見行弘）。

藤川信夫・松嶋隆弘編『エッセンシャルビジネス法務』芦書房，2011 年，107〜117 頁（松澤健雄）。

内田貴『民法Ⅱ（第 3 版)』東京大学出版会，2011 年，521〜528 頁。

（金澤大祐）

第10講

製造業における法律問題2
食品・医薬品・化学製品

学修の要点

・食品・医薬品・化学製品の特徴を理解しよう。
・これらの製品の安全を確保するための規制を学ぼう。
・表示についての規制を学ぼう。

▶ 第1節　製品としての食品・医薬品・化学製品の特徴と法の規制

1　安全性の確保と法規制

　食品や多くの医薬品は，口から摂取されるという性質上，人体に与える影響が非常に大きい。製品に何らかの欠陥があれば，食中毒や医薬品の副作用等，生命や身体に深刻かつ不可逆的な被害が発生しうる。たとえば，ヒ素が混入した粉ミルクを飲んだ1万3000人以上の乳児がヒ素中毒になった（うち130人が死亡）「森永ヒ素ミルク事件」（1955年）や，妊娠中の母親が服用した睡眠薬や胃腸薬（つわり止めとしても処方された）によって胎児の四肢等に奇形が発生した「サリドマイド事件」（1958年），非加熱の血液製剤を治療に使用した血友病患者1800人がHIV（ヒト免疫不全ウィルス）に感染した「薬害エイズ事件」（1980年代）など，多くの事件が発生しているほか，最近では，農薬の混入した冷凍食品を食べた人が中毒症状を起こした事件（「中国製冷凍餃子事件」（2007年），「アクリフーズ農薬混入事件」（2013年）），黄色ブドウ球菌に汚染された低脂肪乳等で大規模な食中毒が発生した「雪印集団食中毒事件」（2000年）なども記憶に新しいところであろう。

122

また，経口摂取しない医薬品や化学製品であっても，皮膚や呼気から体内に吸収されるなどして，健康に大きな影響が生ずる可能性がある。最近の事件として，小麦加水分解物を含む石けんを洗顔に使っていた人が重篤な小麦アレルギーを発症した「茶のしずく石けん事件」（2009年），化粧品に含まれる美白成分によって皮膚の色素が抜け白斑が生ずる「カネボウ化粧品白斑事件」（2011年）などがある。

　このように，消費者の生命や身体に何らかの被害が発生した場合には，消費者との間に直接の契約関係があってもなくても，前講で扱った製造物責任法等にもとづき，メーカーは消費者から損害賠償を請求される。しかし，使用した者の生命・身体に重大な影響を及ぼすという製品としての特徴を考えると，食品・医薬品・化学製品については，損害賠償という事後的な被害救済はもちろんのこと，そのような被害を発生させないための安全性の確保（事前の規制）が，いっそう重要である。そのために，大別して2種類の法規制がある。1つは，製造・販売等を行ってもよい製品の規格等についての規制（残留農薬，食品添加物等の成分規格や基準値）であり，もう1つは，それらの製品に含まれるさまざまな物質（食品添加物や遺伝子組替え食品，アレルギー物質など）についての表示である。

2　食の選択と表示

　食品については，2008年以降，輸入品を国産品と偽る，消費期限・賞味期限を付け替える，メニューと異なる食材を使用する等の多くのいわゆる「食品偽装事件」が発覚し，社会問題となった。これらの事件の多くは，安全性そのものが問題となったわけではない。しかし，私たちが商品を適正に選択するためには，その判断材料として，さまざまな情報（消費期限，産地，内容量など）が正しく表示されていることが必要である。そこで，表示の適正を確保するために，食品等の製品についての表示を規制する制度も用意されている。

3　食品等の製造業者の責任

　したがって，詳細については第2節，第3節で製品ごとに述べるが，食品等の製造業者がおかれる法律関係は，以下のようなものとなる。製造業者は，法に定める基準を満たし，場合によっては一定の手続きを経た製品を製造・販売

しなければならない。これに違反した事業者は，営業の停止等の措置を受ける。また，販売にあたっては，法の定める形式で，適正な表示を行わなければならない。そして，製造・販売した製品によって，使用した者に被害が生じた場合は，一定の要件のもとで，損害を賠償する責任を負う。

　以下では，食品の規格と表示に関する法規制を中心に，食品等の製造業者の法律問題について説明する。

▶第2節　**食品についての規制**

　食品については安全性，表示の観点から，多岐にわたる規制がされている。

　具体的な規制として中心的役割を果たしているのは，(1) 飲食に起因する衛生上の危害発生を防止することを目的とする食品衛生法，(2) 品質の適切な表示によって一般消費者の選択に資することを目的とする JAS 法，(3) 栄養の改善その他国民の健康の増進を図ることを目的とする健康増進法である。また，これらの 3 つの法律のうちの表示に関する規定を統合して，(4) 食品表示法が制定された。以下では，これらの 4 つの法律について解説する（このほか，(5) 食品安全基本法が，食品の安全性の確保についての基本理念を定め，食品についてのリスク評価を行う食品安全委員会を設置する根拠となっている。また食品に限定したものではないが，表示全般について (6) 景品表示法が適用される）。

1　食品衛生法(1947年)
1−1　法の目的と適用対象

　食品衛生法は，「食品の安全性確保のために公衆衛生の見地から必要な規制その他の措置を講じることにより，飲食に起因する衛生上の危害の発生を防止し，もつて国民の健康の保護を図ること」（食品衛生法 1 条）を目的とする法律である。医薬品や医薬部外品をのぞく「すべての飲食物」（食品衛生法 4 条）が規制の対象となっており（医薬品・医薬部外品については，後にふれる薬機法が適用される），食品や添加物はもちろんのこと，食器，容器，包装のほか，乳幼児が口に接触することにより健康を損なうおそれがある乳幼児用のおもちゃも，この法律の適用を受ける。

124

1−2　添加物等についての規制

　食品衛生法のもとでは，「人の健康を損なうおそれがある」食品・添加物の販売等が禁止されている（食品衛生法6条）。

　①食品添加物　　食品添加物（保存料，甘味料，着色料，香料等）とは，食品の製造過程または食品の加工・保存の目的で使用されるものである。原則として，食品安全委員会による評価を受け，人の健康を損なうおそれのないもの（指定添加物）で，さまざまな基準を満たしたものだけが，使用を認められている（厚生労働省と消費者庁の定める「食品添加物公定書」）。添加物に有害な不純物が含まれていると健康に危害が生じる危険があるため，個別の添加物ごとに成分規格が定められている。また，さまざまな安全性試験から導き出された，一日摂取許容量（人が生涯その物質を毎日摂取し続けたとしても，健康への影響がないと推定される1日あたりの摂取量。ADI: Acceptable Daily Intake）をもとに，使用対象食品や最大使用量などの使用基準も定められている。

　指定添加物以外で販売等が認められるのは，ペクチン等の既存添加物，バニラやカニなどの天然香料，イチゴ果汁や寒天等の一般飲食物添加物である。既存添加物についても，必要に応じて成分規格が定められている。

　②農薬等　　食品衛生法は，農薬等（残留農薬，飼料添加物，動物医薬品等）についても規制し，食品の安全性を確保している。すべての農薬等について残留基準が定められており，この基準をこえて農薬等が含まれている飲食物の販売が禁止される。また，残留基準が設定されていない農薬等（無登録農薬等）については，そもそも使用が認められない（ポジティブリスト制。従来は，規制の対象となるもののみがリスト化されるネガティブリスト制が採用されており，無登録農薬等の規制ができない状態であったが，2015年に法律が改正され現在の方式となった）。農薬等の残留基準値も，①で述べた一日摂取許容量をもとに設定されている。

　③遺伝子組み換え食品（GMO）　　遺伝子操作によって新しい性質を持つようになった農作物等を遺伝子組換え食品という。たとえば，農薬を散布しなくても害虫の繁殖を抑えることができる害虫抵抗性のとうもろこしや，効率的に除草作業を行うことができる除草剤耐性を持つ大豆などがその例である。こうした作物は，食糧問題や環境保全にメリットを持つ。

　他方で，従来自然界には存在しなかったこのような新しい食品が，私たちの

第10講　製造業における法律問題2　食品・医薬品・化学製品　125

健康や環境に対して問題を引き起こすことがないよう，この遺伝子組換え食品等も，食品衛生法の規制の対象となっている（飼料の場合には飼料安全法の規制を受ける）。具体的には，食品安全委員会（の遺伝子組換え食品等専門委員会）が科学的評価を行い，安全性に問題がないと判断され公表された食品等のみを，販売・流通させることができる。日本で安全性が確認され，販売等が認められているのは，とうもろこし，大豆を含む8種類である（2018年2月現在）。

　④アレルギー物質　　特定の食物によりアレルギー症状が起こり，死亡などの重大な結果が発生する（アナフィラキシー）ことはよく知られている。食品衛生法では，一定のアレルギー物質について，表示を義務づけている。表示が義務づけられている食材（特定原材料），表示義務はないが推奨されている食材は，表10-1のとおりである。

　⑤消費期限と賞味期限　　食品等には，消費期限と賞味期限の表示が行われる。

　消費期限とは，未開封のまま保存方法を守って保存していた場合に安全に食べられる期限であり，期限をすぎた場合には食べないほうがよいとされている。弁当，調理パン，そうざい，生菓子類，食肉，生めん類等のいたみやすい食品が対象となっている。1948年に食品衛生法で牛乳等に製造年月日の表示を義務づけたのが始まりだが，世界の標準に合わせる必要があったこと，製造年月日の記載からは判断が難しい場合があること，製造年月日の記載では売れ残りが多くなりいわゆるフードロスが生じること等から，現在は，食品衛生法とJAS法の両方で，消費期限の表示が義務づけられている。

　これに対して，賞味期限は，未開封のまま保存方法を守って保存していた場合に，品質が変わらずにおいしく食べられる期限であり，この期限をすぎてもただちに安全性に問題が生じるわけではない。スナック菓子，即席めん類，缶詰，牛乳，乳製品等が対象となっている。3カ月を超えるものは年月で示し，3

表10-1　アレルギー物質の表示

特定原材料	表示が義務づけ	7品目（乳，卵，小麦，そば，落花生，えび，かに）
特定原材料に準ずるもの	表示が推奨	20品目（あわび，いか，いくら，オレンジ，キウイフルーツ，牛肉，くるみ，さけ，さば，大豆，鶏肉，豚肉，まつたけ，もも，やまいも，りんご，ゼラチン，バナナ，ごま，カシューナッツ）

カ月以内のものは年月日で示す。1995年に品質保持期限の表示の制度が導入され、2003年に賞味期限に統一された（2005年本格施行）。

消費期限や賞味期限は、食品の特性、品質変化の要因や原材料の衛生状態、製造・加工時の衛生管理の状態、容器包装の形態、保存状態等を考慮して、製造業者、加工業者、販売業者、輸入業者が設定する（客観的な指標にもとづいて得られた期限に対して、一定の安全をみて、1未満の係数（安全係数）を乗じて設定される）。

なお、流通業界の商慣習として、加工食品については、いわゆる3分の1ルールと呼ばれるものがあるが（製造業者、販売業者、消費者が製造してから賞味期限までの期間を均等に分け合う慣行。メーカーが卸売業者や小売業者に納入できるのは、最初の3分の1（賞味期限6カ月の食品の場合は、製造から2カ月まで））、法的な拘束力を持つものではない。このような商慣習は、品質に問題のない食品の廃棄を生じさせ、多くのフードロスの原因ともなっており、業界では見直しの動きもある（「納品期限見直しパイロットプロジェクト」）。

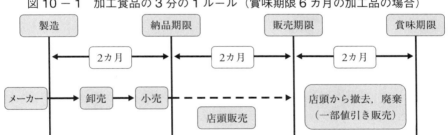

図10−1　加工食品の3分の1ルール（賞味期限6カ月の加工品の場合）

2　JAS法（農林物資の規格化等に関する法律）（1950年）

JAS法は、消費者の商品選択の役に立つように、飲食料品等が一定の品質や特別な生産方法で作られていることを保証する「JAS規格制度」に関する法律である。

JAS規格制度は、昭和20年代に、戦後の物資不足や模造食品の横行などによる健康被害が多く発生したことを背景に、農林物資の品質改善や取引の公正化を目的として発足したものである。その後、表示の基準が定められ（1970年）、すべての食品への表示が義務づけられた（2009年）。JAS規格は任意の制

表10－2　JASマークの種類

JASマーク		品位，成分，性能等の品質についてのJAS規格（一般JAS規格）を満たす食品や林産物などに付けられる。
有機JASマーク		有機JAS規格を満たす農産物などに付けられる。有機JASマークのない農産物と農産物加工食品には「有機○○」などと表示することができない。
低温管理流通JASマーク		製造から販売までの流通行程を一貫して一定の温度を保って流通させる加工食品に付けられる。米飯を用いた弁当類（寿司，チャーハン等を含む）について認定を受けることができる。
特定JASマーク		特別な生産や製造方法についてのJAS規格（特定JAS規格）を満たす食品や，同種の標準的な製品に比べ品質等に特色があることを内容としたJAS規格（りんごストレートピュアジュース）を満たす食品に付けられる。
生産情報公表JASマーク		生産情報公表JAS規格を満たす方法により，給餌や動物用医薬品の投与などの情報が公表されている牛肉や豚肉，生産者が使用した農薬や肥料などの情報が公表されている農産物などに付けられる。

度であるが，農林水産大臣の登録を受けた登録認定機関から，製造施設，品質管理，製品検査，生産行程管理などの体制が十分であると認定された事業者は，基準を満たした食品について，JASマークをつけることができる。

JASマークには，表10－2のようなものがある。

2015年4月の食品表示法の施行に伴い，JAS法の食品表示に関する規定が食品表示法に移管された。

3　健康増進法(2002年)

国民の健康の増進の総合的な推進に関し基本的な事項を定めるとともに，国民の健康の増進を図るための措置を講じ，国民保健の向上を図ることを目的に，制定されたのが健康増進法である。製造業者に関係するのは，特別の用途に適する食品に関する規制である。

3-1 栄養機能食品

栄養機能食品とは，特定の栄養成分の補給のために利用される食品で，栄養成分の機能（「ビタミンＣは，皮膚や粘膜の健康維持を助けるとともに，抗酸化作用を持つ栄養素です」等）を表示するものである。法の定める規格基準に適合すれば，とくに許可申請や届け出をする必要はない。

3-2 特定保健用食品(トクホ)

特定保健用食品とは，からだの生理学的機能などに影響を与える保健機能成分を含む食品で，特定の保健の用途に資する旨（血圧，血中のコレステロールなどを正常に保つことを助けたり，おなかの調子を整えたりするのに役立つ等）を表示する食品である。食品を特定保健用食品として販売するには，製品ごとに食品の有効性や安全性について審査を受け，表示について国の許可を受けなければならない。許可された品目は，消費者庁が公表する。

3-3 特別用途食品

特別用途食品とは，乳児，幼児，妊産婦，病者などの発育，健康の保持・回復などに適するという特別の用途について表示する食品である。特別用途食品として食品を販売するためには，その表示について国の許可を受ける必要がある。

3-4 機能性表示食品

機能性表示食品とは，健康の維持および増進に役立つ（「おなかの調子を整えます」「脂肪の吸収をおだやかにします」）旨の，食品の機能性を表示することができる食品である。安全性や機能性について国が審査を行うわけではなく，これらは，事業者の責任で表示されるにすぎない。届け出のあった製品は，消費者庁が公表する。

4 食品表示法(2013年)

食品に関する表示について，従来は，上で述べた３つの法律が，それぞれ規制を行っていたため，内容に重複があるなど，非常にわかりにくい制度になっ

図10－2食品表示の例

| 名称　絹ごし豆腐／原材料名　丸大豆（国産）（遺伝子組み換えでない），粗製海水塩化マグネシウム（にがり）／内容量　360g／賞味期限　表面に記載／補村方法　要冷蔵（5℃～10℃）／製造者　○○食品株式会社　　　　　××工場　栃木県××市△△1の2の3 | 栄養成分表示（100gあたり）

エネルギー　　56kcal
タンパク質　　4.9g
脂　　　質　　3.0g
炭水化物　　2.0g
ナトリウム　　7mg

食塩相当量　　0g
日本食品標準成分表2010より。 |

ていた。そこで，消費者の権利（安全確保，選択の機会確保，必要な情報の提供）を尊重し消費者の自立を支援するために，前記の3つの法律で義務づけられた表示の基準や，違反した場合の措置について，1つにまとめて規定したのが，食品表示法である。従来は健康増進法で定められていた栄養成分表示についても，現在はこの法律で表示が義務づけられている。

　具体的な表示の基準は，食品表示基準（内閣府令）で定められており，不適正な表示があった場合には，内閣総理大臣，農林水産大臣は，食品関連業者に対して，その不適正な状態を是正するよう指示し，さらに，消費者の生命・身体に対する危害の発生・拡大の防止のために緊急の必要があるときは，当該食品関連事業者等に対し，食品の回収，業務の全部・一部の停止を命令することができる。

　食品表示法等で定められた表示事項（原材料，原材料等の原産地，使用添加物，アレルギー物質，遺伝子組換え食品についての事項，賞味期限，消費期限等）を偽って食品の製造や流通を行うのが，いわゆる食品偽装表示である。食品偽装に対しては，罰則も定められている（行政庁の是正命令や中止命令に従わない場合に罰則が適用される「間接罰」，違反行為があった場合に直ちに罰則が適用される「直罰」）。

▶ 第3節　医薬品，化学製品についての規制

　医薬品については，「医薬品，医療機器等の品質，有効性及び安全性の確保等に関する法律」（薬機法）が，化学製品については「化学物質の審査及び製造等の規制に関する法律」（化審法）が，それぞれ規制を行い，安全性が確保される

ことになっている。ここでは，薬機法について述べる。

　薬機法（制定当初は薬事法。2014 年に改正，名称変更）の目的の 1 つは，医薬品等の安全性の確保であり，規制対象は，医薬品，医薬部外品，化粧品，医療機器である。医薬品には本来の作用（主作用）とともに，本来の目的以外のさまざまな作用（副作用）があり，この副作用が重篤な薬害の原因となってきた。このため，医薬品等の製造販売については，厚生労働大臣の承認が必要となっている（薬害が裁判で争われるときに国（厚生労働大臣）が被告となるケースが多いのは，このためである）。また，医薬品については，医薬品の使用者や医師，薬剤師に向けて警告や使用上の注意等の重要事項を記載した添付文書の作成が義務づけられている。副作用によるものと疑われる疾病，障害，死亡の発生を知った製薬会社や医療関係者には，その報告が義務づけられている。

　なお，医薬品を適正に使用したにもかかわらず，副作用による健康被害が生じた場合には，裁判等で損害賠償を請求する以外にも，被害者に医療費等が給付される「医薬品副作用被害救済制度」（1979 年）等の制度がある。救済基金の原資は，製薬会社の拠出金である。

　製造物責任法の成立にともない，「裁判によらない迅速，公平な被害救済システムの有用性に鑑み，裁判外の紛争処理体制を充実強化する」（衆参両議院の付帯決議）ために，医薬品による事故については，日本製薬団体連合会の付設機関である医薬品 PL センターが，消費者の苦情を裁判によらずに解決するために設立された。医薬品副作用被害救済制度の対象とならないケースが扱われる。

【参考文献】
消費者庁「食品の安全や表示について知る」http://www.caa.go.jp/consumers/food_safety/
中田邦博・鹿野菜穂子編『基本講義　消費者法（第 3 版)』2018 年，日本評論社。
日本弁護士連合会編『消費者法講義（第 4 版)』2013 年，日本評論社。
坂東俊矢『18 歳から考える消費者と法（第 2 版)』2014 年，法律文化社。

（高橋めぐみ）

第11講

ロジスティクス業における法律問題
運送・倉庫・場屋

学修の要点

- ロジスティクス業において重要な役割を果たす運送と保管に関し，商法で規定されている運送営業および倉庫営業について学ぼう。
- 倉庫営業とともに商法第2編第9章「寄託」に規定されている場屋営業についても学ぼう。

▶ 第1節 ロジスティクス業と商法

　私たちは大学生協でA社のお茶を買ったり，家電量販店でB社のパソコンを買ったりする。このようにある商品（お茶・パソコン等）が消費者の手元に届くまでには，生産者（A社・B社等）⇒卸売業者⇒小売業者（大学生協・家電量販店等）⇒消費者といった経路をたどるのが一般的である。この際に，それぞれの段階において売買契約が成立し，権利移転がなされている。このような活動のことを商流（商取引流通）という。また，商品はそれぞれの場所から物理的に移動したり，一時的に保管されたりする。このような活動のことを物流（物的流通）という。ロジスティクスとは，一般的に，商品や物資の発生地点から到着地点までの商流（商取引流通）と物流（物的流通）を，効率的かつ効果的に，計画・実施・統制することをいう。商法では，このうち物流機能の中心的役割を果たす輸送に関しては運送営業および運送取扱営業の規定を，保管に関しては倉庫営業の規定を設けている。

　そこで，本講では，商法に規定される運送営業，運送取扱営業，倉庫営業に

ついて概説する。また，客の物を預かる（寄託）という行為は倉庫業者だけでなく，客の来集を目的とする場屋取引の営業者も頻繁に行うことから，商法は「第2編商行為第9章寄託」において，場屋内での客の荷物の滅失または損傷についての場屋営業者の責任について規定している。そこで，ロジスティクス業とは直接関係はしないが，場屋取引に関しても若干の説明を行う。

▶ 第2節 運送営業

1 運送営業とは

運送営業とは，運送に関する行為を営業として行う業態をいう。運送には，原材料やエネルギー，製品や商品などの物品を対象とする物品運送と，人（旅客）を対象とする旅客運送がある。ロジスティクスとの関係では前者がとくに重要になる。また，物品・旅客運送は，国内運送と国際運送，さらに陸上運送，海上運送，そして航空運送に分類することができる。さらに，これらの運送が組み合わされた運送（たとえば，トラックと飛行機等）を複合運送という。平成30年改正前商法では，国内における陸上運送（商法第2編第8章）と海上運送（商法第3編）に関する規定があるのみで，航空運送や複合運送に関する規定はなく，以前から問題視されていた。そこで，平成30年に改正された現行の商法では，陸上運送，海上運送または航空運送の引受けを業とする者を運送人とし，陸上運送，海上運送および航空運送についても定義規定が設けられた（商法569条）。これにより陸上運送における商法第2編第8章の規定は，海上運送，航空運送，そして複合運送にも妥当する総則的規律して位置づけられることになった。

2 運送契約の構造

2-1 運送契約の性質

物品運送契約は，運送の引受けを行う運送人とその依頼を行う荷送人との間で締結される。物品運送契約は，運送人が荷送人から運送品を受け取り，これを保管・運送して荷受人に引き渡すことを約束し，荷送人がその対価として運送賃を支払う双務・有償の契約である。運送契約は性質上運送行為という仕事の完成を約する請負契約であることから，原則として荷送人の運送賃の支払債

図 11 − 1　物品運送契約の関係者

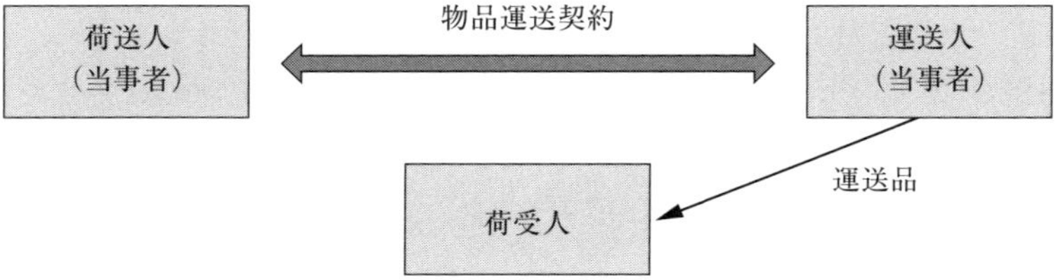

物品運送契約

荷送人
(当事者)

運送人
(当事者)

運送品

荷受人

務は運送完了時に発生し，運送賃は到達地における運送品の引渡しと同時に，支払わなければならないものとされている（商法573条1項）。運送品が不可抗力により滅失または損傷した場合，運送人は運送賃を請求することができない（商法573条2項）が，運送品がその性質もしくは瑕疵または荷送人の過失によって滅失または損傷した場合は，運送人は運送賃の全額を請求することができる（商法573条3項）。また，運送は受取から引渡しまで一定の期間がかかることから，市況の変化等に対応するために，荷送人は運送途中で運送の中止等を含む契約内容の変更をすることができるが，荷送人の指図によって運送の中止等が行われた場合，運送人は割合に応じた運送賃等を請求することができる（商法580条）。運送人が有する運送賃に関する権利は1年の消滅時効にかかる（商法586条）。

2−2　運送証券

　運送に関連して発行される証券は運送証券と呼ばれる。商法上規定されている運送証券としては，陸上運送に関して，送り状（商法571条），海上運送に関して，船荷証券（商法757条以下）がある。送り状とは，運送人の請求により荷送人が作成・発行しなければならない証券であり，運送契約の締結および内容に関する証拠証券として機能する。これに対して，船荷証券とは，荷送人からの請求により運送人が作成・発行しなければならない証券であり，運送中の運送品の売却や質入れ等のために利用される。平成30年改正前商法では，陸上運送に関する運送証券として，貨物引換証に関する規定があったが，実務において，近時，貨物引換証の利用例は見当たらないことから，現行の商法では，規定自体が削除されることになった。

2−3　荷送人の危険物についての通知義務

　運送対象が多様化するとさまざまな危険物が運送される可能性がある。運送人はこのような危険物により運送用具や他の荷主の運送品に被害が生ずることを回避するために，危険物については運送そのものを拒否するか，あるいは引き受けたとしても特別な措置を講じる（そして，そのために割増運送料を請求する）必要がある。しかし，運送人が独自で運送品を調べることには限界があるので，危険物の運送を依頼する荷送人に運送品が危険物であることを運送人に通知させる必要があったが，平成30年改正前商法にはこのような規定はなかった。そこで，現行の商法では，荷送人は，運送品が危険性を有するものであるときは，その引渡し前に，運送人に対し，その旨および当該運送品の安全な運送に必要な情報を通知しなければならないという規定を設けた（商法572条）。危険物についての通知義務の履行を確保するために，荷送人は，通知義務違反により運送人に損害が発生した場合には損害賠償責任を負う。ただし，荷送人は，通知義務違反が荷送人の責めに帰すことができない事由によるものであることを立証すれば責任を免れることができる。

2−4　荷受人の権利・義務

　荷受人とは，到達地において運送品を受け取る者をいう。荷受人は契約の当事者ではないが，運送契約上の権利・義務の帰属主体となる。すなわち，運送品が到達地に到着したとき，または運送品の全部が滅失したときには，運送契約によって生じた荷送人の権利と同一の権利を荷受人が取得し（商法581条1項），荷受人が運送人に対して運送品の引渡しまたはその損害賠償の請求をしたときには荷送人の運送品処分権が消滅する（商法581条2項）。また，荷受人が運送品を受け取ったときに運送賃等の支払義務が発生する（商法581条3項）。平成30年改正前商法では，荷受人に権利が発生するのは運送品の到達後となっていたので，運送中に全部滅失した場合には，荷受人が運送人に対して運送品引渡請求権および損害賠償請求権を取得することができないという問題があった。そこで，現行の商法では，運送品が全部滅失した場合にも荷受人はこれらの権利を取得することが明記された。

第11講　ロジスティクス業における法律問題　運送・倉庫・場屋　135

3 運送人の責任

3-1 責任原則

運送人は，運送品の受取，運送，保管および引渡しについて注意を怠らなかったことを証明しない限り，運送品の受取から引渡しまでの間にその運送品が滅失もしくは損傷し，もしくはその滅失もしくは損傷の原因が生じ，または運送品が延着したときは，これについての損害賠償責任を免れることはできない（商法575条）。このように運送人の責任は過失責任であるが，運送人の過失の不存在は運送人が立証しなければならない旨の規定（過失推定原則）となっている。

3-2 高価品の特則

運送品が高価品である場合，荷送人が運送を委託するにあたり，運送人にその種類および価額を通知しなければ運送人は損害賠償責任を負わない（商法577条1項）。すなわち，荷送人から高価品であることとその価額の通知がなければ，運送人は一切の責任を負わないでよいことになっている。高価品は損害発生の可能性が高く，損害額も巨額になるのに，高価品であることの通知がなければ，運送人はかかる危険に対応した注意を払うことも，それに見合った運送賃を請求することもできなくなるからである。ここでいう高価品として，条文上は，貨幣，有価証券が挙げられているが，その他にも宝石，貴金属，美術品，データ入りの外部メモリー等が含まれる。

高価品の特則に関しては，平成30年改正前商法578条（商法577条1項）の定めを不法行為責任にも及ぼす趣旨の合意が有効か否かについて，最判平10・4・30判時1646・162は，宅配便の責任制限条項は債務不履行責任のみならず不法行為責任にも及ぶと判示し，そのような合意の有効性を認めている。ただし，運送人に悪意・重過失がある場合にまで適用されるわけではない（商法577条2項）。

3-3 運送品賠償額の定額化

商法は，運送品の滅失または損傷による損害賠償責任に関して賠償額を定額化している。すなわち，運送品の滅失または損傷の場合における損害賠償の額は，その引渡しがなされるべき地および時における運送品の市場価格（取引所の相場がある物品については，その相場）によって定める（商法576条1項本文）。

ただし，市場価格がないときは，その地および時における同種類で同一の品質の物品の正常な価格によって定める（商法 576 条 1 項但書）。これにより，運送人は，運送品が無事に到達していたのなら荷受人が得ていたであろう利益については賠償責任を負わない。このような規定の趣旨は，運送人の保護と大量の運送を頻繁に行う運送取引の法律関係の画一的処理の要請に基づくものであると解されている。しかし，運送人に故意または重過失がある場合，運送人を保護する必要はないから，このような規定は適用されない（商法 576 条 3 項）。

3-4　損害賠償責任の消滅

平成 30 年改正前商法では，運送人の責任は，荷受人が運送品を受け取った日（全部滅失の場合は引渡しがあるべき日）から 1 年経過したときに，時効によって消滅すると規定されていた（平成 30 年改正前商法 589 条・566 条）。これに対して現行の商法では，運送品の引渡しがされた日から 1 年以内に裁判上の請求がされないときは，消滅するという除斥期間と同様の制度に変更された（商法 585 条 1 項）。

4　複合運送契約

複合運送契約とは，陸上運送，海上運送，または航空運送のうち，2 以上の運送を 1 つの契約で引き受ける物品運送契約のことである（商法 578 条）。複合運送は，単一の運送人との間で契約を締結すれば，出発地から積替え・保管等も含めて目的地までの一貫した運送が実現されることから，安全性・迅速性・経済性にすぐれており，現代における最も重要な運送形態になっている。

平成 30 年改正前商法には複合運送に関する規定は存在しないので，基本的には契約自由の原則が妥当し，契約内容や運送人の責任などは，原則として複合運送契約上の合意（複合運送契約約款）によって決定されていた。これに対して，現行の商法では，複合運送人の責任につき，578 条において規定が置かれることになった。

第3節　運送取扱営業

1　運送取扱営業とは

　運送取扱いとは，物品運送の取次ぎを行うことをいい，それを業としてなす者を運送取扱人という（商法559条1項）。取次ぎとは，自己の名をもって他人（委託者）の計算において法律行為をすることを引き受ける行為である。運送取扱人が物品運送契約の取次ぎを行うのに対して，物品の販売・買入契約の取次ぎを行うものを問屋というが，どちらも取次営業を行うので，商法は問屋営業に関する規定を運送取扱営業に準用している（商法559条2項）。

　実際に運送取扱営業を行っている者は，フレート・フォワーダーとか通運事業者と呼ばれているが，これらの者は運送取扱いだけでなく，物品運送の代理，媒介，運送品の積込み・荷揚げ・配達等の業務も行っている。したがって，取次ぎのみを業務内容とする事業者は存在しないという実務の現状にかんがみると，現行の商法の規定には問題があると解されている。

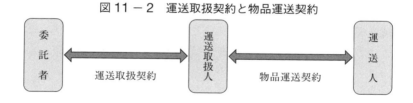

図11-2　運送取扱契約と物品運送契約

2　運送取扱人の責任

　運送取扱人は，運送品の受取，保管および引渡し，ならびに運送人の選択その他運送の取次ぎに関する注意を怠らなかったことを証明しない限り，運送品の受取から荷受人への引渡しまでの間にその運送品が滅失もしくは損傷し，もしくはその滅失もしくは損傷の原因が生じ，または運送品が延着したときは，これによって生じた損害を賠償する責任を負う（商法560条）。運送人の場合のように損害賠償額の定額化はなされていないが，高価品の特則（商法564条・577条）や損害賠償責任の消滅等（商法564条・585条）については，物品運送に関する規定が準用される。

第4節 倉庫営業

1 倉庫営業とは

　倉庫営業に関しては，商法第2編第9章「寄託」に規定されおり，他人（寄託者）のために物品を倉庫に保管すること（倉庫寄託契約）を業として行う者を倉庫営業者という（商法599条）。ここでいう物品とはその性質上，保管に適する一切の動産を指し，金銭，有価証券そして動物も含まれると解されている。また，倉庫とは，物品の保管の用に供される設備を指す。

　経済の発展や取引の促進をはかるためには，大量の物品を安定的に，必要とする場所および時期に供給させる必要があり，これに運送営業とともに倉庫営業は大きな役割を果たしている。すなわち，倉庫営業は，物品の保管を通じて，陸海空の運送手段・機関の間における連結調整機能を果たし，大量生産された物品を需要に応じて市場に出したりする時間差調整機能を果たしたりする。また，保管を専門とする倉庫業者の利用は，自ら倉庫を建設し物品を保管するよりもコストを抑えることができ，また安全面でもすぐれている場合がある。このように現代社会の物流システムにおいて，倉庫営業の果たす役割は非常に大きいため，倉庫営業には公共的性質があるものとされている。

2 倉庫営業者の権利と義務

2-1 保管料および費用請求権

　倉庫営業者は寄託者に対し，寄託物の出庫の時以後であれば保管料および立替金その他寄託物に関する費用（保管料等）を請求できる（商法611条本文）。ただし，寄託物の一部を出庫するときは，出庫の割合に応じて，その支払を請求することができる（商法611条但書）。

2-2 保管義務

　民法では，受寄者が無償で物品の寄託を受けたときは，自己の財産におけるのと同様の注意をもって寄託物を保管する義務を負う（民法659条）が，商法では，商人がその営業の範囲内において寄託を受けた場合には，報酬の有無にかかわらず，善管注意義務を負うことになっている（商法595条）。したがって，

第11講　ロジスティクス業における法律問題　運送・倉庫・場屋　139

倉庫営業者は予想される危険に対して合理的な範囲内での予防措置を講じなければならず，場合によっては寄託物に保険（とくに火災保険）を付さなければ，保管義務違反とされることがありえる。

保管期間について，民法では，保管期間の定めがあるときは，やむをえない場合を除いてそれに従い，定めがないときは，受寄者はいつでも寄託物の返還ができることになっている（民法663条）。これに対して，商法では，倉庫営業者は，保管期間の定めのない場合であっても，やむをえない場合を除いて寄託物の入庫の日から6カ月を経過しないと返還することができないとしている（商法612条）。

倉庫営業者は，保管期間の定めがある場合でも，寄託者の請求があれば寄託物を寄託者に返還する（民法662条）。ただし，倉荷証券が発行されているときは，これと引き換えでなければ，寄託物の返還に応じる必要はない（商法613条）。

2－3　倉荷証券交付義務

倉庫営業者は，寄託者の請求により，寄託物の倉荷証券を交付しなければならない（商法600条）。

2－4　寄託物の点検等に応じる義務

倉庫営業者は，寄託者または倉荷証券の所持人が，営業時間内に寄託物の点検もしくは見本の提供またはその保存に必要な処分を求めてきたときは，それに協力しなければならない（商法609条）

2－5　損害賠償義務

倉庫営業者は，寄託物の保管に関し注意を怠らなかったことを証明しなければ，寄託物の滅失または損傷による損害賠償責任を免れることができない（商法610条）。運送人の責任と同様の規定であるが，倉庫営業には商法576条1項のような特則はない。したがって，特約がない限り，損害賠償の範囲は民法の債務不履行の一般原則によって決まる。

寄託物に滅失または損傷が生じたとき，寄託者が当該寄託物の所有者でない場合でも，倉庫営業者に対して損害賠償責任を追及できるかについて，最判昭

140

42・11・17 判時 509・63 は，寄託者が寄託物の所有権を有するか否かを問わず，寄託物の価格に相当する金額を寄託者に対し賠償すべきであると判示している。

　倉庫営業者の責任は寄託者または倉荷証券の所持人が留保せず寄託物を受取り，保管料等を支払ったときは消滅する（商法616条1項本文）。ただし，寄託物にただちに発見することができない損傷または一部滅失があった場合は，寄託者または倉荷証券の所持人が引渡日から2週間以内に倉庫営業者に対して通知を発したときはこの限りでない（商法616条1項但書）。また，倉庫営業者の責任は1年の消滅時効にかかる（商法617条）。

3　倉荷証券

　倉荷証券とは，倉庫に保管された寄託物について譲渡，質入れを容易にするために発行される有価証券である。平成30年改正前商法では，寄託物の返還請求権を表章する有価証券である預証券，寄託物の質入れの際に利用される質入証券，およびその両方の機能を有する倉荷証券に関して規定がなされていた。そして，平成30年改正前商法では，倉荷証券のみを発行する（単券主義）か，預証券と質入証券とをペアで発行する（複券主義）かは自由に決めることができるという立場（併用主義）をとっていた。しかし，近時，複券主義は利用実態がないといわれている。そこで，平成30年に改正された現行の商法では倉荷証券に関する規律（単券主義）に一本化されることになった。

▶第5節　場屋営業

1　場屋営業とは

　場屋営業とは，一般公衆が来集するのに適した設備を設け，これを利用させることを目的とする営業をいう。場屋営業には，商法596条1項に例示されている旅館（ホテルを含む），飲食店，浴場のほかに，劇場，結婚式場，パチンコ店，風俗営業店，ゴルフ場，スポーツ施設等が含まれると解されている。

2　場屋営業者の責任

　場屋営業者は，客から寄託を受けた物品を滅失または損傷した場合，不可抗

力によるものであることを証明しない限り，損害賠償責任を負う（商法596条
1項）。通常，商人がその営業の範囲内において寄託を受けた場合には，報酬の
有無にかかわらず，善管注意義務を負うことになっている（商法595条）。した
がって，商人は寄託を受けた物品を過失により滅失または損傷した場合には損
害賠償責任を負う。これに対して，場屋営業者は寄託を受けた物品の滅失また
は損傷が不可抗力によることを証明しない限り免責されないので，場屋営業者
の責任は強化されていることになる。これは，ローマ時代に物品の受領につい
て旅店主等の責任を強化していたレセプトゥム責任を継受したものであるとい
われている。

　ここでいう不可抗力とは，事業の外部から発生した出来事で，通常必要とさ
れる予防方法を尽くしてもなお防止できないものであると解されている。客で
あることが要件であるが，必ずしも契約が成立していることや契約当事者であ
ることを要しない。飲食店などで順番待ちをしている者や，ホテルと宿泊契約
をした者の家族なども含まれる。

　コインロッカーに荷物を預けることは原則として寄託ではないと考えられて
いる（秋田地判平17・4・14金商1220・21，ただし，後述する商法596条2項の
責任の適用はある）。また，駐車場に自動車を駐車する場合も，通常は寄託では
ないが，フロントやフロント従業員に自動車の鍵を預けた場合で寄託が認めら
れている事例もある（大阪高判平12・9・28判時1746・139等）。

　場屋営業者は，客が寄託していない物品であっても，場屋中に客が携帯する
物品が，場屋営業者またはその使用人の不注意により滅失または損傷した場合，
損害賠償責任を負う（商法586条2項）。寄託を受けていないので寄託契約は成
立しておらず，不法行為責任も当然には成立しないが，場屋営業者と客との間
の特殊な関係に基づき，法がとくに定めた法定責任であると解されている。

3　高価品の特則

　貨幣，有価証券その他の高価品については，客がその種類および価額を通知
して寄託したのでなければ，場屋営業者は一切損害賠償責任を負わないとされ
ている（商法597条）。高価品であることの通知があれば，場屋営業者は，寄託
を引き受けるかどうかを判断でき，引き受ける場合にはその保管に一層の注意
を払って盗難等のリスクを回避する手段を講じることができるのに，通知がな

くこのような機会が与えられていないのに巨額の責任を場屋営業者に負わせるのは酷であると考えられているからである。ただし，高価品であることを知らなくても，場屋営業者またはその従業員の故意・重過失により滅失または損傷した場合には免責は否定されるものと解されている。

【参考文献】

淺木愼一『商法学通論（補巻Ⅱ）』信山社，2018 年。

苦瀬博仁編著『ロジスティクス概論』白桃書房，2014 年。

藤川信夫・松嶋隆弘編著『エッセンシャルビジネス法務（補訂版）』芦書房，2012 年。

山下友信「商法（運送・海商関係）等の改正に関する要綱について」『NBL』1072
号，2016 年，4 頁以下。

（深澤泰弘）

第12講

金融業における法律問題 1

銀　　　行

学修の要点

・銀行の業務内容とその特徴について学ぼう。

・銀行業務に対する法規制について学ぼう。

▶第 1 節　**銀行業の意義**

1　銀行とは何か

1 − 1　金融とは何か

　本講（銀行）と次講（証券・保険）では金融業に焦点を当てて法律問題を学ぶ。そこでまず，金融とは何かについて説明しておきたい。

　社会には，資金を必要とする者と資金の余っている者が存在する。友人同士を比べてみてもアルバイトをしている者とそうでない者，支出の多い者とそうでない者などの間でそのような差は発生する。手持ち資金のない友人が手持ち資金に余裕のある友人にお金を貸して欲しいと頼むこともあるだろう。しかし，借りようとする金額が高額（たとえば 1000 万円）になった場合，そのような高額なお金を気前よく貸してくれる友人はなかなかいない。それは企業においても同じであり，場合によっては億単位になる企業の運転資金を友人・知人から調達するのは容易なことではない。

　そこで登場するのが金融（機関）である。金融機関は，業態の違いはあるものの，両者すなわち資金の需要サイドと供給サイドとを橋渡しする機能を有している。

144

それでは代表的な金融機関である銀行がどのような金融機能を有しているのか説明したい（証券と保険については次講を参照）。

1－2　銀行とは何か

　銀行の金融機能は，預金という仕組みを用いて行われる。先ほどの例を用いて説明してみたい。1000万円を1人の友人から借りることは常識的になかなか困難である。しかし，視線を社会全体に向けてみると状況が変わってくる。社会には1000万円とはいかないまでも，ある程度手持ち資金に余裕のある者が数多く存在する。たとえば，アルバイトをしていてアルバイト代を受け取った者や，フリーマーケットアプリで商品を売却した者などである。そして，給与の支払についても売買代金の支払についても，銀行の預金口座が活用されている。つまり，銀行預金口座に預けられている金額の1つ1つは小口であっても，そのような預金口座が結果的に多くなれば，銀行には多額の資金が集まることになる。銀行は預金という仕組みを用いることによって手元資金のある個人や企業から預金を集め，集めた預金をもとに個人や企業に対して融資を行っている。

　このように，資金の需要者と供給者との間に銀行が入ることから「間接金融」と呼ばれる。銀行の主な収益源は，貸出利息と預金利子の差額，すなわち利ざやである。

　銀行の主な機能は，①金融仲介機能，②信用創造機能，③決済機能である。①金融仲介機能とは，図12－1のとおり，借り手と貸し手を仲介する機能である。②信用創造機能とは，銀行が預金と貸出しを連鎖的に繰り返すことで銀行全体の預金残高・預金通貨が増加することである。③決済機能とは，銀行の預金口座を利用することによって，口座振替や送金による各種決済が可能となることである。いずれにしても，銀行の機能は預金によって形作られている。

図12－1　銀行の仕組み

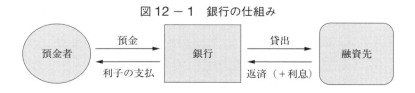

2　銀行が行う銀行業とは何か

　銀行は，広く国民から預金を受け入れ，前記のとおりさまざまな機能を提供している。そのような銀行が，無制限・無制約にさまざまな業務・事業に進出し損失を発生させると，結果的に多くの預金者の預金が失われることとなる。そこで，銀行には参入規制が設けられており，銀行法上の銀行業を営むためには内閣総理大臣の免許を受けなければならない（銀行法4条1項）。また，銀行の行う業務に関してはさまざまな制限が設定されている。

　銀行法は，銀行業を大きく「固有業務」（銀行法10条1項），「付随業務」（同条2項），「他業証券業務」（銀行法11条），「法定他業」（銀行法12条前段）と規定した上で，銀行の健全性確保および産業政策の観点から，銀行にこれら業務以外の業務を営むことを禁じている（銀行法12条）。銀行は，多数の預金者から集めた資金を貸し出すことが本来的な役割である。しかし，銀行に金融以外の業務への展開を無制限に認め，仮にその業務で損失を発生させてしまうと，多数の預金者に損害を与えてしまい，銀行に求められる金融機能そのものを銀行が提供することができなくなってしまう。そこで，銀行は以下に述べる各種業務のみ提供することが認められている。

　まず固有業務は，①預金または定期積金の受入れと資金の貸付けまたは手形の割引とを併せ行うこと，②為替取引を行うこと，のいずれかを行う営業と定義されている（銀行法2条2項各号）。すなわち，預金（受信業務）・貸付け（与信業務）・為替（決済業務）の3つの業務である。次に付随業務は，債務保証，有価証券の貸付け，両替，社債の募集・委託，手形引受け等の業務であり（銀行法10条2項各号），また他業証券業務は，投資信託の販売業務，公共債のディーリング業務などである（銀行法11条各号）。そして法定他業は，銀行の他業ではあるが，担保付社債信託法にもとづく担保付社債の受託業務など銀行法以外の法律により兼営が認められる業務である（銀行法12条）。

　以下では，銀行が行う各種業務のうち，銀行業務の骨格ともいえる預金業務と貸付業務を取り上げ説明する。

第2節　**預金業務**

1　預金業務に必要となる預金契約とはどのようなものか

1－1　預金契約はどのような法的性質を持つものなのか

　まず預金は，預金者・銀行間の預金契約によって発生する。預金契約は，消費寄託契約であるとされ，寄託の規定が適用されることを前提として，消費貸借契約の規定を個別的に準用している（民法666条2項）。消費寄託契約とは「受寄者が契約により寄託物を消費することができる場合には，受寄者は，寄託された物と種類，品質及び数量の同じ物をもって返還しなければならない」契約である（同条1項）。

　消費寄託契約は要物契約であるとされてきた。要物契約とは，単に契約当事者の意思表示の合致だけではなく，当事者による物の引渡しやその他の給付行為があったときにはじめて効力が生ずる契約のことである。しかし，平成29年民法改正により，預金契約も含まれる消費寄託契約については，諾成契約であるとされた（民法657条）。

　このように消費寄託契約に寄託の規律を適用することを原則とすると，受寄者は返還期限の定めがある場合にはやむを得ない事由がない限り寄託物を寄託者に返還できないこととなる（改正前民法663条2項）。しかし，預貯金契約においては返還期限の合意がある場合に，受寄者である金融機関が期限まで寄託者に返還をすることができないとしてしまうと金融取引に支障の生ずるおそれがある（たとえば，金融機関側から定期預金を受働債権として相殺ができないなど）。

　そこで，預貯金契約については，返還時期の定めの有無にかかわらず，受寄者はいつでも返還をすることができること，返還時期の定めのある場合に，受寄者の期限前返還によって寄託者が損害を受けたときは，受託者は，その賠償を請求できることが定められた（民法666条3項・591条2項3項）。もっとも，銀行実務上，多くの場合は各銀行が作成した銀行取引約定書にもとづく当事者間の合意（特約）によって運用がなされている。

1－2　預金業務において銀行取引約定書が使われている理由とは

　この銀行取引約定書は，全国銀行協会連合会（現在の全国銀行協会）が1962

年 8 月に公表した「ひな形」に端を発する。その後，すべての銀行が同ひな形を採用していることが，銀行間の横並びを助長するおそれがあると公正取引委員会から指摘を受け，全国銀行協会は 2000 年 4 月に同ひな形を廃止した。

　ひな形の廃止によって，各銀行は，独自の銀行取引約定書を制定・使用することができるようになった一方，全銀協のひな形が多くの金融機関に利用され，あるいは参考に独自の銀行取引約定書が作成されていたため，ひな形廃止後も引き続き利用されている。また，各銀行が定める銀行取引約定書には共通する条項がさまざま存在する。

1－3　期限の利益喪失条項と譲渡禁止特約

　まず，銀行が債権を保全するために重要となる条項として期限の利益喪失条項がある。

　期限の利益とは，債権の弁済期が到来するまでは返済義務から免れることができる利益をいい，期限の利益の喪失とは，一定の事由（たとえば取引先が破たんした場合など）が生じた場合に，当然にまたは銀行の請求によって債務の弁済期が未到来であってもその時点で返済義務が生じることをいう。

　民法は 3 つの期限の利益喪失事由（①債務者が破産手続開始の決定を受けたとき。②債務者が担保を減失させ，損傷させ，または減少させたとき。③債務者が担保を供する義務を負う場合において，これを供しないとき。）を定めるところ（民法137 条各号），期限の利益喪失条項を置くことによって，銀行は民法の規定によるより前倒しで貸付債権を最大限回収することができるようになる。

　次に，銀行による預金者確定や事務負担の軽減にとって重要となる譲渡禁止特約がある。

　（預金）債権は，原則として自由に譲渡できる（民法 466 条 1 項）が，その性質がこれを許さない場合にはこの限りでない（同項但書）。預金契約では，譲渡性預金を除き，預金約款にもとづいて預金債権の譲渡を禁止する特約（譲渡禁止特約）が設けられている。これは，預金債権の譲渡が預金口座の譲渡と同義となるため，かかる譲渡を自由に認めてしまうと預金口座自体をやり取りするような取引を発生させる可能性や，預金債権の譲渡を認めることで銀行に預金債権譲渡に伴う大量の預金取引および出金時の預金者確認作業といった関連事務処理を発生させる可能性などが理由とされる。

148

譲渡禁止特約により譲渡が禁止されている預金債権を譲渡した場合であって
も，その譲渡の効力は妨げられない（民法466条2項）。ただし，譲受人が譲渡
禁止特約の存在について悪意または重過失であった場合，譲受人その他の第三
者への履行を拒むことができるとともに（同条3項），債務者の譲渡人に対する
履行に弁済の効力が認められている（同項）。

2　預金にはどのような種類があるのか，また預金を保護する預金保険制度（ペイオフ）とは何か

次に，銀行が提供する各種預金と預金保険制度（ペイオフ）について説明し
たい。

2−1　普通預金

普通預金は，期限の定めがないため，自由に預け入れ，払い戻しができる預
金である。普通預金には期限の定めがないため満期がなく，金利は変動金利と
なっている。また，公共料金や家賃などの引き落としといった決済にも利用さ
れ，給与や年金などの自動受取にも使われる。

2−2　定期預金

定期預金は，あらかじめ預入期間を定めて金員を預け入れ，満期日まで原則
として払戻しをすることができない預金である。定期預金には固定金利型と変
動金利型のものが存在するが，銀行は預金者からの途中解約に応じる法的義務
がなく，満期日まで払い戻さなくてよいため，普通預金に比べて高い金利が設
定されている。

2−3　当座預金

当座預金は，普通預金と同様に期限の定めがないため，自由に預け入れ，払
い戻しができる預金である。ただ，当座預金が手形や小切手の支払，すなわち
決済のために使われる預金であり，この点が普通預金とは異なる。決済のため
の預金であるため，利息は付かない。

第12講　金融業における法律問題1　銀行　149

2-4 その他の預金と預金の分類

そのほか，貯蓄預金や外貨預金といったさまざまな預金商品が各銀行により提供されている。預金については，資産運用に重点を置くのか決済のための利用に用いるのかによって「貯蓄性預金」・「決済性預金」に，また，期限の定めの有無によって「流動性預金」・「定期性預金」に，それぞれ分類することができる。

2-5　預金保険制度（ペイオフ）

このように，銀行は預金者の利用目的などに従い，預金に種類を設けている。ただ，多数の預金者から多数の資金を集めている点については各種預金の間に違いは存在しない。銀行が破たんなどすれば，多数の預金者が損害を被ることとなり，また，資金の供給が滞り社会的な信用不安が引き起こされてしまう。そこで，金融システムの保護のためにも預金者の預金を一定程度保護するシステムが必要となる。

預金保険制度（ペイオフ）は，銀行などの金融機関が破たんした場合であっても，預金者等の保護や資金決済の履行の確保を図ることによって，信用秩序を維持することを目的としている。

預金保険制度の対象となる預金等の範囲として，定期預金や利息の付く普通預金等は，預金者1人当たり，1金融機関ごとに合算され，元本1000万円までと破綻日までの利息等が保護される（預金保険法54条，預金保険法施行令6条の3）。それを超える部分は，破たんした金融機関の残余財産の状況に応じて支払われるため，一部支払われない可能性がある。なお，当座預金や利息の付かない普通預金等（決済用預金）は，利息を目的としない決済用の預金であることから，全額保護される（預金保険法51条の2第1項・54条の2）。

3　預金の帰属に関する法的問題点

さて，ここまで預金に関する前提情報をまとめたが，銀行の預金業務においては，誰が真なる預金者なのか（預金の名義とお金の所有者が異なる場合），また，帰属が明らかでない預金に対し，銀行はどのように対応すべきかが法的に問題となる。

たとえば，当初は夫婦の共通口座として夫名義で口座を開設し，妻も共通口

座に金員を預け入れていたところ，後日喧嘩となり，妻が銀行に対して自分の預金であると主張して払い戻しを請求する，といった状況が想定される。

　この問題については，問題となっている銀行口座が普通預金口座であるのか，それとも定期預金口座であるのか分けて考える必要がある。なぜなら，普通預金口座は口座開設後，継続的な入出金が予定されているため，預金契約における銀行の相手方たる契約当事者は誰かという問題と，預金債権が誰に帰属するのかという問題を分けて考える必要があるのに対し，定期預金口座は口座開設後，継続的な入出金が予定されていないため，その必要がないからである。

　定期預金の帰属については学説上，①自らの出捐により自己の預金とする意思で本人自らまたは代理人，使者等を通じて預金契約をしたものが預金者であるとする客観説，②預入行為者をもって預金者とする主観説，③原則として客観説によるが，預入行為者が自己が預金者であると表示したときは預入行為者が預金者であるとする折衷説の対立がみられた。

　判例は，一般的に金融機関にとっては預金者が誰であっても格別の不利益はないため，預金の原資を出捐した者の利益を保護する観点から，その出捐者が預金者として預金債権の帰属主体になる。すなわち預金者は名義人ではなく出捐者であるとして客観説によっている（最判昭52・8・9民集31・4・742）。

　次に普通預金の場合をみていきたい。そこでは，定期預金のような名義人と出捐者間の争いではなく，他人のために金銭を預かる者が普通預金口座を開設して管理する者と実質的な権利者の間で争われている。

　たとえば，①損害保険代理店の保険料専用の普通預金口座につき，その預金債権は損害保険会社ではなく，その代理店に帰属するとした事案（最判平15・2・21民集57・2・95）や，②弁護士が債務整理のため委任者から受領した金銭を預け入れるために開設した弁護士名義の普通預金口座につき，その預金債権

はその弁護士に帰属するとした事案（最判平15・6・12民集57・6・563）がある。

このように，定期預金では口座開設後，継続的な入出金による消費寄託契約の成立が通常予定されていないため，出捐者に預金債権が帰属するという客観説的なアプローチに適合的であるのに対し，普通預金では口座開設後，継続的な入出金が繰り返されるのが通常である。

そこで判例は普通預金の帰属につき，出捐者が誰であるか以外の諸事情（誰に口座預金の引き出しや解約の決定権があったのか，誰が通帳の届出印鑑を管理して日々の引き出しをしていたか，誰が口座開設の手続きをして誰がその指示をしたのかなど）も考慮して決めるというアプローチを採用している。

▶ 第3節　銀行の行う貸付業務とはどのようなものか

第1節1－2でも説明したとおり，銀行の預金業務と貸付業務によって，銀行は収益（利ざや）を生み出している。銀行は，固有業務として資金の貸付けまたは手形の割引を行うとされ（銀行法10条1項2号），具体的な銀行の貸付方法として，証書貸付，手形貸付，手形割引，コミットメントラインといったものが挙げられる。まず，それら各貸付方法につき説明したい

1　銀行が行う貸付業務にはどのような方法があるのか

1－1　証書貸付

証書貸付とは，銀行が取引先に貸付けをするにあたって，借入金額，借入利率，借入期間および返済方法等の貸付条件を記載した借用証書（金銭消費貸借契約証書）を作成して行う貸付方法である。

銀行・取引先双方にとって，融資条件の詳細を書面によって明確にできるため，長期にわたる返済計画を事前に作成できるといったメリットがある。一方，返済期間は通常，長期にわたるため，取引先企業の信用力が乏しい場合，融資自体を銀行から断られる可能性があるというデメリットも存在する。

証書貸付の法的性質は金銭消費貸借契約である（民法587条）。

1−2 手形貸付

手形貸付とは，銀行を受取人とする貸付金額と同額の約束手形を取引先が振り出し，これと引き換えに金員を取引先に交付する方法で行われる貸付方法である。つまり，取引先企業が発行した手形を担保に銀行から融資を受ける方法である。

手形貸付は，短期資金の貸し付けに利用される。手形貸付にあたっては，プロジェクトの立て替え資金のために約束手形が振り出されるため，かかる目的が達成されれば返済となる。したがって，実質的に借入れを増やさずに資金繰りできるというメリットがある。また，返済が滞った場合であっても，銀行は手形訴訟を行うことで通常訴訟よりも簡易な方法で裁判にかけることができるというメリットも存在する（民事訴訟法 350 条以下）。一方，手形貸付は一般的には 1 年以内に返済しなければならず，プロジェクトに不測の事態が発生し手形貸付金の返済が遅れた場合はリスケジュール，すなわち借入れの返済期日が延期され，その間追加の融資を銀行から受けづらくなるというデメリットが存在する。

1−3 手形割引

手形割引とは，手形所持人が満期日前に銀行へ裏書譲渡することで銀行から手形金を満期日前に受領する一方，満期日までの利息に相当する額や手数料（割引料）を銀行に支払う取引である。つまり，手形割引を行うことによって，満期日前の手形を（現在価値に割り引いたうえで）現金化することができる。

手形割引の法的性質については，消費貸借説と売買説とが対立していたところ，手形の売買であるとして売買説と解するのが判例通説である（最判昭 48・4・12 金法 686・30）。

1−4 コミットメントライン

コミットメントラインは，銀行と取引先があらかじめ設定した期間，融資枠，融資条件の範囲内で，取引先の請求にもとづき，銀行が融資の実行を約束する契約である。コミットメントライン契約は，取引先の安定的な経常運転資金の確保に資することや，市況の悪化といった不測の事態への事前対応目的のために利用されている。コミットメントライン契約自体を定義づける規定は存在し

ない。ただ，特定融資枠契約法は，「特定融資枠契約」を「一定の期間及び融資の極度額の限度内において，当事者の一方の意思表示により当事者間において当事者の一方を借主として金銭を目的とする消費貸借を成立させることができる権利を相手方が当事者の一方に付与し，当事者の一方がこれに対して手数料を支払うことを約する契約」と規定している（特定融資枠契約法2条1項）。

　なお，コミットメントライン契約については，同契約にもとづき銀行が受け取る手数料について，手数料率の設定次第で元々の利息と手数料を合算することで上限金利を超過する可能性，すなわち，かかる手数料が利息制限法や出資法のみなし利息に該当するか否かが問題とされていた。この問題については，コミットメントライン契約の利用普及が妨げられることは妥当ではないとの理由から，利息制限法，出資法のみなし利息に関する規定は適用しないと規定されている（特定融資枠契約法3条）。金利規制については後述する。

2　貸付けの際に金利規制が課されるのはなぜか

　このように銀行はさまざまな貸付方法を実行することが可能であるが，いずれにしても銀行は貸付業務において資金を貸し付ける立場にあるため，借主に対して経済的に強い立場に立つ。したがって，銀行がかかる優位な立場を利用して借主に対して過大な利息を要求することがないように，規制を行う必要がある。

　金銭を目的とする消費貸借における利息の上限金利は，元本10万円未満の場合年20％，元本10万円以上100万円未満の場合年18％，100万円以上の場合年15％の利率により計算した金額を超えるときは，その超過部分につき無効とされる（利息制限法1条）。

　一般に金銭の貸付けを行うものが年109.5％を超える割合による利息の契約をすることは刑罰をもって禁じられており（出資法5条1項），また，とくに業として貸付けを行う者については，年20％を超える割合による利息の契約をすることも刑罰をもって禁じられている（同条2項）。手形の割引や売渡担保その他これに類する方法による金銭の交付または授受についても，金銭の貸付けとみなされ，出資法が適用される（出資法7条）。

　なお，利息や手数料といった「貸付けに関し受ける金銭」が利息とされるか否かにつき，利息制限法は，「金銭を目的とする消費貸借に関し債権者の受ける

元本以外の金銭は，礼金，割引金，手数料，調査料その他いかなる名義をもってするかを問わず，利息とみなす」と規定している（利息制限法3条）。コミットメントライン契約における手数料が，みなし利息に該当しない点については，本節1－4において前述したとおりである。

　以上，銀行取引につき，預金業務と貸付業務を取り上げ説明した。本講内容からもわかるように，銀行取引の理解には民法や商法といった取引に関するルールの理解が必要不可欠である。かかる内容については，本書該当箇所を参照されたい。

【参考文献】
川口恭弘『現代の金融機関と法（第5版）』中央経済社，2016年。
神田秀樹ほか『金融法概説』有斐閣，2016年。
小山嘉昭『詳解銀行法（全訂版）』金融財政事情研究会，2012年。

（鬼頭俊泰）

第13講

金融業における法律問題2
証券・保険

学修の要点

・証券取引における投資家保護を目的とする金融商品取引法について学ぼう。
・また，私たちの日常生活において欠かせない保険契約に関する法である保険法について学ぼう。

第1節 証券取引

1 資本市場の規制

　企業が事業を行う上で必要な資金を調達したり，国民が余剰資金を投資したりする場を資本市場といい，資本市場には発行市場と流通市場が存在する。発行市場とは，企業，国，地方公共団体等が株式や債券等の証券を発行して資金を投資家から直接調達する場である。企業等の発行する証券を投資家が購入することで，企業の資金調達に直接的に参加することを直接金融という。これに対して，個人等の預貯金をもとに銀行等の金融機関が企業等に貸付けや投資を行うことを間接金融という。このように企業等が資金を得るためには銀行等から借り入れるという方法もあるが，発行市場を通じて証券を投資家に直接購入してもらうことで資金を調達することもできる。発行市場では，投資家が直接発行者から証券を購入することもあるが，通常は発行者が証券会社（金融商品取引業者）に証券を引き受けてもらい，投資家はそこから購入する。これに対して，流通市場とは既に発行された証券を投資家が売買する場である。投資家は企業等が発行する証券を流通市場で購入することで，当該企業の経営成果に

156

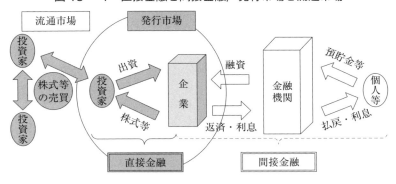

図 13 − 1　直接金融と間接金融，発行市場と流通市場

参加をすることができるし，保有する証券を流通市場で売却することで換金をすることもできる。投資家が証券を売買するときは，証券会社が仲介し，証券取引所（金融商品取引所）で行われるのが通常である。

　この発行市場と流通市場は密接に関係している。すなわち，発行市場がなければ流通市場に出回る証券は存在しない。また，流通市場がなければ，投資家は購入した証券を換金することが難しくなるため，発行市場で証券を購入することを躊躇するかもしれない。したがって，投資家や企業の正常で円滑な証券取引活動を促すためには，どちらの市場もその機能を十分に発揮することが重要であり，そのためには次のような規制が必要となる。すなわち，①投資家が情報に基づいた投資決定を行えるように，企業や証券の価値に関する情報を関係者に強制的に開示させるディスクロージャー（情報開示）制度が必要である。資本市場では投資家が自ら証券の購入や売却を決断しなければならない。投資家が正しい判断を行うためにも，企業や証券に関する正確で十分な情報を適時入手できるような法制度が必要不可欠となる。また，②多くの投資家が安心して資本市場での取引に参加できるように，不公正取引（たとえば相場操縦やインサイダー取引等）が禁止されなければならない。不正な取引を行う一部の者だけが得をするような市場では誰も寄り付かず，機能不全に陥るからである。資本市場の活性化を促すためにも，不正取引の禁止規定は重要である。そして，③資本市場において重要な役割を果たす証券取引所や，証券会社等の関係機関の規制が不可欠となる。金融商品にはその仕組みが難解でリスクの高いものもある。不適切な勧誘行為等で一般投資家が不当な損害を被ることのないように，

関係機関の行為規制等についてさまざまな規定がなされている。我が国では主に金融商品取引法においてこのような規制を行っているため，以下では我が国の金融商品取引法を概観する。

2　金融商品取引法とは

　金融商品取引法は，2006年に証券取引法から改題されて成立した法律である。従来の証券取引法は，「有価証券」を基礎概念とする法律であったが，金融商品取引法は，「有価証券」に関する取引に加えて，「デリバティブ取引」も規制の対象としている。また，金融商品取引法では金融商品の取引に関する業務として金融商品取引業（金商法2条8項）と金融商品仲介業（金商法2条9項）について規定している。金融商品取引業は，金融商品にかかる販売，勧誘，資産運用，助言，資産管理を業として行うことをいい，金融商品仲介業は，金融商品取引業を行う者等から委託を受けて，有価証券の売買の媒介等を業として行うことをいう。このような区分により，業者に関する規制を簡素化・横断化している。さらに，金融商品取引法では投資家を一般投資家と特定投資家に分けることで規制の柔軟化を図っている。すなわち，投資のアマチュアである前者は，投資に必要な情報を独自で入手することが困難であることから，一般投資家保護のために業者に対して情報開示等のさまざまな規制が行われている。これに対して，投資のプロである後者にはその必要がないので，適用除外とすることで規制による取引費用の削減を図っている。

3　有価証券

　民法や商法における有価証券とは，一般的に，財産的価値のある私権を表章する証券であって，その権利の移転または行使のために，証券を交付または占有することを必要とするものである。これに対して，金融商品取引法における有価証券とは，企業経営への投資の対象となるものをいい，必ずしも民・商法上の有価証券と一致するわけではない。金融商品取引法は，有価証券概念を権利が証書・証券に表示される有価証券（金商法2条1項）と表示されないみなし有価証券（金商法2条2項）に分けて規定し，さらにみなし有価証券には有価証券表示権利と2条2項各号のみなし有価証券がある。

　2条1項に定める有価証券には，国債や社債等の債務証券，株券や新株予約

権証券等の出資証券，投資信託や貸付信託等の受益証券，コマーシャル・ペーパー，学校債等の政府指定の有価証券等が含まれる。これらの有価証券は，証券・証書の発行を予定しているが，これらの有価証券に表示されるべき権利について，証券・証書が発行されていない場合でも，その権利は有価証券とみなされ，有価証券と同じ扱いを受ける（金商法2条2項前段）。このような権利が有価証券表示権利である。また，有価証券表示権利以外の証券・証書に表示されない権利であっても，2条2項後段に定めるものは有価証券とみなされ，その中には投資ファンド（アイドル・ファンドやラーメン・ファンド等）の持分（出資者が出資または拠出した金銭を元手に行う事業から生じる収益の配当や財産の分配等を受けることができる権利）等が含まれる。

4　デリバティブ取引

　デリバティブ取引とは，原資産から派生する商品の取引のことをいい，先物取引やオプション取引などがその典型例である。デリバティブ取引は相場のリスクヘッジに利用される。たとえば，先物取引において，手持ちの有価証券の相場が将来下落すると考えた場合，先物市場で有価証券を売る契約をし，相場が下落したときに当該有価証券を買い戻して利益を得ることで，保有する有価証券の値下がり損をカバーすること（売りヘッジ）ができる。デリバティブ取引は，①市場デリバティブ取引（金商法2条21項），②店頭デリバティブ取引（金商法2条22項），③外国市場デリバティブ取引（金商法2条23項）に分類される。①は，金融商品市場において，金融商品市場を開設する者の定める基準および方法に従い行うデリバティブ取引である。具体的には，先物取引，指標先物取引，オプション取引，スワップ取引，クレジット・デリバティブ取引等である。②は，金融商品市場および外国金融商品市場によらないで行うデリバティブ取引である。具体的には，先渡取引，指標先渡取引，オプション取引，指標オプション取引，クレジット・デリバティブ取引等である。③は，外国金融商品市場において行う市場デリバティブ取引と類似の取引である。

5　証券取引所における売買

　証券取引の多くは証券取引所において行われる。しかし，証券取引所での証券の売買には一定の資格制限があるので，取引資格を有さない投資家が証券取

第13講　金融業における法律問題2　証券・保険　159

引所を通じて有価証券の売買取引をするには，取引資格を有する証券会社に売買の取次ぎを委託しなければならない。このように，証券会社は自己の名において他人（投資家）のために物品の販売または買入れをすることを業とすることになるので，商法上の問屋（といや）に該当する。

証券取引所における売買は競争売買の原則に基づき行われる。この競争売買とは，基本的に，価格優先の原則と時間優先の原則に従って，売呼値（売り注文で示される値段）間の競争と買呼値（買い注文で示される値段）間の競争を行い，最も優先する売呼値と最も優先する買呼値が値段的に合致したときに，その値段を約定値段として売買契約を締結させる方法である。

価格優先の原則とは，売呼値については，値段の低い呼値が値段の高い呼値に優先し，買呼値については，値段の高い呼値が値段の低い呼値に優先するという原則である。具体的には，100円，101円，102円の売呼値があった場合には，100円の売呼値が優先し，同じ値段で買呼値があった場合には，102円の買呼値が優先することになる。また，呼値には，値段を指定した呼値（指値による呼値）と，いくらでも良いから売りたいまたは買いたいという成行呼値とがあるが，この場合は，成行呼値が指値による呼値に優先するルールとなっている。次に，時間優先の原則とは，同じ値段の呼値については，呼値が行われた時間の先後によって，先に行われた呼値が後に行われた呼値に優先するという原則である。具体的には，100円の買呼値に，Aから1000株，Bから500株の注文があって，Aのほうが先に注文を出していた場合で，Cから同額の売呼値で1300株の注文が出されたとすると，Aの1000株がすべて執行された後に，Bの株式のうち300株が執行されることになる。

6　違法な勧誘行為に対する規制

証券取引には高度に専門的な知識を要する場面が少なくなく，また業者は証券の売買の仲介等により手数料を取得することから，一般の投資家に対して不当な勧誘行為がなされやすい。そこで，金商法では，金融商品取引契約の締結またはその勧誘に関して，業者またはその役職員が，「絶対に儲かります」とか「○○円までは必ず上がります」といった虚偽の事実を告げたり，断定的判断の提供をすることを禁止している（金商法38条1号・2号）。また，不招請勧誘（勧誘を要請しない者に対する電話，訪問等の方法による勧誘）や再勧誘（顧客が契

約の締結を拒んだにもかかわらず，同じ契約の勧誘を継続して行うこと）等も，投資家の判断を不当に歪める原因となるので，原則禁止されている（金商法38条4号・6号）。さらに，業者には，顧客の知識，経験，財産の状況等に照らして不適当と認められる勧誘を行ってはならないという，いわゆる適合性の原則（金商法40条）も課されている。これらの規定に違反することは私法上も違反であると評価され，証券会社および外務員（営業所以外の場所で注文の受託などの営業行為を行う従業員）は不法行為責任を負うとするのが判例（最判平17・7・14民集59・6・1323）の立場である。

第2節　保険取引

1　保険とは

1－1　保険の意義

　私たちの経済生活は，火災による住居の喪失，自動車事故による被害者への損害賠償，または生計の担い手の死亡による生活の困窮等，さまざまな経済的不利益を被る危険にさらされている。このような危険に対しては保険制度が有用であることは周知の事実である。「保険」とは何かを定義する法規定は存在しないが，保険とは，一般的に，火災，自動車事故，死亡等の各種の危険にさらされている者が，少額の金銭を拠出して共通の準備財産を形成し，その危険が不幸にして実現した者に対して，この準備財産から必要な給付を，あらかじめ定めていた条件に従って行う制度であると解されている。保険契約者が拠出する金銭のことを「保険料」，火災や自動車事故といった経済的不利益を生じさせる偶然の出来事（保険事故）の発生により，保険会社や共済等の保険者が行う給付のことを「保険給付」（通常は金銭による給付，保険金）という。

　保険は，公保険（国の社会保障制度の中核を担うもの。健康保険や年金保険等）と，私保険（純然たる私経済的見地から行われるもの）に分類できるが，本節では私保険のみを対象としている（以下「保険」とは私保険を指す）。

1－2　保険の仕組み

　保険は，その構造上数理的または技術的な法則や原則により構成されている。具体的には，①大数の法則，②収支相等の原則，③給付反対給付均等の原則で

第13講　金融業における法律問題2　証券・保険　161

ある。①は，個別にみれば偶然であると思われることも，大量観察することで確率という一定の法則が導き出せるというものである。たとえば，ある建物が1年以内に火災にあうか否かや，ある人が1年以内に亡くなるか否かはわからないが，これまでの大量の火災事例や死亡事例のデータをもとに，一定の確率は導き出せるというものである。②は，保険契約者から拠出される保険料の総額と保険者が支払う保険給付の総額が等しくなるように収支のバランスを図るというものである。たとえば，構造上同じ建物が火災により焼失する確率が1000分の1であるということが大数の法則からわかっていて，火災により1000万円の損害が発生するとする。この場合，支払われる保険給付の総額は1000万円ということになるので，保険料の総額が1000万円となるように各保険契約者から保険料（保険契約者が1000人であれば1人1万円）を徴収するというものである。③は，各保険契約者が拠出する保険料は，保険事故の発生確率に契約で定めた保険金額を乗じることで計算されるというものである。②の例で，各保険契約者は0.1%の確率で1000万円の損害を被ることになるから，その損害に備えるために1000万円の保険金額の保険に加入することにした場合，保険料は0.1 × 1000万円＝1万円となる。個々の加入者について給付反対給付均等の原則が充足されるならば，全体としても収支相等の原則が充足されることになる。

1－3 保険の分類

保険は，保険給付の支払方法により損害保険と定額保険に分けることができる。すなわち，前者は，一般に保険者の行う保険給付が保険事故の結果生じた損害額の大小により決定されるというものであり，後者は，保険事故が生じたら損害の有無・大小にかかわらず，保険者があらかじめ約束していた金額の保険金を支払うというものである。

また，保険は保険事故の客体が人であるか，物またはそれ以外の財産であるかで分類することができる。前者を人保険といい，人の生死を対象とする生命保険や，人の傷害や疾病を対象とする傷害疾病保険がある。後者を物保険または財産保険といい，建物等の物を対象とした火災保険や，財産状況の悪化をカバーする責任保険等がこれに該当する。

元来，わが国では保険を損害保険と生命保険に2分するという分類方法を採

用してきた。しかし，これだと定額給付型の傷害疾病保険がいずれにも分類し
えない（損害保険ではないし，人の生存または死亡を保険事故としていないから）と
いう問題が生じていた。そこで，2008年に制定された保険法では，保険を①
損害保険，②生命保険，③傷害疾病定額保険に3分するという分類方法を採用
した。傷害疾病保険には損害てん補給付型のものも存在するが，傷害疾病損害
保険は損害保険の下部類型として位置づけることとした。

2　告知義務

　保険制度では，保険者が引き受ける保険事故の発生確率に応じて，保険契約
者の支払うべき保険料が決定される（給付反対給付均等の原則）ので，保険者は，
保険事故の発生確率を算定するのに必要な情報（たとえば，保険の対象となる人
物の健康状況等）を入手しなければならない。しかし，これらの情報の多くは保
険契約者側が保有しているので，保険者が独力でそのような情報を入手するこ
とには限界がある。そこで，保険法では，保険契約者または被保険者になる者
（告知義務者）は，保険契約の締結に際し，保険事故の発生の可能性（危険）に
関する重要な事項のうち保険者になる者が告知を求めたものについて，事実の
告知をしなければならないという告知義務を課している（保険法4条・37条・
66条）。

　告知義務者が故意または重過失により告知義務を怠ると，保険者は契約を解
除することができ（保険法28条1項・55条1項・84条1項），解除までに支払っ
た保険料は返還されず（保険法31条1項・59条1項・88条1項），解除された
時までに発生した保険事故については，告知されなかった事実と保険事故の発
生の間に因果関係がない場合を除き，保険者は保険給付義務を免れる（保険法
31条2項1号・59条2項1号・88条2項1号）。しかし，保険者が告知事項につ
き悪意または過失により知らなかったときや，保険媒介者（保険法28条2項2
号括弧書）の告知妨害・不告知教唆があったときは，解除は認められない（保険
法28条2項・55条2項・84条2項）。

3　損害保険契約
3－1　損害保険契約の意義
損害保険契約とは，当事者の一方が一定の偶然の事故によって生ずることの

ある損害，または人の傷害疾病によって生ずることのある損害をてん補することを約束し，相手方がこれに対して一定の事由の発生の可能性に応じたものとして保険料（または共済掛金）を支払うことを約束する保険契約である（保険法2条1号・6号・7号）。

３－２　利得禁止原則と被保険利益

損害保険は損害をてん補することを目的とする保険であるので，保険金を受け取ることにより被保険者（損害保険においててん補が約束されている損害を受ける者であり，保険金の請求権者。保険法2条4号イ）に利得が発生することは許されない。これを利得禁止原則という。この利得禁止原則を実現するために，損害保険契約では被保険利益の存在が必要とされる。被保険利益とは，保険事故が発生することにより不利益を被るおそれのある経済的利益のことである。被保険利益は金銭に見積もることのできる利益でなければならない（保険法3条）。たとえば，他人の所有する建物が焼失したとしても何ら経済的不利益を受けない者が，当該建物を対象に火災保険契約を締結することはできない。なぜなら，火災の発生により保険金を受け取ることができるとなると，その者には利得しか発生しないからである。被保険利益のない損害保険契約は無効となる。

３－３　保険代位

利得禁止原則と関連して損害保険契約に特有の制度として，残存物代位（保険法24条）と請求権代位（保険法25条）という保険代位の制度がある。

残存物代位とは，たとえば，火災保険がかけられていた建物が全焼し，全損として被保険者に保険金が全額支払われた場合で，木材や鉄筋等の一定の価値のある物が残っている場合，保険者がこの残存物を当然に代位取得するというものである。これにより被保険者が残存物の価値分，利得してしまうことを防ぐことができる。

また，ある者（A）が他人（B）の引き起こした自動車事故により1000万円の損害を被ったとする。この場合に被害者であるAが保険会社（C）から保険契約に基づき保険金1000万円を取得し，Bから不法行為（民法709条）に基づき損害賠償金1000万円を取得することになると，1000万円の損害に対して2000万円を取得することになり，明らかに利得が発生することになる。そこ

164

で，このような場合に保険者Ｃが被保険者Ａに保険金を支払ったときは，Ａが加害者Ｂに対して有する損害賠償請求権を当然にＣが代位取得する。これが請求権代位である。これにより被保険者の利得を禁止し，さらに加害者の免責を阻止することができる。

4 生命保険契約

4－1 生命保険契約の意義

生命保険契約とは，人の死亡または生存を保険事故とする保険契約である（保険法2条8号）。生命保険では，このような生死が問題とされる者，保険事故の対象とされている者のことを被保険者といい，保険事故の発生により保険金請求権を取得する者を保険金受取人という。生命保険には，被保険者の一定時期における生存を保険事故とする生存保険，被保険者の死亡を保険事故とする死亡保険，一定期間内の被保険者の死亡に保険金を支払う定期（死亡）保険，死亡時期に限定なく被保険者の死亡を保険事故とする終身保険等，さまざまなものが存在する。

4－2 他人の生命の保険契約

生命保険契約では利得禁止原則が適用されず被保険利益も必要とされないので，保険契約者は法律上他人の生死を保険の対象とする保険契約（他人の生命の保険契約）を結ぶこともできる。ただし，これを無制限に認めると，保険金殺人といったモラル・リスクを誘発させる危険性が生じることから，他人の生命の保険契約のうち被保険者の死亡を保険事故とする契約を締結するには，被保険者の同意が必要となる（保険法38条）。有効な同意のない契約は無効となる。

4－3 保険金受取人の地位

誰を保険金受取人にするかは保険契約の一内容であるので保険契約者が保険契約の締結に際して決めるものであり，自己を保険金受取人にすること（自己のためにする生命保険契約）もできるし，第三者を保険金受取人とすること（第三者のためにする生命保険契約）もできる。また，保険契約者は原則としていつでも保険金受取人を変更することができる（保険法43条1項）し，この保険金受取人の変更は遺言でもすることができる（保険法44条1項）。したがって，保

険事故が発生するまで保険金受取人の地位は常に失われる可能性のある脆弱なものでしかない。しかし，いったん保険事故が発生すると保険金受取人には具体的な保険金請求権が発生し，この権利は保険金受取人の固有の権利であるので，相続の対象とはならない（保険法 42 項）。

5　傷害疾病保険契約

　傷害疾病保険契約は，傷害保険契約と疾病保険契約に分けられ，損害保険と定額保険のいずれの形式でも行うこともができる（保険法 2 条 7 号・9 号）。傷害保険契約は，人の傷害を保険事故とする保険契約である。傷害保険の約款では，傷害保険における保険事故とは急激かつ偶然な外来の出来事により被保険者が身体に損傷を受けたこととされている。急激とは，原因事故から結果（傷害）の発生までに時間的間隔がないか，きわめて短期間であることをいう。偶然とは，被保険者が事故原因または傷害結果の発生を予知していないことをいう。外来とは，傷害の原因が被保険者の身体の外からの作用であるということである。これに対して，疾病保険契約は，人の疾病の結果（死亡，入院，手術等）に対して保険金が支払われる契約である。疾病の治療費確保等に主に利用されている。

【参考文献】
山下友信『保険法（上）』有斐閣，2018 年。
藤川信夫・松嶋隆弘編著『エッセンシャルビジネス法務（補訂版）』芦書房，2012 年。
落合誠一・大塚龍児・山下友信『商法Ⅰ総則・商行為（第 5 版）』有斐閣，2013 年。
川口恭弘『現代の金融機関と法（第 5 版）』中央経済社，2015 年。

（深澤泰弘）

第14講

サービス業における法律問題 1

人　材　業

学修の要点

- ・人材業の業務内容とその特徴について学ぼう。
- ・人材派遣業に関する法律について学ぼう。

▶ 第1節　人材業の業務内容

　人材業（人材サービス業ともいう）とは，顧客企業の必要に応じて人材を派遣したり，紹介や斡旋をする事業のことである。ビジネスの変化のスピードは加速しており，企業が新規に正社員を育成しているのではスピード感のある事業展開に間に合わない。そこで必要な能力を既に備えた人材を人材業者から派遣してもらう，もしくは紹介してもらうことにより，時流に乗った企業活動が可能になる。

　人材業の事業内容は多種多様であるが，大きく分けて①人材派遣業，②人材紹介業，③求人広告業，④人材コンサルティング業などがある。それぞれの内容は，下記のとおりである。

　①人材派遣業とは，派遣会社に登録している労働者の中から，顧客企業が求めるスキルをもつ人材を顧客企業が希望する期間において派遣するサービスを提供する。具体的には，ある百貨店が婦人服売り場の年末セールに伴い，婦人服販売の経験のある人材を年末の期間のみ必要な人数派遣してもらう，といったケースが考えられる。

　②人材紹介業とは，職業紹介事業者が，求人および求職の申込みを受けて，

第14講　サービス業における法律問題1　人材業　　167

求人者と求職者の間における雇用関係の成立を斡旋するサービスを提供する。具体的には，ある会社の経理部員が退職することとなり，会社は人材を補充するべく経理経験のある人材の紹介を人材紹介業に依頼する。一方，かつて経理事務の経験のある人が再就職先として経理部を希望するといった依頼を人材紹介業にする。人材紹介業者は，それぞれのニーズをマッチングさせ，雇用関係の成立の斡旋をする。手数料または報酬を受けて行う職業紹介（有料職業紹介）を行うには，厚生労働大臣の許可が必要である（職業安定法30条）。

③求人広告業とは，企業が欲しい人材の求人広告活動をするサービスを提供する。具体的には，A社が海外取引を始めるにあたり即戦力となる人材を求めている場合に，そのような経歴のある人材をA社が募集していることを，雑誌の紙面への広告やweb上に掲載するなど，仕事を探している人に情報を提供す

表14－1　人材業のさまざまな形態についてのまとめ

		求人広告会社	職業紹介会社	派遣会社	請負会社
しくみ		企業側が欲しい人材の求人広告を，広告会社を通じ情報提供，就業希望者が応募する。	求人企業と就業希望者の間にキャリアコンサルタントが介在，双方の希望を考慮しマッチングさせる。	就業希望者が派遣社員として派遣会社に登録，企業は希望する職種に合致する人材を派遣会社に派遣依頼をする。	請負会社は，事業の依頼をしてくる企業に対し仕事の完成を約する。
契約	雇用契約	就業者⇔企業	就業者⇔企業	就業者⇔派遣会社	就業者⇔請負会社
	派遣契約	－	－	派遣会社⇔企業	－
	請負契約	－	－	－	請負会社⇔企業
特徴		提供した情報によってのみ就業希望者の応募行動が決定される。	キャリアコンサルタントが介在することにより，双方の希望を満たした就業を期待できる。	企業は，そのときどきの必要に応じた人材を活用することができる。就業希望者は，自らのライフスタイルに沿った働き方を選択することができる可能性がある。	企業と請負社員との間に指揮命令関係が生じない。企業が請負会社に求めるのは，業務を遂行する上で必要な能力や技術である。

（出所）「人材サービス産業の近未来を考える会」により，2011年11月に発行された報告書『2020年の労働市場と人材サービス産業の役割』「報告書」10〜12頁をもとに作成。

るサービス，すなわち広告活動というサービスを提供する。

　④人材コンサルティング業とは，企業内の人事制度の構築や導入などのサービスを提供する。たとえば，Ｂ社では昇進の基準が曖昧であり，人事制度そのものが明確ではなかった。そこで人材コンサルティング業に依頼して，人事評価制度の構築を依頼し昇進の基準を明らかにし，現在雇用されている人材の能力開発のための方策を提示する。提供サービスの内容は各企業のニーズに応じて変わってくる。

　以下，人材業の中でもその中心をなす人材派遣業を中心に学んでいく。

▶ 第２節　人材派遣業について

1　労働者派遣法の成立

　現在では，人材派遣業は広く利用され，誰もが知るサービスであるが，かつては禁止されていた。なぜなら，人材派遣は，労働者と使用者である企業との間に入ってその仲介をなし報酬を得ることをその業務としている。すなわち，人材派遣は企業に労働者を紹介した手数料を報酬として受領する。これは企業が労働者に支払う賃金の一部を手数料として得ているともいえ，その業務内容がいわば中間搾取にあたるという見方もできる。労使関係においては，労働者側が不利な立場に立たされる可能性が高く，労働者と使用者の健全な労使関係を阻むおそれがあるといえることから，人材派遣業は禁止されていたのである（職業安定法44条）。

　しかし，人材派遣業を合法化し，派遣労働者の雇用の安定や雇用中の福祉関係を充実したものとすることは，多様な労働の機会を生み，それは結果として労働者保護につながることから，1985（昭和60）年に労働者派遣法が成立，翌年施行された。その後，数度の改正を経て現在に至っている。

2　労働者派遣法の規制

2－1　目的（労働者派遣法１条）

　企業にとって必要な能力を備えた人材が即投入されることは，企業活動を円滑に進めるうえで有効なことであるが，既に雇用されている労働者の地位を脅かす存在になる可能性もある。派遣先の直接雇用を派遣労働者で置き換えるこ

第14講　サービス業における法律問題１　人材業　169

表14－2　派遣労働者の労働保護法規についての責任主体と内容のまとめ

	派遣会社	派遣先企業
労働基準法	原則的な責任主体，労働時間の枠組みを決めるのは派遣元であるため，変形労働時間等の労働時間の枠組みの整備や割増賃金の支払義務は派遣元となる	労働時間・休憩・休日，女性の坑内労働・危険有害業務・育児時間・生理日の休暇等
安全衛生法	原則的な責任主体	派遣就労は派遣先の指揮命令下でなされるため，安全衛生，職場の衛生管理，安全管理体制（安全委員会等），危険・健康障害防止措置等については，派遣先も責任主体
社会保険の加入義務等	派遣会社が加入	－
雇用機会均等法	差別禁止規定の責任主体	妊娠・出産等を理由とする不利益取扱いの禁止，セクハラの措置義務，妊娠中・出産後の健康管理に関する措置義務は，派遣先にも課される
地域別最低賃金	－	派遣先事業場に適用される最低賃金

（出所）　高倉光俊ほか『労務トラブル予防・解決に活かす菅野「労働法」(改訂新版)』343頁をもとに作成。

とを「常用代替」というが，労働者派遣法は，この「常用代替」を防止することを当初目的として制定された。すなわち正社員の地位を守るというスタンスからスタートしたのが労働者派遣法である。

　労働者派遣法の立法者は，「常用代替」を防止するため，派遣可能な人材を，専門的な知識や技能を持つ人材と限定することにより，正社員の地位を守ることができると考えたのである。また，専門的な知識や技能を持つ人材は，自らの特別な専門知識等を武器に自らの労働価値について企業と交渉することも可能であると考えたのである。

2－2　適用対象業務と期間制限の規定(労働者派遣法4条,35条の2・3,40条の2・3等)

（ア）　労働者派遣法適用対象業務はポジティブリスト方式による規定方法からネガティブリスト方式という規定方法へと移行していった。ポジティブリス

170

ト方式とは原則として労働者派遣事業として認められる業務はないが，例外的に許可された業務（リストに載っている業務）のみ認めるという方式である。一方，ネガティブ方式とは，原則としてすべての業務で労働者派遣事業を認めるが，派遣可能業務として認めることが相応しくない業務をリストに載せ禁止する方式である。

　わが国の労働者派遣法では，1986年から1999年まではポジティブリスト方式を採用し，1999年の改正以後はネガティブ方式を採用している。

　現在，派遣が禁止されている業務は，港湾運送業務・建設業務・警備業務・病院などの医療関連業務である（労働者派遣法4条，労働者派遣事業の適正な運営の確保及び派遣労働者の保護等に関する法律施行令2条）。また，弁護士，外国法事務弁護士，司法書士，土地家屋調査士の業務や，建築士事務所の管理建築士の業務等（公認会計士，税理士，弁理士，社会保険労務士，行政書士等の業務では一部で労働者派遣は可能）については，当該業務について定める各法令の趣旨から，

表14-3　日雇い派遣の例外業務と日雇い派遣の例外条件

日雇い派遣の例外業務
・ソフトウェア開発　　・デモンストレーション ・機械設計　　　　　　・添乗 ・事務用機器操作　　　・受付，案内 ・通訳，翻訳，速記　　・研究開発 ・秘書　　　　　　　　・事業企画，立案 ・ファイリング　　　　・書籍などの制作，編集 ・調査　　　　　　　　・広告デザイン ・財務処理　　　　　　・OAインストラクション ・取引文書作成　　　　・セールスエンジニアの営業，金融商品の営業

日雇い派遣の例外条件
日雇い労働者が以下のいずれかに当てはまる場合 ・60歳以上の人 ・雇用保険の適用を受けない学生 ・副業として従事する人 　（生業収入が500万円以上の人に限る） ・主たる生計者以外の人 　（世帯収入が500万円以上の人に限る）

第14講　サービス業における法律問題1　人材業　171

労働者派遣事業を行うことは認められない。

（イ）　日雇い派遣（労働契約の期間の定めを 30 日以内とする労働者の派遣）は原則として禁止され（労働者派遣法 35 条の 4），例外的に許可される場合がある（労働者派遣事業の適正な運営の確保及び派遣労働者の保護等に関する法律施行令 4 条，表 14 - 3 を参照）。

（ウ）　派遣先の同一の事業所に対し派遣できる期間は，原則 3 年が限度となる（労働者派遣法 35 条の 3）。派遣先が 3 年を超えて派遣を受け入れようとする場合は，派遣先の事業所の過半数労働組合等からの意見を聴取する必要がある（労働者派遣法 35 条の 2・40 条の 2）。

（エ）　同じ派遣社員を，派遣先の事業所における同一の部署に対し派遣できる期間は，3 年が限度となる。派遣先が 3 年を超えて派遣を受け入れようとする場合は，派遣先の事業所の過半数労働組合等からの意見を聴取する必要がある（労働者派遣法 35 条の 3・40 条の 3）。

（オ）　無期雇用派遣労働者や 60 歳以上の者は，労働者派遣の期間制限の対象とならない（労働者派遣法 40 条の 2 第 1 項）。これは，常用代替のおそれが少ないと考えられるため，派遣可能期間の制限を受けない。

2－3　労働者派遣契約の内容とその解除（労働者派遣法 26 条，27 条，29 条）

民法では，私人間の契約は当事者間の自由に委ねられており，形式（書面・口頭）および契約内容も当事者の合意により自由に決めることができる。派遣契約においても契約自由の原則を貫くと，労使関係については雇用者サイドに採用決定権があることから，就業希望者の就業条件が不利になる可能性がある。そこで，労働者派遣法 26 条では，派遣契約の記載事項について定めている（表 14 - 4 参照）。これらの記載事項は派遣契約を締結するにあたって必要最低限のものとして法定されている。実務上は派遣料金や債務不履行の場合の損害賠償責任等の定めなどについても，雇用関係の成立に必要な事項を契約書に記載する必要がある。

労働者派遣法 27 条では，派遣先となる企業が，派遣労働者の国籍，信条，性別，社会的身分，派遣労働者が労働組合の正当な行為をしたこと等を理由として，労働者派遣契約を解除してはならない旨，規定している。労働者派遣契約は，派遣会社と派遣先となる企業との間の契約であるが，労働者派遣契約の終

表 14 - 4　労働者派遣契約の内容（労働者派遣法 26 条，労働者派遣事業の適正な運営の確保及び派遣労働者の保護等に関する法律施行規則 22 条・22 条の 2）

①	派遣労働者が従事する業務の内容
②	派遣就業の場所・組織単位
③	派遣労働者を直接指揮命令する者に関する事項
④	労働者派遣の期間および派遣就業をする日
⑤	派遣就業の開始および終了の時刻ならびに休憩時間
⑥	安全および衛生に関する事項
⑦	派遣労働者からの苦情処理に関する事項
⑧	派遣労働者の新たな就業の機会の確保，派遣労働者に対する休業手当等の支払に要する費用を確保するための当該費用の負担に関する措置その他の労働者派遣契約の解除に当たつて講ずる派遣労働者の雇用の安定を図るために必要な措置に関する事項
⑨	労働者派遣契約が紹介予定派遣に係るものである場合にあつては，当該職業紹介により従事すべき業務の内容および労働条件その他の当該紹介予定派遣に関する事項
⑩	派遣元責任者および派遣先責任者に関する事項
⑪	派遣先が④以外の日に派遣就業させることができ，または⑤の時間を延長することができる旨の定めをした場合は，当該派遣就業をさせることができる旨の定めをした場合は，当該派遣就業をさせることができる日または延長することができる時間数
⑫	派遣労働者の福祉増進のための便宜供与に関する事項
⑬	派遣受入期間の制限を受けない業務について行う労働者派遣に関する事項
⑭	派遣労働者の人数

了は派遣就業の終了に直結することを意味することから，派遣労働者保護を目的とした規定である。

　また，労働者派遣契約を解除した場合，その効力は将来に向かってのみ生じる（労働者派遣法 29 条）。民法上，契約解除があった場合，解除された契約は遡及的に消滅するものとされているが（民法 545 条 1 項参照），労働者派遣契約においてはすでに提供した労働力の返還は不可能であることから，遡及効の適用は排除されている。

　さらに，派遣先企業の都合による派遣契約の解除にあたっては，派遣労働者の雇用の安定を図るために必要な措置を講じる必要がある旨，規定されている（労働者派遣法 29 条の 2）。

2－4　派遣する労働者を決めるのは誰か(労働者派遣法26条第6項)

　企業に就職する際，人事担当者との面接は当然になされるものであるが，労働者派遣法では，派遣先となる企業は労働者を選別することはできず，派遣労働者の受け入れに先立ち面接を実施することも認められない。その理由は，派遣労働者の能力を見極め，派遣先を円滑に決定するのは派遣会社だからである。派遣就業が終了した後の職業紹介を予定したいわゆる「職業紹介派遣」の場合(労働者派遣法2条4号)を除き，派遣先による特定行為を行わないよう努力義務を課している（労働者派遣法26条6項）。

2－5　派遣先企業の社員と派遣労働者の待遇について（労働者派遣法30条の3・4，31条の2，40条）

　賃金などの待遇は基本的には派遣会社と派遣労働者との間の雇用契約で決まるため，派遣先となる企業の従業員と同様の待遇を求める関係ではない。しかし，派遣労働者は派遣先となる企業においてその一員として労働している者であることに変わりはない。よって，派遣先企業の正社員と全く同じ仕事に就き同種の業務に従事している場合には，両者の均衡を考慮した待遇を確保する必要がある。仮に，同じ役割をしている労働の賃金について派遣社員が不合理に低賃金である場合には，派遣先企業はコストを下げるべく派遣社員を活用することとなり，企業の正社員の穴を埋めるために都合よく派遣社員を利用することとなり問題があるといえる。

　派遣会社は教育訓練，福利厚生に関する配慮義務や待遇の決定にあたって考慮した事項の説明義務が課せられ（労働者派遣法31条の2），派遣先となる企業も，派遣会社からの求めに応じ，必要な情報提供等，協力すべき義務が課せられている（労働者派遣法40条）。

2－6　グループ企業内派遣(労働者派遣法23条の2)

　労働者派遣事業を行おうとする場合，厚生労働大臣に対して許可の申請を行い，その許可を受けなければならない（労働者派遣法5条1項）。事業主が，許可の欠格事由（労働者派遣法6条）に該当せず，許可基準（労働者派遣法7条1項）をすべて満たすと厚生労働大臣に認められた場合に許可される。また，許可には有効期間があり，この有効期間を超えて引き続き労働者派遣事業を行い

たい場合は，許可の有効期間の更新（労働者派遣法10条）を受けなければならないこととなっている（許可基準）。

企業が子会社として派遣会社を設立し，自社または特定の会社のみに派遣することを目的として人材派遣業務を行うことを「専ら派遣」という。企業が人件費を節約するため，グループ内に派遣会社を設立し，グループ会社に人材を派遣するというしくみである。企業と労働者を結びつけるという人材派遣業本来の社会的役割に反するものといえよう。

この「専ら派遣」については，かつては会社の定款で「複数会社への派遣」をうたっていれば許可基準に違反していないとされたが，2012年の法改正で，派遣会社は企業グループ内（「関係派遣先」）への派遣割合が8割を超えてはいけない旨，規定された。この「関係派遣先」とは，派遣元事業主と連結決算をしているグループ会社，連結決算をしていなくても資本金や経営に関する議決権を通じ親会社または子会社（孫会社を含む）の関係にある会社，派遣会社の事業の方針の決定に関して大きな影響力を持っている会社をさす（労働者派遣事業の適正な運営の確保及び派遣労働者の保護等に関する法律施行規則（以下，派遣則とする）18条の3）。

前記の8割には，一度定年を迎え退職後，派遣の形で再雇用されている高齢である派遣労働者は，その計算から除外する旨規定されている（派遣則18条の3第4項）。

厚生労働省は，「関係派遣先派遣割合報告書」の提出を派遣会社に義務付け（労働者派遣法23条3項)，2016年1月以降，この報告書を提出せず，指導にも従わず，是正指示にも従わなかった労働者派遣事業者に対し，許可取消しや事業廃止を命じている（労働者派遣法14条）。

第3節　労働者派遣法違反の場合

派遣会社が労働者派遣法に違反した場合，罰則（労働者派遣法58条から62条)が適用される。そのほか，派遣事業の許可取消し（労働者派遣法14条1項)，事業停止命令（労働者派遣法14条2項)，改善命令（労働者派遣法49条1項)がある。

第14講　サービス業における法律問題1　人材業　175

表14－5 「労働者派遣事業関係業務取扱要領」
第12 違法行為による罰則，行政処分及び勧告・公表

1 違法行為による罰則

法の規定（第3章第4節の規定を除く。）に違反する行為に対する罰則は次のとおりである。

罰則適用条項	違反の内容	参考箇所	罰則規定	刑罰の内容
第4条第1項	適用除外業務について，労働者派遣事業を行った者	第2の1及び2	第59条第1号	1年以下の懲役又は100万円以下の罰金
第5条第1項	厚生労働大臣の許可を受けないで労働者派遣事業を行った者	第3の1及び2の(2)のイ	第59条第2号	
	偽りその他不正の行為により労働者派遣事業の許可を受けた者	第3の1	第59条第3号	
第5条第2項又は第3項（第10条第5項において準用する場合を含む。）	労働者派遣事業の許可又は許可の有効期間の更新の申請書，事業計画書等の書類に虚偽の記載をして提出した者	第3の1及び2	第61条第1号	30万円以下の罰金
第10条第2項	偽りその他不正の行為により労働者派遣事業の許可の有効期間の更新を受けた者	第3の2	第59条第3号	1年以下の懲役又は100万円以下の罰金
第11条第1項	①労働者派遣事業の氏名等の変更の届出をせず，又は虚偽の届出をした者②労働者派遣事業を行う事業所の新設に係る変更届出の際，事業計画書等の添付書類に虚偽の記載をして提出した者	第3の3	第61条第2号	30万円以下の罰金
第13条第1項	労働者派遣事業の廃止の届出をせず，又は虚偽の届出をした者	第3の6		
第14条第2項	期間を定めた労働者派遣事業の全部又は一部の停止についての厚生労働大臣の命令に違反した者	第12の2の(2)のロ	第59条第4号	1年以下の懲役又は100万円以下の罰金
第15条	派遣元事業主の名義をもって，他人に労働者派遣事業を行わせた者	第3の7	第59条第1号	
第23条第4項	海外派遣の届出をせず，又は虚偽の届出をした者	第5の3	第61条第2号	30万円以下の罰金

176

第 34 条	労働者派遣をしようとする場合に，あらかじめ，当該派遣労働者に就業条件等の明示を行わなかった者	第 7 の 10	第 61 条 第 3 号	
第 35 条	労働者派遣をするとき，派遣労働者の氏名等を派遣先に通知をせず，又は虚偽の通知をした者	第 7 の 12	第 61 条 第 4 号	
第 35 条の 2	派遣先の事業所等ごとの業務について派遣可能期間の制限に抵触することとなる最初の日以降継続して労働者派遣を行った者	第 7 の 13	第 61 条 第 3 号	
第 35 条の 3	派遣先の事業所等における組織単位ごとの業務について，3 年を超える期間継続して同一の派遣労働者に係る労働者派遣を行った者	第 7 の 13		
第 36 条	派遣元責任者を選任しなかった者	第 7 の 16		
第 37 条	派遣元管理台帳を作成若しくは記載せず，又はそれを 3 年間保存しなかった者	第 7 の 17		
第 41 条	派遣先責任者を選任しなかった者	第 8 の 11		
第 42 条	派遣先管理台帳を作成若しくは記載せず，それを 3 年間保存せず，又はその記載事項（派遣元事業主の氏名及び名称は除く。）を派遣元事業主に通知しなかった者	第 8 の 12		
第 49 条第 1 項	派遣労働者に係る雇用管理の方法の改善その他当該労働者派遣事業の運営を改善するために必要な措置を講ずべき旨の厚生労働大臣の命令（改善命令）に違反した者	第 12 の 2 の（3）	第 60 条 第 1 号	6 箇月以下の懲役又は 30 万円以下の罰金
第 49 条第 2 項	継続させることが著しく不適当であると認められる派遣就業に係る労働者派遣契約による労働者派遣を停止する旨の厚生労働大臣の命令に違反した者	第 12 の 2 の（4）		

第49条の3第2項	法又はこれに基づく命令の規定に違反する事実がある場合において, 派遣労働者がその事実を厚生労働大臣に申告したことを理由として, 当該派遣労働者に対して解雇その他不利益な取扱いをした者	第11の2の(3)	第60条第2号	
第50条	必要な報告をせず, 又は虚偽の報告をした者	第11の5	第61条第5号	
第51第1項	関係職員の立入検査に際し, 立入り若しくは検査を拒み, 妨げ, 若しくは忌避し, 又は質問に対して答弁せず, 若しくは虚偽の陳述をした者	第11の6	第61条第6号	30万円以下の罰金
その他	公衆衛生又は公衆道徳上有害な業務に就かせる目的で労働者派遣をした者		第58条	1年以上10年以下の懲役又は20万円以上300万円以下の罰金
(両罰規定)	法人の代表者又は法人若しくは人の代理人, 使用人その他の従業者が, その法人又は人の義務に関して, 第58条から第61条までの違反行為をしたときは, その法人又は人に対しても, 各々の罰金刑を科す。		第62条	

1　労働契約申込みみなし制度(労働者派遣法40条の6)

　違法派遣という状況は, そもそもそれを受け入れている派遣先企業にも責任があるといえる。そして違法派遣を取り締まることにより, 労働者派遣の継続が断たれ派遣労働者の雇用の機会が奪われてしまう可能性もあり, 派遣労働者を保護する必要があるといえる。

　労働契約申込みみなし制度(以下,「みなし制度」という)は, 派遣先等の違法行為の事実が発生した時点において, 派遣先が派遣労働者に対して労働契約の申込みをしたものとみなす制度である。当該申込みを承諾するかどうかは派遣

労働者の自由である。

　派遣労働者を適用除外業務（港湾運送・建設・警備・医療の一部）に従事させた場合，派遣元事業主以外の労働者派遣事業を行う事業主から労働者派遣を受け入れた場合，事業所単位の期間制限に違反して労働者派遣を受け入れた場合，個人単位の期間制限に違反して労働者派遣を受け入れた場合，いわゆる偽装請負（第3節2参照）の場合に「みなし制度」が適用される。

　「みなし制度」は，違法行為に該当することについて，派遣先等が善意無過失であるとの抗弁が認められたときは適用されない（偽装請負については，偽装請負に該当すると認識しなかったことの「過失」の有無は問題とされない）。

2　労働者派遣と請負

　請負は，仕事の完成を約束し，相手がそれに対する報酬を払う（民法632条）

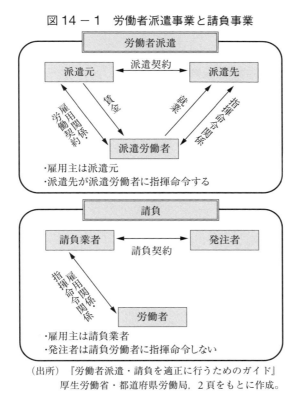

図14－1　労働者派遣事業と請負事業

（出所）『労働者派遣・請負を適正に行うためのガイド』
　　　　厚生労働省・都道府県労働局，2頁をもとに作成。

というもので，派遣との違いは，発注者と労働者との間に指揮命令関係が生じないという点にある。偽装請負とは，書類上，形式的には請負契約を締結しているにもかかわらず，実態としては労働者派遣のような指揮命令関係にあるものをいい，違法である。つまり，労働者サイドからみた場合，自分の使用者（図14-1の「請負業者」）からではなく，発注者から直接，業務の指示や命令をされている場合「偽装請負」である可能性が高いといえる。

「偽装請負」は，実際の労働環境は人材派遣にあたるにもかかわらず，契約上は請負契約というケースであり，これは違法に人材を派遣する行為である。よって，無許可の人材派遣であれば職業安定法違反であり，派遣事業者がこのようなケースにて人材を派遣している場合は，派遣行為の実状と許可内容および届出が合致していないのであれば労働者派遣法違反（労働者派遣法4条1項・5条1項）である。

請負契約は，雇用契約ではないため，労働基準法や労働安全衛生法の適用がないことから，偽装請負はさまざまな責任が曖昧になり，労働者の雇用だけでなく安全衛生面など基本的な労働条件が十分に確保されないおそれがあるといえる。

【参考文献】

菅野和夫『労働法（第11版補正版）』弘文堂，2017年。

石嵜信憲編著『非正規社員の法律実務（第3版）』中央経済社，2015年。

労働調査会出版局編『労働者派遣法の改正点と実務対応』労働調査会，2015年。

中野麻美ほか・労働ネットワーク『新しい労働者派遣法の解説―派遣スタッフと派遣社員の権利は両立できるか（第1版）―』旬報社，2017年。

皆川浩之『雇用が変わる　人材派遣とアウトソーシング―外部人材の戦略的マネジメント―』レクシスネクシス・ジャパン，2016年。

高倉光俊ほか『労務トラブル予防・解決に活かす菅野「労働法」（改訂初版）』日本法令，2016年。

大内伸哉『歴史からみた労働法（初版）』日本法令，2012。

【参照URL】

「人材サービス産業の近未来を考える会」により，2011年11月に発行された報告書『2020年の労働市場と人材サービス産業の役割』。https://www.js-gino.org/publish/pdf/report2011.pdf

厚生労働省・都道府県労働局が，2015年3月に労働者派遣・請負を行う事業者に向けて作成した『労働者派遣・請負を適正に行うためのガイド』。https://www.mhlw.go.jp/file/06-Seisakujouhou-11600000-Shokugyouanteikyoku/0000078287.pdf

（堀野裕子）

第15講

サービス業における法律問題2
仲 介 業

学修の要点

・ある者とある者を仲介することを業とする仲介業がなぜ必要なのか，また
どのような仲介業態が世の中に存在するのか学ぼう。
・仲介業に対する法規制について，具体的なケースなども手掛かりに学ぼう。

▶ 第1節　仲介業とは何か，またなぜ必要なのか

　本講では，仲介業に焦点を当てて法律問題を学ぶ。そこでまず，仲介業とは
何かについて，仲介の必要性をもとに説明しておきたい。

　社会には，取引（ビジネス）を行いたいと考えているが，自らの取引相手を
自分自身でみつけることができない・認識できない・調整できない者が多く存
在する。読者によっては，この説明文を読んで違和感を覚える人もいるかもし
れない。以下，具体例をもとに説明してみよう。

　A君は，大学入学を機に一人暮らしを始めようと決心し，かねてより住みた
いと思っていた中目黒で部屋を探すことにした。一方，Bさんは，自身の所有
する中目黒のアパートの一室が空き室となったため，誰かに貸したいと考えて
いた。

　さて，この具体例によると，部屋を借りたい・貸したいという者が存在して
おり，細かい条件を考慮に入れないとすると，両者の希望は合致するため，第
7講で学んだ賃貸借契約を締結することが可能となる（実際には，家賃・部屋の
間取り・駅からの距離などさまざまな要因が契約に当たって影響することになろう）。

ここで1つ大きな問題が生じていることに気がつく。A君が，Bさん，あるいはBさん所有アパートに空き室のあることを知っていれば，前記のとおり，直接当事者間で賃貸借契約を締結することが可能である。しかし一般的な話として，これから部屋を借りようとする者が，どこに空き部屋が存在し，また誰がその部屋の大家さんであるか，どのような条件で貸したいと考えているかを知っていることは稀であろう。

　そこで登場するのが仲介（業者）である。仲介業者は，業態の違いはあるものの，これから取引をしたいが取引相手を自身でみつけることができない，あるいはみつけることはできるが当事者間では調整をすることができないといった者同士を結びつけるため，各種サポートを行っている。細かい話は後に譲るが，前記例の場合，一般的に部屋を借りたい者は，駅前にある不動産仲介業者の店舗に赴いたり，不動産仲介業者の提供するインターネット上の不動産仲介サイトを用いたりして，自身の借りたい部屋を探すことになる。一方，部屋を貸したい者は，不動産仲介業者に手数料を払うなどしたうえで，自身の貸したい部屋の情報を取り扱ってもらうことになる。

　それでは，このような仲介に対して法はどのような規律を課しているのか説明したうえで，仲介業に当たる業態を各種取り上げ，関連する法律問題を説明したい。

▶ 第2節　仲介業は法律によってどのように規律がなされているのか

1　仲介に対する法規制

　仲介は法律上，媒介という。媒介とは，他人の間に立って，他人を当事者とする法律行為の成立に尽力する行為である。つまり，取引当事者の間に立って，取引の成立に向けて両者をサポートすることを意味する。また，広く仲立といった場合には，他人間の行為を媒介することをいうが，商法典でいう仲立はこれより狭く，他人間の商行為（第4講参照）の媒介を目的として営利を追求する取引を仲立取引（仲立営業）といい，それを行う者を仲立人という（商法543条）。後述するとおり，ビジネスとして仲立を行う場合は，商法上の仲立だけに限られるわけではない。

182

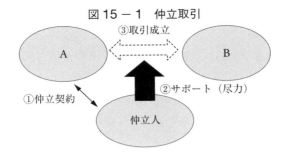

図15－1　仲立取引

2　仲立人はどのような義務を負い，どのような権利を有しているのか

　まず，仲立人にサポートをしてもらいたい者（商行為の媒介を委託する者）は，仲立人との間で契約を取り交わす必要がある。そこで交わされる契約を仲立契約という。この仲立契約は，商行為の媒介の委託，つまり法律行為でない事務の委託であるから，通常は民法656条の準委任たる性質を有する。また，仲立人は委託者に対し，準委任の受任者としての権利義務を有し，善良なる管理者としての注意をもって媒介事務を処理しなければならない（民法656条・644条）。以下ではまず，仲立人が委託者に対してどのような義務を法的に負っているのか，どのような権利を有しているのか説明したい。

2－1　仲立人の義務
（1）　見本保管義務

　仲立人は，その媒介する行為について見本を受け取ったときは，その行為が完了するまで見本を保管しなければならない（商法545条）。これは見本売買を念頭に置いた規定である。見本売買とは，見本を示したうえで行われる売買のことで，売主が見本を仲立人に預けてその品質や性能を保証し，また買主は見本を実際にみたうえで取引することができるため，仲立人の媒介に基づく当事者間の契約成立をスムーズにすることができる。実際に引き渡された目的物が見本で示された品質や性能を備えていない場合は，買主は売主の債務不履行（不完全履行）により，強制履行（民法414条），損害賠償請求（民法415条）ができるほか，契約の解除（法定解除）が認められる（民法541条・542条）。また，売買の目的物が契約の趣旨に適合しない場合にも，契約不適合責任の効果として契約解除が可能である（民法564条）。

（2）　結約書交付義務

仲立人によって媒介された契約が成立した時は，仲立人は遅滞なく契約当事者の氏名または商号，契約成立の年月日およびその要領を記載した書面（結約書）を作成し，署名をしたのち，これを各当事者に交付しなければならない（商法546条1項）。また，仲立人は各当事者に交付した書面に各当事者による署名をさせた後，相手方当事者にそれを交付しなければならない（同条2項）。さらに，当事者の一方が書面を受領しない，または署名しないときは，仲立人は遅滞なく相手方に対してその通知を発しなければならない（同条3項）。

これは，結約書を作成・交付することで仲立人によって契約が成立したことを明らかにし，第3節において後述するような，後の紛争を未然に防止あるいは迅速に解決するために規定されている。

（3）　帳簿作成・謄本交付義務

仲立人は，帳簿（仲立人日記帳）を作成して，その帳簿に結約書記載事項を記載しなければならない（商法547条1項）。また，仲立人の媒介により成立した契約の各当事者は，いつでも仲立人が自己のために媒介した行為につき，その帳簿の謄本の交付を請求することができる（同条2項）。この義務は，仲立人によって契約が成立したことを明らかにし，後の紛争を未然に防止あるいは迅速に解決するために規定されている。

（4）　氏名または商号の黙秘義務・介入義務

契約の当事者がその氏名または商号を相手方に示してはならない旨を仲立人に命じたときは，結約書および仲立人日記帳謄本にその氏名または商号を記載してはならない（商法548条）。実際の取引（とりわけ商取引）においては，匿名性を重視して相手方に氏名や商号を知らせない方がより有利な条件で取引できる場合も存在することから，匿名委託を容認すべく黙秘義務が設けられている。

仲立人が，当事者の一方の氏名または商号をその相手方に示さないときは，相手方に対して自ら履行をする責任を負う（商法549条）。これを仲立人の介入義務という。仲立人が契約の一方当事者より匿名委託を受けた場合，一方の当事者と他方の匿名の当事者との間で取引が成立するところ，匿名委託者が債務

を履行しないなど，取引に問題が発生した場合に損害を被るのは取引の相手方である。そこでこのような相手方を保護するために商法は仲立人の介入義務を規定している。

2-2　仲立人の権利

(1)　仲立人の給付受領権

仲立人は，当事者間の媒介をなすだけであって，自らがその行為の当事者や代理人となるわけではない。そのため，仲立人はその媒介をした行為について当事者のために支払その他の給付を受領することができない（商法544条）。ただ，別段の意思表示（黙示によるものを含む）または慣習が存在するときは給付受領権が認められる（同条但書）。なお，仲立人が買主の特段の意思表示または慣習に基づいて代金の保管をした場合には，仲立人の業務上の保管とされるため，業務上横領罪が成立しうることになる（最判昭25・9・22刑集4・9・1766）。

(2)　仲立人の報酬請求権

商行為の媒介をなす仲立人は商人であるため，特約の有無にかかわらず当然に報酬（仲立料）請求権を有する（商法512条）。

ただ，仲立人に報酬請求権が発生するためには，①仲立人の媒介によって当事者間に契約が成立したこと，②報酬請求前に結約書の交付手続きを終えていること，が必要である（商法550条1項・546条）。また，他人間の契約成立に尽力するという媒介の性質から，仲立人の報酬は当事者双方が等しい割合で負担する（商法550条2項）。これは，仲立人が委託のない契約当事者に対しても公平に利益を図り，かつ各種の紛争防止義務を負担することから規定されている。

3　商事仲立人と民事仲立人

媒介する行為が商行為以外の行為である場合は，講学上，民事仲立人であるとされ，商行為を媒介する商事仲立人と区別される。実務では，旅客運送契約や宿泊契約の媒介をする旅行業者や外国為替ブローカーなどが商事仲立人に，非商人間で投機目的でない不動産売買の媒介のみを行う不動産業者や結婚相談所などが民事仲立人にそれぞれ該当する。

民事仲立人は商法が適用される商事仲立人とは異なるため，前述した，媒介

する取引に関する見本保管義務，結約書の交付義務，仲立人日記帳の備置義務，当事者の氏名を黙秘した場合の履行担保責任は負わない。

　ただ，媒介される行為が当事者双方にとって商行為とはならない行為の媒介であっても，それが営業として行われる場合には，商行為とされ（商法502条11号），それを営業として行う者は商人となる。また，報酬請求権については特約がなくとも発生するが，媒介によって契約が有効に成立しなければ報酬を請求することができないという商事仲立人の規定が民事仲立人にも類推適用されると解されている。

▶第3節　仲介業において問題となりやすい状況とは─仲介業者の排除─

　ここまで説明してきたとおり，仲立人は契約の直接の当事者ではなく，あくまで取引が円滑に進むよう当事者を外からサポート（媒介）する者である。したがって，当事者によっては，仲立人の媒介によって当事者間の成約が間近となった段階で仲立人を排除し，当事者だけで契約を成立させようとすることがある。つまり，成約間近の状況で仲立人を排除し，仲立人に支払うべき報酬（仲立料）の支払を免れようとする問題が発生する。以下では具体例をもとに，仲立人排除に関する法的問題を説明したい（なお以下に掲げる具体例は，最判昭45・10・22民集24・11・1599の事案を題材にしている）。

　Y_1 は，仲介業者である X に，土地の所有権の譲り受けの仲介を依頼した。その際，Y_1 は X に対し，契約成立の際には取引高の3％を支払うと約束した。また，Y_2 は，Y_1 が取得を希望する土地の所有権を有していた。

　X は Y らと交渉を行い，Y_2 から Y_1 に対して Y_2 所有の土地を1400万円で売却すること，Y_2 からも X の報酬として35万円を支払うこと，がそれぞれ決められた。

　ところがその後，Y_1 は自己の使用人に Y_2 と折衝させたうえで，Y_2 との間で直接，Y_2 所有の土地を1421万9000円で Y_1 に売却する契約を締結した。

　X は，Y らに対して，約定報酬の支払を請求した。

　前記具体例のように，仲介業者に取引相手を紹介された委託者が，仲介業者

図15−2　仲介業者が排除された場合，仲介業者は報酬を請求することができるのか

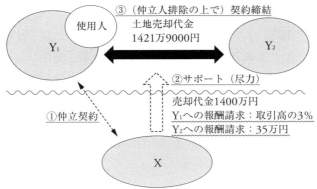

を排除して直接取引を行った場合，仲介業者は委託者やその相手方に対して報酬を請求しうるのかという問題が発生する。

　不動産を仲介する業者は，商行為でない非商人間における宅地建物の売買・賃借の媒介を行う場合，民事仲立人に該当する。媒介の対象が商行為でなかったとしても，それが営業として行われる場合には，商事仲立人の規定が民事仲立人にも類推適用され，報酬請求権についても発生することとなる。

　第2節において説明したとおり，仲立は，商行為の媒介の委託，つまり法律行為でない事務の委託であるから，通常は民法656条の準委任たる性質を有する。民事仲立人による民事仲立については明文の規定はないものの，商事仲立と同様に準委任であると解されており，委任の規定が準用される。

　したがって，各当事者は，いつでも仲立契約を解除することができる（民法656条・651条1項）。なお，当事者の一方が相手方に不利な時期において委任を解除したときはその損害を賠償しなければならないが（同条2項），仲立契約が中途解約されたことによって本来生じたであろう報酬請求権を仲立人が喪失したことが，同条にいう不利な時期における解約であると解することはできないであろう。

　しかしたとえば，仲立人に対する報酬の支払を免れる目的で仲立契約を解除し，その後，仲立人が紹介した相手方と直接取引を行ったような場合には，かかる解除は信義則に反することとなろう。仲介業者に取引相手を紹介された委託者が，仲介業者を排除して直接取引を行った場合，判例・学説は一致して，

一定の要件（たとえば，仲介による契約成立を妨げる故意の存在・仲介行為と契約成立時期の接近・仲介活動により取りまとめられた内容と成立した契約内容の同一性など）のもとで報酬請求権を認めるべきであるとする。ただ学説には，仲立契約を，仲立行為による成約が仲立人の報酬請求権の発生要件となっていることを一種の停止条件ととらえ，仲介業者を故意に排除した直接取引を停止条件成就の妨害として民法130条を適用して仲介人の報酬請求権を認める説や，業者のために不利な時期における委任の解除であるとして民法651条2項により業者の損害賠償請求を認める説，信義則や慣習を根拠として報酬請求権または損害賠償請求権を認める説などが存在する。

▶ 第4節　仲介業に当たる業態にはどのようなものが存在するのか

　それでは次に，仲介業態のうち比較的身近と思われる不動産仲介業と旅行業を取り上げて説明したい。いずれも業法（特別法）による規律がなされている。

1　不動産仲介業

　不動産仲介業は，宅地建物取引業に包含される。宅地建物取引業を行う者（宅地建物取引業者）は，宅地や建物の売買，交換または賃借の代理，仲介，あっせん行為を業務として行う。不動産仲介業者はそのうち，仲介あるいはあっせん行為を業務として行う。

　不動産仲介業は，宅地建物取引業者として宅地建物取引業法の適用を受け，2以上の都道府県の区域内に事務所を設置してその事業を営もうとする場合は国土交通大臣の，1都道府県の区域内にのみ事務所を設置してその事業を営もうとする場合は当該都道府県知事の免許を受けなければならない（宅地建物取引業法3条1項）。またその事務所には，都道府県知事が行う宅地建物取引士資格試験に合格した宅地建物取引士を置かなければならない（宅地建物取引業法31条の3第1項）。そして，宅地建物取引業者は，信義を旨とし，誠実にその業務を行わなければならず（宅地建物取引業法31条1項），宅地建物取引士は，宅地建物取引業の業務に従事するときは，宅地または建物の取引の専門家として，購入者等の利益の保護および円滑な宅地または建物の流通に資するよう，公正かつ誠実に事務を行うとともに，宅地建物取引業に関連する業務に従事する者

188

との連携に努めなければならない（宅地建物取引業法15条）。

　そのうえで，不動産仲介業者に対して表15－1のような各種規律が課されている。

　このように，不動産仲介業者（宅地建物取引業者）には，業法である宅地建物取引業法に基づき，免許制度と事業に対する規制が課され，取引当事者の利益の保護と取引自体の円滑化が図られている。なお，不動産仲介契約では，表15－1③について標準約款制度が整備され，実態として契約内容・項目の定型化がみられる。

表15－1　不動産仲介業者に対する各種規律

①誇大広告等の禁止 （32条）	著しく事実に相違する表示をし，または実際のものよりも著しく優良もしくは有利であると誤認させるような表示をしてはならない。
②取引態様の明示 （34条）	取引に当たって，自身の行っている取引態様が媒介であること（あるいは当事者・代理人として売買，交換，賃借を行っていること）を明示しなければならない。
③媒介契約 （34条の2）	媒介契約を締結した時は，遅滞なく必要事項（取引対象・取引対象の評価額・報酬など）を記載した書面を作成して記名押印し，依頼者にこれを交付しなければならない。
④重要事項の説明等 （35条）	媒介するにあたって，契約成立時までに，宅地建物取引士から，必要事項（取引対象所有者名・代金・契約解除に関する事項・損害賠償額の予定または違約金に関する事項・契約不適合責任など）について，同事項を記載した書面を交付したうえで説明しなければならない。
⑤書面の交付 （37条）	媒介によって契約が成立した時は当該契約の各当事者に，遅滞なく，必要事項（当事者氏名および住所・代金・支払時期および方法・契約解除に関する事項・損害賠償額の予定または違約金に関する事項など）を記載した書面を交付しなければならない。
⑥守秘義務 （45条）	正当な理由がある場合でなければ，業務上取り扱ったことについて知り得た秘密を他に漏らしてはならない。

2　旅行業

　旅行業者は，旅行者と観光業者（旅行業者・宿泊業者・運送業者・飲食業者など）との間に立って，旅行案内や旅行の企画など各種旅行者のために便宜を図

ることを業務として行う。旅行業者の行う旅行業には，旅行者の側に立って観光業者との間で便宜を図る旅行業（旅行業法2条1項）と，観光業者の側に立って旅行者との間で便宜を図る旅行業者代理業（同条2項）が存在する。

　旅行業者が，旅行業または旅行業者代理業を営もうとする場合は，必要事項（旅行業法4条：名称，商号・営業所の名称および住所・業務範囲など）を記載した申請書を提出して観光庁長官の行う登録を受けなければならない（旅行業法3条）。また，旅行業または旅行業者代理業を行うにあたっては，営業保証金を供託した後でなければ事業を開始してはならない（旅行業法7条・11条）。そして，旅行業者，旅行業者代理業者（以下，「旅行業者等」という）は，営業所ごとに，旅行業務取扱管理者を選任しなければならない（旅行業法11条の2第1項）。また，旅行業務取扱管理者は，当該営業所における旅行業務に関し，その取引に係る取引条件の明確性，旅行に関するサービスの提供の確実性その他取引の公正，旅行の安全および旅行者の利便を確保するため必要な事項についての管理および監督に関する事務を行わなければならない（同条）。

　そのうえで，旅行業者等に対して表15−2のような各種規律が課されている。

表15−2　旅行業者等に対する各種規律

【旅行業者】 ①料金の掲示 （12条1項）	事業の開始前に，旅行者から収受する旅行業務の取扱いの料金を定め，これをその営業所において旅行者に見やすいように掲示しなければならない。
【旅行業者代理業者】 ①料金の掲示 （12条3項）	旅行業者代理業者は，その営業所において，代理する旅行業者が旅行者から収受する旅行業務の取扱いの料金を旅行者に見やすいように掲示しなければならない。
【旅行業者等】 ①取引条件の説明 （12条の4）	旅行者と旅行業務に関し契約を締結しようとするときは，旅行者が依頼しようとする旅行業務の内容を確認した上，その取引の条件について旅行者に説明しなければならない。
②書面の交付 （12条の5）	旅行者と旅行業務に関し契約を締結したときは，遅滞なく，旅行者に対し，当該提供すべき旅行に関するサービスの内容，旅行者が旅行業者等に支払うべき対価に関する事項などを記載した書面または当該旅行に関するサービスの提供を受ける権利を表示した書面を交付しなければならない。
③誇大広告の禁止 （12条の8）	旅行業務について広告をするときは，広告された旅行に関するサービスの内容等について，著しく事実に相違する表示をし，または実際のものよりも著しく優良もしくは有利であると誤認させるような表示をしてはならない。

旅行業者の行う契約では，表15－2の【旅行業者等】②について標準約款制度が整備され，不動産仲介業者と同様，実態として契約内容・項目の定型化がみられる。なお，通例，旅行業者は旅行者から旅行代金預かり金を支払ってもらったうえで宿泊や移動に関する各種手配を行う。2017年に発生した「てるみくらぶ」の事件は，旅行者から多額の旅行代金を預かっていたにもかかわらず旅行会社が旅行の手配をせずに倒産した事例である。このような場合，旅行者は各自で旅行を手配し直す必要があり，また，支払った旅行代金も基本的には返ってこなくなる事態も発生することとなる（倒産については第30講を参照）。

　なお，2018年1月4日に施行された「通訳案内士法及び旅行業法の一部を改正する法律」によって，旅行サービス手配業が新たに旅行業法の規制対象となった。旅行サービス手配業は，これまで旅行業法の規制を受けなかった，いわゆるランドオペレーター（旅行会社の依頼を受け，旅行先のホテルやレストラン，ガイドやバス・鉄道などの手配・予約を専門に行う旅行業者）を念頭に制度設計がなされている。つまり，従来の旅行業法は旅行業者と旅行者間での「B to C」取引を対象としていたものが，今回の改正で業者間同士のいわゆる「B to B」取引にも規制が課せられることとなった。

　旅行サービス手配業者に対する規制内容は，たとえば，観光庁長官の登録を受けなければならないこと（旅行業法23条），営業所ごとに1人以上の旅行サービス手配業務取扱管理者を選任しなければならないこと（旅行業法28条），などがある。旅行サービス手配業務取扱管理者は，当該営業所における旅行サービス手配業務に関し，その取引に係る取引条件の明確性，旅行に関するサービスの提供の確実性その他取引の公正，旅行の安全および旅行者の利便を確保するため必要な管理および監督に関する事務を行わなければならない（同条）。

　旅行サービス手配業を創設した背景には，ツアーバスによる事故が多発していることや，キックバックを前提とした土産物店への連れ回しや高額な商品購入の勧誘が横行していることが挙げられる。前者については，ツアーを主催した旅行会社と事故を起こしたバス会社とは直接的な取引関係にはなく，また，旅行者と旅行会社の間に複数の事業者（ランドオペレーター）が介在していたため責任の所在が曖昧となり，安全性が低下している実態が問題となった。

第15講　サービス業における法律問題2　仲介業　191

以上，仲介業に焦点を当てて，法規制や法律問題を説明した。企業取引は，取引する企業自らがその使用人や代理人を用いてなすのが通例ではあるが，実際には取引の種類・需給関係の変動などにより，企業自らが取引の相手方を探したり，接触したりすることが困難な場合が少なくない。仲介業の存在によって企業取引が円滑に進行していること，そのような仲介業に対してどのような規律がなぜ課されているのかについて理解してほしい。

【参考文献】
根田正樹『アプローチ商法』弘文堂，2014 年。
江頭憲治郎『商取引法（第 7 版)』弘文堂，2013 年。
藤田勝利ほか『現代商取引法』弘文堂，2011 年。

（鬼頭俊泰）

第３編

第16講

企業法務の意義

学修の要点

・企業法務の多義性について理解しよう。
・契約書のドラフティング，ブリーフィングの基本について理解しよう。
・企業法務マンとしての目線と外部の弁護士の目線の違いについて理解しよう。

第1節　企業法務の意義

1　はじめに

　本講は，第3編の導入として，企業法務とはどのようなものかについて，総論的考察を行う。企業法務は，企業が直面するありとあらゆる法的事象を扱うものであるので，一口で説明することはできない。そのうちの重要なものについては，第17講以下で取り上げ，説明をしているので，詳しくは，それらをみていただきたい。ただ，なんといっても基本は，企業が締結する「契約書」を読みこなすことができることであろう。第2編で取り扱うさまざまなトピックは，いずれも「契約」を介して企業と関わり，それが企業の「ビジネス」活動となるからである。つまり，本講は，「企業法務」というキーワードで，第2編と本編との橋渡しをしようとするものである。

2　さまざまな企業法務

　出発点として，企業法務の意義につき，確認しておく。前述のとおり，企業法務とは，企業が直面するありとあらゆる法的事象の総体である。その全部を

194

1人の手で取り扱うことは到底不可能だから，人はそれぞれ企業法務の断片についてしか経験することはできない。結果として，人ごとに企業法務として意味するものが変わってくる（たとえば，弁護士が企業法務を専門として掲げる場合，もっぱら法人を得意先として仕事をしているという意味で「企業法務」という概念を用いており，その概念は，企業の法務部員が考える「企業法務」とは異なっている。他方，企業も，業種によってさまざまであり，業種ごとに多様な「企業法務」が存在しうる）たとえば，モノを造る製造業における「企業法務」においては，モノの製造場面における法的問題が重視される等）。

　ただ，それらは，(1) 契約の締結に関する問題，(2) 契約の後始末に関する問題，(3)（契約締結の主体である）組織の運営に関する問題，(4) その他に大別することができる。このうち (1) の大部分は，前編で取り扱ったし，(2) は，第22〜24講，第27講，第28講で，(3) は，第17〜21講で，(4) は第25講，第26講，第29講，第30講で，それぞれ取り扱う（もちろん内容の出入り・重複はある）。

　これらのうち，基本は何といっても (1) である。契約書をゼロから起案することは，かなり年季がいる作業だが，幸いにして各企業においては，従前からの蓄積があり，各企業，業種ごとに契約書の「雛形」がある。法務に携わる者の最低限の能力として，「雛形」をアレンジして，契約書を起案（ドラフティングという）できるようになること，示された契約書を企業のニーズに応じてチェック（ブリーフィングという）できるようになることが，必要とされる。

▶第2節　契約書のドラフティングとブリーフィング

1　具体例での検討1（甲製品の買受契約）

1−1　売買契約の検討

　大学と異なり，ビジネスの現場は「各論の集積」であり，総論的，抽象的なことを論じても仕方がない。具体例で考えてみよう（【Case 1】）。諸君は，A株式会社の法務部担当者（法務マン）であるとする。

【Case 1】　A株式会社は，B国のC株式会社から，C製造にかかる製品甲を買い受けるべく契約を締結したい。なお，A株式会社は，多国籍大企業であ

り，製品甲を全世界から買い入れている。他方 C 株式会社は，いわゆる中小会社である。A 株式会社としては，今回，納期を最優先に考えている。

【Case 1】における AC 間の契約は，売買契約である（民法 555 条）。売買とは，要はモノとお金とを交換する契約のことであり，売主は，買主に引き渡したモノ（目的物：この場合には製品甲）が種類，品質または数量に関して契約の内容に適合することにつき，責任を負う（民法 562 条以下）。

一般的にいうならば，売主の負担や責任を強くすればする程，当該契約は，買主である「A 株式会社のためになる」といってよい。弁護士が，A 株式会社から依頼され，契約書のドラフティング，ブリーフィングを行う場合，もっぱらそのような観点から作業を行う。

1−2　法務マンとしての視点

しかし，A 株式会社の法務マンとしては，それだけでは足りない。契約書が「強いこと」は，法務マンとしては，考慮すべきファクターの 1 つに過ぎず，もっと，「経営全般」を考えた判断を行う必要がある。

【Case 1】において，A 株式会社は多国籍大企業であり，製品甲は，C 以外からも買い入れている。そして，A としては，「納期」を最優先に考えている。この場合，製品甲の品質については，個別に C に契約上の責任を負担させるよりも，むしろ製品甲を大量に取り扱っている A が保険をかけて，生じうる損害に関するリスクをカバーした上で，むしろ C には早期の納品を促したほうが，結果として，A の利益になりうる可能性がある。法務マンとしては，以上のファクターを総合考慮したうえで，相対的に「強い」契約書になるようドラフティング・ブリーフィングに励むことが必要とされるのであろう。

2　具体例での検討2（スポーツジム経営のためのビルの借受契約）

2−1　賃貸借契約の検討

続いて，売買と並び典型的な契約である賃貸借契約に関する事案についてみてみる。

【Case 2】 Ｄ株式会社は，乙駅周辺において，新たにスポーツジムを事業として展開したいと考えている。幸いにして，Ｅ株式会社が保有する手ごろな物件（丙ビル）がみつかったので，丙ビルの一区画を借り受けようと思っている。乙駅周辺の再開発の状況等諸般の事情に鑑み，スポーツジム事業は５年ごとに見直しを予定している。Ｄ株式会社は，Ｅ株式会社とビルの一区画の借り受けについて，交渉を始めた。

　ビルの一区画を賃料を支払って借り受けるわけであるから，かかる契約は，民法上の賃貸借契約である（民法601条）。最低限必要なのは，①借り受ける物件の特定，②賃貸期間および③賃料（関連して，共益費および税についての規定も必要とされる）である。後2者は，後でもう一度検討する。

　法務マンとしては，スポーツジム事業という特性を配慮して，さらに，④物件の（スポーツジムにするための）工事に関する事項を検討しなければならないし，⑤その反対形象として，物件返還時における修繕についても，条項を考えなければならない。また，物件の借り受けに当たっては，貸主（Ｅ株式会社）に対し，相当額の保証金（居住用家屋の賃貸借において敷金に相当するもの）を差し入れる必要があるので，その保証金額とその返還および担保化に関する事項を取り決める必要がある（ＤはＥに対して保証金返還請求権を有することになる。賃貸借期間中，Ｄが，この保証金返還請求権を担保（質権）に入れることができるかにつき，ＤＥ間の契約書で取り決めをするのが通例である）。関連して，物件の破損に備え，⑥物件の保守・点検や，⑦保険への加入についても規定を置くことが望ましい。

　さらに，最近は，コンプライアンスの要請も厳しく，⑧契約に際し，相手方が「反社会的勢力」ではないことを約する旨の条項（いわゆる「反社条項」）を置くことも必要とされている。

２−２　「経営」に対する法務マンとしての感覚

　ここまでは，一般的な契約書のドラフティング，ブリーフィングの話である。外部の弁護士ではなく，Ｄ株式会社に属する法務マンが行う場合，Ｄの「経営」を踏まえて，契約書のドラフティング，ブリーフィングがなされなければなら

ない。

　一般的な居住用の家屋の賃貸借であれば，できる限り長くすみ続けたいと考えるのが一般である。しかし，【Case 2】の場合はそうではない。前述のとおり，D株式会社は，本件スポーツジム事業を，乙駅周辺の開発状況等「諸般の事情」に鑑み，臨機応変に対応すべく，5年後との見直しを考えている。Dとしては，乙駅周辺の開発がうまく行かなかった場合にサクッと撤退できること，丙ビルよりも良い条件の物件がみつかった場合，すぐに移転できることが必要なのである。つまり，企業の経営にとっては，「選択肢」（オプション）が多いことが重要であり，「撤退」もそのオプションの中に含まれるのである。

　以上のことを考慮すれば，D株式会社の法務マンとしては，本件賃貸借契約を，5年間の定期賃貸借契約（賃貸借契約の更新を予定しない契約）として起案し，相手方（E株式会社）に呈示するということになろう（②）。そして，定期賃貸借の期間が何年かは，家賃（③）に影響を与えることになろう（定期賃貸借契約である場合には，本契約書とは別に定期賃貸借であることを明らかにする書面を取り交わす必要がある（最判平24・9・13民集66・9・3263））。

▶第3節　和文の契約書と英文契約書

1　はじめに

　法務マンとしては，第2節で述べた留意点を，契約書のフォーマットに落とし込まなければならない。その際，契約書が和文（日本語でかかれたもの）だけでなく，英文で書かれたものについても，取り扱える必要がある。グローバル化した社会において，取引先は，日本国内だけとは限らないからである。ただ，和文の契約書と英文で書かれたものとの間では，ずいぶんと違いがある。その違いは，言語の違いにとどまらず，背景的な「ものの考え方」によるところが大きい。法務マンとしては，その背景をも理解しつつ，適切なフォーマットを用意し，適宜アレンジしていかなければならない。

2　和文の契約書の例

　和文の契約書としては，【Case 2】に関連するものとして，下記のようなものがある（【Case 3】）。【Case 2】の説明を読んだ上で，民法の賃貸借の条文，借地

198

借家法の条文を眺めながら，まずは読んでほしい（なお，契約書では一方当事者を甲，他方当事者を乙と定義することが多い）。

【Case 3】

定期建物賃貸借契約書

　賃貸人　Ｅ株式会社（以下「甲」という。）は賃借人Ｄ株式会社（以下「乙」という。）に対し，下記第2条記載の建物（以下「本件建物」という。）のうちの，5階部分（以下「本物件」という。）を，賃貸するについて，次条以下の約定により借地借家法第39条に規定する定期建物賃貸借契約（以下「本契約」という。）を締結する。

第1条（使用目的）

1　甲は，本物件をスポーツジム店舗及びその関連業務に必要な店舗として使用する目的で乙に賃貸し，乙はこの目的でこれを賃借する。

2　甲は，本物件の壁面等に乙の商号・名称及び商標等を表示又は掲示することを許可するものとする。但し，ビル外観上の制限及び景観等については甲・乙協議するものとする。

第2条（本物件の表示）

本件建物及び本物件の所在地・構造・面積等は以下のとおりとする。

《本件建物》

所在　（略）構造　（略）

第3条（工事範囲）

本物件の工事範囲については，本契約に添付する工事区分表に基づき，乙工事は乙がその責任と費用で施工するものとする。尚，乙が施工する工事については，乙はあらかじめその設計図，仕様書等を甲に提出し，文書による甲の承諾を得た後，施工するものとする。

第4条（賃貸借期間）

1　賃貸借期間は，本物件引渡し（乙の内装工事着工時）の令和○○年○○月○○日（以下「引渡日」という。）から令和○○年○○月○○日までの○年間とする。

但し，本項に定める引渡日までに本物件の引渡しが完了しない場合には，甲・乙協議により新たな引渡日を決定するものとし，賃貸借期間は新たに決

定された引渡日より〇年間とする。

2　本契約は期間満了により終了し，更新のないものとする。但し，甲及び乙は本契約の期間満了の〇ヶ月前までに協議の上，合意した場合は新たに期間満了日の翌日を賃貸借開始日とする定期建物賃貸借契約書を取り交わし，新たな賃貸借契約をすることができる。

3　（略）

第5条（賃料・共益費）

1　賃料は，月額金〇〇〇〇円也（消費税別途）とする。但し，賃貸借開始時（内装工事着工時）から第1条第1項に定める店舗開店時までの賃料は，月額金〇〇〇〇円也（消費税別途）とする。尚，共益費及び看板掲出費は賃料に含まれるものとする。

2　（略）

3　乙は，毎月末日迄に，その翌月分の賃料を下記預金口座に振り込む方法により支払うものとし，その振込み手数料は乙の負担とする。尚，賃貸借開始月の賃料については，賃貸借開始後速やかに同様の方法により支払うものとする。

《振込預金口座》　（略）

第6条（保証金）

1　本契約の保証金は金〇〇〇〇円也とし，本契約書締結時に金〇〇〇〇円也を甲に預け入れる。尚，保証金には利息を付さないものとする。

2　（略）

第7条（引渡し）

1　甲は，第4条に定める引渡日までに本物件を乙に引き渡すものとする。

2　甲は，引渡日までに本物件の引渡しが困難であることが判明したときには，速やかに乙宛にその旨通知するとともに，新たな引渡日を乙と協議の上，決定するものとする。

第8条（保証金の返還）

甲は，本契約が終了し，乙の本物件の明け渡しが完了した後，〇週間以内に受領済み保証金〇〇〇〇円也から，賃料1ヶ月分（金〇〇〇〇円也）の償却費（消費税別途）及び，未払賃料・損害賠償債務等，乙の甲に対して負う一切の債務を控除した残額を乙に返還する。

第9条（本契約終了時の処置）

1　期間満了・解約・解除・その他の事由により本契約が終了したときは，乙は甲・乙間で合意した明け渡し期限又は甲・乙間で合意できない場合は，甲が指定した期限（以下まとめて「明渡期限」という。）までに，本物件内に乙が設置した，内装・設備・備品等（以下「物品」という。）を，自己の責任と費用をもって撤去し，原状に復した上で，本物件を甲に返還する。

2　（略）

第10条（損害保険の付加）

1　甲は，本物件につき損害保険契約を付保するものとする。

2　乙は，本物件内の物品について損害保険契約を付保するものとする。

第11条（保守）

1　乙は，本物件を善良な管理者の注意をもって使用しなければならない。

2　本物件に，甲が修繕し又は災害予防措置を取るべき箇所が生じたときは，乙は速やかに，これを甲に通知しなければならない。

第12条（本物件等の修復義務）

1　乙の責に帰すべき事由により，本物件の全部又は一部が滅失・毀損・焼失したときは，乙は甲に生じた損害を賠償する。

2　甲の責に帰すべき事由により，本物件の全部又は一部が滅失・毀損・焼失したときは，甲は自費をもって本物件を原状に回復するものとする。この場合，乙に損害が発生したときには，甲は，甲の責に帰すべき行為と相当因果関係のある，乙に生じた損害について賠償する。

第13条（本物件の所有権の譲渡）（略）

第14条（無断賃借権の譲渡・転貸の禁止）（略）

第15条（保守・修繕の負担）（略）

第16条（公租公課）（略）

第17条（契約期間中の中途解約）（略）

第18条（通知義務）（略）

第19条（契約の解除）

1　乙において，次のいずれか一つに該当する事態が生じた場合，甲は乙に相当の期間を定めた催告をし，同期間内に当該事由を解消しないときは，本契約を解除することができるものとする。

（1）　乙が賃料の支払いを通算して2ヶ月分以上怠った時。

（2）　本契約の各条項に違反した時。

2　（略）

第20条（反社会的勢力）

本契約において「反社会的勢力」とは，以下の者を意味するものとする。①暴力団員による不当な行為の防止等に関する法律第2条に規定する暴力団，暴力団員又はこれに準ずる者。

②暴力団構成員（暴力団員以外の，暴力団と関係を有するものであって，暴力団の威力を背景に暴力的不法行為等を行うおそれがあるもの，又は暴力団若しくは暴力団員に対し，資金，武器等の供給を行うなど暴力団の維持若しくは運営に協力し，若しくは関与する者）

③総会屋等（総会屋，会社ゴロ等企業等を対象に不正な利益を求めて暴力的不法行為等を行うおそれがあり，市民生活の安全に脅威を与える者）

④特殊知能暴力団等（前各号に掲げる者以外の，暴力団との関係を背景にその威力を用い，又は暴力団との資金的なつながりを有し，構造的な不正の中核となっている集団又は個人）

第21条（立入権）　（略）

第22条（報告等）　（略）

第23条（管轄裁判所）（略）

第24条（規定外事項）

本契約に定めのない事項及び契約条項の解釈に疑義が生じたときには，法令，慣習に従い，甲・乙速やかに誠意を持って協議しその解決にあたるものとする。

　　以上，本契約締結の証として本書2通を作成し，署名，捺印後各1通を保有するものとする。

3　英文契約書の例

3−1　英文契約書の前文のひな形

　次に，英文契約書についてみてみよう（【Case 4】，杉浦保友・菅原貴与志・松嶋隆弘編『英文契約書の法実務─ドラフティング技法と解説─』2012年，42頁）。英

文契約は，大変長いので，冒頭の前文の部分と最後の部分のみ掲げてある（なお，ひな形の中の WITNESSETH は，witness（証する）という動詞の 3 人称単数現在の古い形である。主に法律英語で使われる）。

【Case 4】
（表題）
SHARE PURCHASE AGREEMENT
（頭書）
THIS AGREEMENT (this "Agreement") made and entered into as of this 1st day of September, [20XX] by and between Ashi-Shobo Ltd., a company organized and existing under the laws of the Isle of Man, having its registered place of business at 4a James Street, London, UK, AB88 2IQ ("Purchaser"), and Tanaka CO. Ltd., a company organized and existing under the laws of Japan, having its registered place of business at 20-8 Kanda-cho, Minato-ku, Tokyo, Japan ("Seller")
（前文）
WITNESSETH THAT
WHEREAS, Seller owns the issued shares of itself; and WHEREAS, Purchaser desires to purchase, and Seller desires to sell, the Shares on the terms and conditions set forth below
NOW, THEREFORE, in consideration of the premises and the mutual covenants and agreement contained herein, it is hereby agreed upon by and between parties as follows:
（以下，本文の各条項）
Article 1 （内容省略）
〜
Article ○
（締めくくり文言）
IN WITNESS WHEREOF, the parties hereto have executed this Agreement as of the date first above written.
（For and on behalf of）　　　　（For and on behalf of）

第 16 講　企業法務の意義　203

Ashi-Shobo Ltd.	Tanaka CO. Ltd.
By	By

3−2　長さの違い―契約書の背後にある考え方の違い―

　【Case 4】は，ある英文契約書の「前文」の部分のみを抜き出したものである。【Case 3】において前文に相当するものは，【Case 3】で下線を引いた部分のみであるので，いかに英文契約書が「長い」ものであるかがわかるであろう。

　英文契約書に比べ，和文契約書は短い。短いということは，隙間だらけであるということである。それを典型的に示すのが，【Case 3】の第 24 条（規定外事項）である。契約書に書いていないことで，後日トラブルが生じたら，契約当事者間で，誠意を持って協議し解決することとされている。ここには，契約当事者間の「善意」が想定されている。性善説的発想といえる。

　他方，英文契約書が長いのは，できる限り「隙間」を生じさせず，予めすべて書き尽くしておこうという発想からである。後日の「誠意」など期待しないという点では，性悪説的発想といってよいのかもしれない。【Case 3】の第 24 条に「対応」（相応ではない）する条文は，英文だと，完全合意条項（Entire Agreement Clause）という。典型的には，下記のようなものである（【Case 5】，松嶋隆弘・熊木秀行『完全合意条項に関する一考察―法言語比較の立場から―』政経研究 49 巻 3 号，2013 年，670 頁）。【Case 3】の第 24 条とは逆に，書きたいことは契約書に書きつくしてあり，書かれていないことは存在しないということになる。言い換えれば，予めすべてが書き尽くされている英文契約書の立場からすると，書かれていることを書かれているとおりに履行することこそが誠意であるということになろう。

【Case 5】完全合意条項

This Agreement <u>shall</u> set forth the entire understanding and agreement between the parties as to the matters covered herein, and supersede and replace any prior undertaking, statement of intent or memorandum of understanding, in each case, written or oral.

（試訳：本契約は，本契約で取り扱われた事項に関する当事者間のすべての了解と合意を規定するものであり，書面または口頭であろうと，従前の一切

の了解，意図の表明，覚書に優先し，それらに取って代わるものである。）

　契約書のドラフティング，ブリーフィングに当たっては，このような，契約書の背景をなす「ものの考え方」についても，留意する必要がある。

3-3　英文契約書の構造

　続いて，【Case 4】【Case 5】に関して，次の3点を指摘しておきたい。

　①法律英語では，比較的古い英語が，意識的に用いられる。たとえば，【Case 5】における shall は，日常会話では，shall we ～？ という構文でしか用いられない。ここでは，「～ものとする」という規範的意味を示す助動詞である。

　②前文（【Case 4】）は，網掛部分のみをみると，「THIS AGREEMENT（主語）」＋「WITNESSETH」（述語）＋ That（接続詞）であり，英文法である「S+V+that」構文になっている。末尾の「IN WITNESS WHEREOF」は，全体にかかる修飾語である。つまり，英文契約書は，全体として，長い長い一文の「S+V+that」構文として書き表されているのである。

　③最後に，前文の部分の英語（「S+V+that」構文）は，助動詞が用いられず，単なる3人称単数現在の構文であるが，個々の条文（Article）は，たとえば【Case 5】のように「助動詞」（shall）が用いられ，規範的意味が持たされている。つまり，前文は，本文の各条項と異なり，法規範性がないということが，文法的に示されているのである（前文は，法規範性を示すのではなく，解釈の指針となることを企図して書かれている。ちなみに，一義的であるべき定義規定についても，助動詞は用いられてはならない）。

3-4　法務マンに求められる英語力とは

　このように小難しいことを述べてきたが，長い英文契約書も，意外と「ロジカル」にできていることが理解できよう。したがって，回数を重ね，経験をつめば，「英語はできなくても，英文契約書は読める」という状態になりうるのである。

　もちろん，ネイティブ・スピーカーではないので，パーフェクトな英語使いにはなれない。しかし，法務マンとしては，目前の法務の事象を取り扱うための手段に過ぎないのだから，さしあたりそれでかまわない。幸いにして，ゼロ

第16講　企業法務の意義　205

から英文契約書を作る必要はなく，多くの場合，各社ごとに既存の「フォーマット」が用意されている。それをパズルのようにアレンジする能力が求められているのである。

第4節　法務部と外部の弁護士との共闘—法務企業部が得意なこと，苦手なこと—

1　法務マンが得意なこと

　最後に，外部の弁護士と比較し，法務企業部が得意なこと，苦手なことを示しておこう。

　①前述のとおり，企業内部に所属する法務マンは，企業経営ということを意識した法的判断をなしうる。

　②また，企業の内部にいるので，企業の営業部門や他の管理部門等との連携も比較的得意といってよいであろう。

　③関連して，内部者であるがゆえに，当該企業の内部情報についても，外部の弁護士に比べ格段に精通しており，情報も速く入って来よう。

2　法務マンが苦手なこと

　しかしそれらは，苦手なことと裏腹である。

　①当該法的事象が「裁判」（第27講参照）になると，法曹資格がないのが通例の法務マンには，そもそも訴訟代理権がなく，外部の弁護士に任せざるを得ない。近時は，法務部内で弁護士を雇用する例がある（インハウス・ロイヤー）。しかし裁判も経験知がものをいう職人芸の世界なので，訴訟対応という点では，外部の弁護士の方が，優れているといってよい。

　②また，法的事象が刑事事件（第29講参照），倒産事件（第30講参照）となると，もっぱら法的判断が重要になるので，外部の弁護士に任せざるを得ない。

　結局，企業法務において内部の法務マンと外部の弁護士とは，背反する関係にはなく，両者が相補うべき関係にあるといえよう。

【参考文献】

杉浦保友・菅原貴与志・松嶋隆弘編『英文契約書の法実務―ドラフティング技法
と解説―』三協法規出版, 2012 年。

（松嶋隆弘）

第17講

コンプライアンスとリスク管理

学修の要点

・会社経営においてはリスク管理が重要であることを理解しよう。
・最近とくに問題となっている個人情報保護の取り扱いに関するリスク管理
　を理解しよう。

第1節　総説—リスク管理の重要性—

1　リスク管理はなぜ重要なのか

　会社経営にはリスクはつきものというが，リスク管理がうまくいかないと会社にとっては一大事になる。たとえば，認可されていない食品添加物を使って食品を製造・販売した結果，大規模食中毒事件を起こした会社を想定しよう。食中毒被害者に対し莫大な損害賠償額を支払わなければならないことは当然であるが，それとともに，「食中毒を出した会社」とのレッテルが貼られ，それが原因で消費者は物を買わず，仕入れ業者は原材料を納入することをやめ，銀行からは融資を得られなくなるなど，さまざまな会社との取引関係が一挙に止まる。その結果，会社はレッテルを剝がすために必死にならざるを得ず，そのレッテルを剝がせないため，結局会社を潰さざるを得ない状況に追い込まれる可能性も生じる。

　かつて，大手通販会社の従業員が顧客の個人情報を外部へ持ち出したことが発覚し個人情報保護の観点から大問題となったことがある。その際，社長が直ちに記者会見を開き謝罪し，1カ月以上もの期間，会社の業務を停止し，CM

208

ほか広告活動，テレビ通販番組の放送を一切やめ，その代わりに個人情報保護体制の万全な整備を構築した。その結果，レッテルは見事に剝がれ，その後は以前にも増して社長が陣頭指揮を執り通販事業を拡大している（現在，社長は退任している）。このように，リスクを引き起こさないとの観点が重要であることは当然だが，それとともに顕在化したリスクをどのようにコントロールするかも，重要な観点なのである。

2　会社法ではリスク管理をどのように規定しているか

2005 年に制定された会社法では，法令定款遵守（コンプライアンス）体制，リスク管理体制などに関する内部統制システムの基本方針の決定は，個々の取締役に委ねることがなく，取締役会非設置会社のときには取締役全員の会議で，取締役会設置会社のときには取締役会で，それぞれ決定し（会社法 348 条 3 項 4 号・362 条 4 項 6 号），しかも，大会社である取締役会設置会社や監査等委員会設置会社，指名委員会等設置会社ではその決定が取締役会に義務付けられている（会社法 362 条 5 項・399 条の 13 第 1 項 1 号ハ 2 項・416 条 1 項ホ 2 項）。

このような会社経営に関するリスクにつき，最近とりわけ話題となっているのは個人情報保護であろう。コンプライアンス担当役員に個人情報保護管理者を兼任させることが多く，個人情報保護がコンプライアンスの重要な地位を占めていることが理解できる。

社内の個人情報の大量漏えい事件が頻発しており，この漏えいにより被害者に深刻な被害が生じている案件も少なくない。

よって，本講では個人情報保護に焦点を当てて，会社のリスク管理を説明する。

▶ 第2節　個人情報保護法の概要

1　想定される事例

通信販売会社を例にとろう。通販会社は遠隔地に居住している顧客から電話やメールなどで注文を取り，会社が管理している物品を顧客へ送り，銀行振込やクレジット・カードなどを利用して代金回収を図る。その際，会社は顧客から，氏名・住所・電話番号・メールアドレスといった，顧客個人を識別できる

情報を獲得できる。そして，次回からは，それら情報を利用して，新製品が掲載されているカタログやメールを送り，顧客の購入を促す。仮にこの個人情報が通販会社以外の者の手に渡ってしまうと，振り込め詐欺や恐喝など犯罪手段に利用されるかもしれないし，そこまでいかなくても，執拗な電話勧誘をしたり，ダイレクト・メールを送るなどしたりなど，迷惑行為に利用されるかもしれない（この本の読者の家にも，マンション経営とかプロバイダ・サービスの変更とか，変な勧誘電話がかかってくることがあるだろう）。

　よって，個人情報は会社がビジネスを行う有用な手段であるとともに，情報の内容となっている個人にとっては危険な存在でさえありうる。このような「個人情報の有用性」に配慮しつつも，個人情報の不適切な取扱いによるさまざまな「個人の権利利益」の侵害を未然に防止するため，個人情報を取り扱う際に守るべき適切なルールを定める法律が個人情報保護法なのである（個人情報保護法1条参照）。

2　個人情報保護法の名宛人は誰か

　個人情報保護法にはさまざまな義務が規定されている。それら義務を負うのはどのようなものだろうか。義務を負うことは不利益処分なので，事前に義務を負う相手，義務の内容が明らかにされ，それが相手に了解されない限り，義務を負わせること自体不合理なものとなろう。

　個人情報保護法に規定される義務を負う者を，「個人情報取扱事業者」という。これは，「個人情報データベース等」を事業の用に供している者であり，国・地方公共団体・独立行政法人以外の者をいう（個人情報保護法2条5項）。

　まず，「個人情報保護データベース等」とは，「個人情報」を検索することができるように体系的に構成したものをいう（個人情報保護法2条4項）。通販会社では，顧客から入手した個人情報を，次回の顧客の購入を促すために，パソコンなどを使って50音順，地域別，購入履歴などのインデックスを付して整理を行っており，これがここでいう，個人情報を体系的に構成したものを指す。個人情報を取り扱っている会社ならば，このような情報整理を行っていることが普通であり，それゆえ大概の会社は「個人情報取扱事業者」に該当するので，個人情報保護法に規定される義務を負うこととなる。

　また，国・地方公共団体・独立行政法人が除外されている理由は，行政機関

個人情報保護法，独立行政法人等個人情報保護法といったように，それぞれ適用される法律がほかにあるからである。

3　個人情報保護法の適用対象となる情報はどのようなものか

3−1　総説

個人情報保護法は，個人情報取扱業者に取扱情報の種類に応じさまざまな義務を課している。具体的には，「個人情報」「個人データ」「保有個人データ」の3種類に分けており，さらに2015年改正により「要配慮個人情報」「匿名加工情報」の2種類を追加し，それぞれの情報を取り扱う際の義務を規定している。

3−2　「個人情報」についてどのような義務を負うのか

通販会社は顧客から注文を取るなどしたとき，顧客の氏名・住所・電話番号などの情報を取得する。このような特定の個人を識別できる情報のことを「個人情報」という（個人情報保護法2条1項）。

「個人情報」に関しては，以下のようなことが義務づけられる。①個人情報の利用目的を可能な限り特定しなければならない（個人情報保護法15条），②利用目的の達成に必要な範囲内で取扱わなければならない（個人情報保護法16条），③不正な手段によって取得してはならない（個人情報保護法17条1項），④取得する際に利用目的を通知・公表しなければならない（個人情報保護法18条）。

3−3　「個人データ」についてどのような義務を負うのか

「個人情報取扱事業者」の定義でも説明したとおり，通販会社は，顧客から入手した個人情報を，次回の顧客の購入を促すために，パソコンなどを使って50音順，地域別，購入履歴などのインデックスを付して整理を行う。このような，「個人情報」を検索することができるように体系的に構成したものを「個人情報データベース等」といい（個人情報保護法2条4項），これを構成する個人情報を「個人データ」という（個人情報保護法2条6項）。

「個人データ」に関しては，以下のようなことが義務づけられる。①「個人データ」を正確かつ最新の内容として維持し，もしも不要になったら遅滞なく消去するように努力しなければならない（個人情報保護法19条：努力義務である），②漏えい・減失・毀損の防止その他安全管理のために必要・適切な措置を

第17講　コンプライアンスとリスク管理　211

講じなければならない（個人情報保護法20条），③本人の同意を得ずに第三者へ提供してはならない（個人情報保護法23条），④個人データの提供を受けたとき，あるいは，相手に提供をしたときに，その提供に関する記録を作成し保存しなければならない（個人情報保護法25条・26条）。

「コンプライアンスとリスク管理」の観点からすると，②の義務が重要であるから，項を改めて説明することとしたい。

3-4 「保有個人データ」についてどのような義務を負うのか

通販会社は，インデックスを付して整理を行った「個人データ」を次回の顧客の購入を促すために利用するから，当然にある程度の長期利用を予定している。個人情報保護法では6カ月という区切りを設定して，6カ月を超えて継続利用することが予定されている「個人データ」のことを「保有個人データ」という（個人情報保護法2条7項，個人情報保護施行令5条）。

「保有個人データ」に関しては，以下のようなことが義務づけられる。①個人情報取扱事業者の氏名・名称・データの利用目的に関する事項を公表しなければならない（個人情報保護法27条1項），②いわゆる「本人関与」と呼ばれることをしなければならない（個人情報保護法27条2項～34条）。ここでいう「本人関与」とは，本人は個人情報取扱事業者に対し，「保有個人データ」の利用目的につき利用目的の通知を求めることができ，「保有個人データ」を開示し，これが真実ではないときにはその内容の訂正・追加・削除，利用停止，を請求することができ，原則的に事業者はこれに応じなければならない。

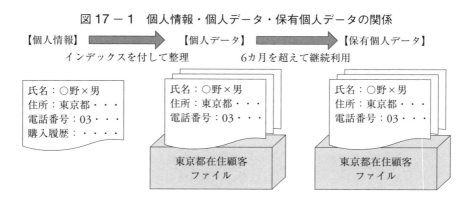

図17-1　個人情報・個人データ・保有個人データの関係

3－5 「要配慮個人情報」についてどのような義務を負うのか

　通販会社が入手する情報の中には，特定個人に対する不当な差別，偏見を生じさせるような情報が入るかもしれない。このような，本人の人種，信条，社会的身分，病歴，犯罪の経歴，犯罪被害の事実，その他本人に対する不当な差別，偏見その他の不利益が生じないように取扱いにとくに配慮を要するような個人情報のことを「要配慮個人情報」という（個人情報保護法2条3項）。

　「要配慮個人情報」を取得するには本人の事前同意が必要である（個人情報保護法17条2項）。

3－6 「匿名加工情報」についてどのような義務を負うのか

　通販会社が有している特定個人の情報を大量集積し，より抽象化し，ビッグ・データ化することにより，季節，事件・ブーム発生など，さまざまな出来事が起きた後の顧客の需要の傾向を知ることができ，それが新たな販売戦略につながる。このように加工された情報は，「個人情報」などとは異なり，個人を識別できるものではない。しかし，このような情報であっても，他の情報を照合することにより個人識別が可能になることもあり，やはり，それが悪用されるおそれも否定できない。そこで，特定の個人を識別することができないように個人情報を加工して得られる個人に関する情報であり，個人情報を復元することができないものを「匿名加工情報」といい（個人情報保護法2条9項），これについても個人情報保護法は取り扱う者に対し特別の義務を課している。

　「匿名加工情報」に関しては，以下のようなことが義務づけられる。①加工をする際には個人情報に復元できないような加工を施さなければならない（個人情報保護法36条），②情報を第三者へ提供するときにはその情報項目と提供方法について公表しなければならない（個人情報保護法37条），③加工された方法に関する情報を取得したり，他の個人情報と照合することをしたりなど，加工された情報から個人を識別することはしてはならない（個人情報保護法38条），④情報の適正取扱いのために必要な措置をとり，その措置内容を公表しなければならない（個人情報保護法39条）。

3－7 「個人データ」に関するコンプライアンスとリスク管理

　3－3で述べたとおり，「個人データ」については，漏えい・滅失・毀損の防

表 17 - 1　各情報と各義務の内容

情報の種類	個人情報	個人データ	保有個人データ	要配慮個人情報	匿名加工情報
定義	特定個人を識別できる情報	検索の便宜のため体系的に構成した「個人情報」である「個人情報データベース等」を構成する個人情報	6カ月を超えて継続利用する「個人データ」	本人に対する不当な差別・偏見などが生じないようにとくに配慮を要する「個人情報」	特定個人を識別できないように加工され，個人情報に復元することができない者
義務の内容	①利用目的の可能な限りの特定 ②利用目的の達成に必要な範囲内での取扱い ③不正な手段による取得の禁止 ④取得の際の利用目的の通知・公表	①正確・最新の内容の維持，不要時には遅滞なく消去するように努力 ②安全管理のために必要・適切な措置 ③本人の同意なき第三者への提供 ④個人データ提供・収受に関する記録の作成・保存	①個人情報取扱事業者の氏名・名称・データの利用目的に関する事項の公表 ②いわゆる「本人関与」	取得の際に本人の事前同意を得る	①個人情報に復元できないような加工 ②情報の第三者への提供時に情報項目と提供方法について公表 ③加工情報から個人を識別することの禁止 ④情報の適正取扱いのための措置・措置内容の公表

　止その他安全管理のために必要・適切な措置を講じなければならないとされる。とすると，この「安全管理のために必要・適切な措置」とは何かが問題となる。
　漏えい・滅失・毀損は，大概，会社の従業員などによって行われる。たとえば，通販会社の従業者が「個人データ」を会社より不正に持ち出したり，あるいは，「個人データ」を入れた USB メモリーが入っているカバンを電車内に置き忘れたりするなどして，「個人データ」が外部に流出し，悪用される事態が生じかねない。紙媒体のデータとは異なり，電子データは大量の情報がポケットに納まり，簡単に持ち出せ，また紛失が容易に起きてしまう。そこで，それを

未然に防ぐためには，従業者等に対する監督が重要となる。

　そこで，安全管理のために必要・適切な措置につき，ビジネス的に問題となるのは従業者に対する監督である（個人情報保護法21条）。ここでいう「従業者」とは，個人情報取扱事業者の組織内で直接間接に事業者の指揮監督を受けて事業者の業務に従事する者をいう。ここでいう「従業者」とは，雇用関係にある従業員（正社員，アルバイト，パートタイマー等）のみならず，会社役員（取締役，執行役等）や派遣労働者も含めたものである。ここでいう「必要・適切な措置」とは，個人データを取り扱う事業者に対する教育・研修活動などを意味している。

　従業者に対し，個人情報保護は重要であること，電子データは簡単に漏えい等が可能であること，漏えい等が起きてしまう具体的な事例，そして，漏えい等を防止する具体的手段，これらのことを教育・研修活動により従業者に叩き込み，漏えい等を生じさせないための安全管理を徹底させることを目指すのである。

　また，安全管理のために必要・適切な措置につき，委託者に対する監督も，ビジネス的には重要である（個人情報保護法22条）。現在の企業においては，経営合理化などの理由で経営のアウトソーシングが進んでおり，「個人データ」に関する業務も外部委託されていることが多い。その際，委託先の従業員により「個人データ」が不正利用されることも生じかねない。そこで，それを未然に防ぐために，委託先に対する監督も重要となる。委託先に対しても，従業者に対するものと同様に，教育・研修活動により，個人情報保護の重要性や漏えい等の防止の具体的手段を叩き込むこととなろう。

　これら措置は，「個人データ」の不正利用を全社的に，そして，委託関係において，防止するための体制整備のために存在するのであるから，全社的な個人情報保護のリスク管理体制の構築の一環であろう。

▶ 第3節　企業の社会的責任とは

　企業はこの社会を構成する一要素であるので，社会の維持・発展に寄与することがある意味責務となっているといっても，差し支えないだろう。それならば，企業が社会に対してどのような寄与を果たすべきか。言い換えると，企業

の社会的責任とはどのようなものだろうか。

かつて，企業は営利（金儲け＋儲けの分配）を目的としている存在なのだから，企業の社会的責任は金儲けのみである，といわれたことがある。小難しくいうと，有限な社会的資源を利用し，さらなる付加価値を生み出すこと，それだけが企業の存在意義なのだという。確かにそれは一面では正しい。しかし，それだけで終わるのではない。第1節でも述べたとおり，企業が不祥事を働くと，社会全体にとっても，また，企業単体にとっても不利益な結論となる。すなわち，前者については，不祥事の結果，食中毒による健康被害を受けた消費者や，漏えいされた情報を悪用された個人は，幸せな生活を送れなくなる。企業が自分の金儲け目的で，他人を不幸にしてよいはずはない。また，後者については，不祥事を「やらかした」企業であるとのレッテルが貼られ，消費者関係・仕入先関係・融資関係など，さまざまな取引が打ち切られ物が売れなくなり，企業が商売をやっていくことができなくなり，その結果，企業単体にとってもマイナスとなるのである。以上からして，企業にとって，コンプライアンスは社会から求められている，すなわち，企業の社会的責任を果たす一手段なのである。

本書の以下の記述では，企業の組織・運営について規定される会社法のさまざまな制度紹介がなされる。これら条文の知識を十分に理解し，それを積極的に遵守しつつ営利活動を行うことが，企業人に求められた企業からの要請である。その点をしっかりと肝に銘じて会社法を学修してもらいたい。

【参考文献】

会社法の参考文献は他の講を参照のこと。以下にはコンプライアンス関連のもののみを挙げる。

岡村久道『個人情報保護法の知識（第4版）』日経文庫，日本経済新聞出版社，2017年。

高巌『コンプライアンスの知識（第3版）』日経文庫，日本経済新聞出版社，2017年。

中村直人編著『コンプライアンス・内部統制ハンドブック』商事法務，2017年。

日置巴美・板倉陽一郎『個人情報保護法のしくみ』商事法務，2017年。

（武田典浩）

第18講

ビジネスと企業組織 1
コーポレート・ガバナンス

学修の要点

・コーポレート・ガバナンスとは，何について議論するものなのかを学ぼう。
・日本企業はどのようなガバナンス制度を採用しているのかを学ぼう。

第1節　コーポレート・ガバナンスとは何か

1　「コーポレート・ガバナンス」という言葉の意味

　新聞を読んでいると，しばしば目にする謎の言葉がある。「コーポレート・ガバナンス」である。「企業統治」などと訳されることもあるが，結局のところ「コーポレート・ガバナンス」という言葉の意味を適切に表せている訳語とはいい難く，カタカナのまま（もしくはCGと略される）使われることが多い。

　このように訳語がうまく当てはめられない原因の1つとしては，コーポレート・ガバナンスという言葉が念頭に置いている社会問題や，問題への取り組み方が，国ごと時代ごとに異なりがちであるということがあげられるだろう。多様な意味を持つからこそ，1つの訳語を当てはめにくいのである。したがって，本講でも「コーポレート・ガバナンス」という言葉を使うことにする。

2　コーポレート・ガバナンスとは何か

　コーポレート・ガバナンスとはいったい何なのだろうか。

　まず，「コーポレート」というだけに企業を対象にした概念であることはわかる。しかも，通常は，上場している大企業のような経済的影響力の強い企業を

第18講　ビジネスと企業組織1　コーポレート・ガバナンス　217

対象とする。次に「ガバナンス」という言葉は，そのような大企業における「意思決定の仕組み」といった意味や，人を中心にして考えるのであれば「企業を取り巻くさまざまな関係者の企業への関わり方」といった意味を持つとされる。すなわち，「コーポレート・ガバナンス」とは，大企業の運営・管理のあり方について議論するための概念なのである。

　このようなコーポレート・ガバナンスの概念について，より具体的に論ずるときには，その国や時代が何を求めているのかという背景によって，中心となるテーマが異なってくる。たとえば，コーポレート・ガバナンスという概念が生まれたアメリカでは，不正会計等の不祥事や事件に対する対応としてコーポレート・ガバナンスの議論が発達していったという背景がある。したがって，経営や経営者の監視，すなわちモニタリング，という観点からコーポレート・ガバナンスが議論されることが多い。

　一方，アメリカからコーポレート・ガバナンスの概念が伝わったヨーロッパ諸国（とくにイギリス）では，経営者側の立場から，いかに経営陣が社外の利害関係者に対して説明責任（アカウンタビリティー）を果たすのかという文脈で議論がなされる傾向にある。

　それでは日本ではどうかというと，コーポレート・ガバナンスという概念が輸入されてきた1990年代は，監視・監督のあり方という論点で使われることが多かったが，バブル崩壊後の「失われた20年」と呼ばれた長い不景気の時代を背景に，やがて効率的な経営という文脈で語られることが多くなっていったようである。そして最近では，コーポレート・ガバナンスは学術上の専門的概念という枠を超え，国家として取り組むべきテーマとして強く認識されるようになった。国家の立場で語られる場面では，効率的な経営という側面が強調されているように思われる。これまでも，さまざまな形でコーポレート・ガバナンスの概念は日本の法律や経済に影響を与えてきたが，とくに最近ではその傾向が強い。たとえば2015年度は「コーポレート・ガバナンス元年（企業統治改革元年）」と呼ばれ，平成26年会社法改正が行われ，種々のコーポレート・ガバナンスに関する規則が誕生した。このような流れから，「コーポレート・ガバナンス」という言葉もいよいよ一般的に知られるようになったのである。

　以上のように，その国の抱えている問題や目的に合わせて，「コーポレート・ガバナンス」という言葉が指す内容が異なってきたことが分かるだろう。

第2節　日本におけるコーポレート・ガバナンスに関する議論

1　コーポレート・ガバナンスの議論の対象

　コーポレート・ガバナンスという言葉の意味については以上で述べたとおりだが，ここからは実際にコーポレート・ガバナンスの議論として何が対象とされてきたのかについてみていく。

　一般に，コーポレート・ガバナンスの議論の対象は，大きく2つに分けることができる。1つ目は，公開された大会社であり，株主が分散している会社において，会社内外の利害関係者（ステイクホルダーと呼ばれる）をどう位置づけるのかという問題である。たとえば株主が分散している会社では，株主一人一人の持分が相対的に少なくなり，会社への影響力が弱まるため，必然的に経営者に会社の主導権が渡りやすい。そうなると経営者は株主への配当を減らして，儲けを社内に溜め込む等，自らの利益を優先しがちになる。その結果，株主の利益と経営者の利益が対立してしまう危険がある。

　その他にも，会社は大きくなればなるほど周囲に及ぼす影響力が強くなるため，さまざまな利害関係者の利益についても配慮する必要がある。たとえば社外の債権者（銀行や社債権者），従業員，取引先，地域社会，関係する団体などである。これらの多様な関係者の多様な利害を，どう位置付けて分配すべきかについて議論し，また，実際に各国の制度はどのような分配になっているのかについて分析する。このような分析および議論が従来から盛んに行われてきた。言い換えると「会社は誰のものか」について考える議論である。

　2つ目にコーポレート・ガバナンスの議論の対象とされているのは，公開大会社において，最も経営の健全性を保ち，最高の経営の効率化を実現できる経営機構のあり方（つまりガバナンス制度）はどのようなものか，という議論である。この点については，コーポレート・ガバナンスという概念が誕生する前から，会社法の分野で議論されてきていたものであり，概念として目新しいものではないと指摘されることもあるが，前記の「会社は誰のものか」という視点と結び付けて論ずる点に意味があるといわれている。

　それではそれぞれの論点についてみていこう。

第18講　ビジネスと企業組織1　コーポレート・ガバナンス　219

2 会社は誰のものか

すでに述べたように，会社には沢山の利害関係人がいる。そして利害関係人はそれぞれ利害を抱えており，ときにはぶつかり合うこともある。そんなときに誰の利益を最大化するように調整すべきなのか考える必要がある。

日本の会社法をみると，会社の利益を分配したり，役員を選任・解任したり，役員の報酬を決定したり，年度毎の計算書類について承認をしたりと，お金・人・権力という最も重要な事項については，株主の集合体である株主総会で決めることになっている。つまり，会社法は株主の権利をとても強力に認めているのである。このことから，会社法は「会社は株主のものである」という考えに基づいて作られていることが分かる。言い換えれば，会社は株主の利益を最大化するように運営されるべきだという建前でできているといえる。

しかしながら，日本では社会的に「会社は一生懸命働いている従業員のものだ」という意識が強いといわれている。そして従業員から経営者になることが多いため，「会社は経営者のものだ」という意識もあろう。このような法の建前と現実との乖離が，従来の日本ではしばしば指摘されていた。とはいえ，近年ではどうなのかというと，若干状況は変わってきているようにも思われる。つまり，外国人株主や機関投資家（預かったお金で投資をして増やすことを仕事としている大口の投資家）の増加による圧力や，M&A（会社の買収や統合）の増加等の理由から，会社は株主の利益を最大化すべきであるという考えが徐々に世間一般に広がっているように見受けられる。これは多くの会社が配当による株主還元に力を入れる傾向にあることや，株主総会における「モノ言う株主」の増加等からも明らかである。

一方，アメリカでは，かつて「会社は経営者のものだ」という意識が強かった時代もあったものの，経営者による背信行為等が問題となった結果，現在では「会社は株主のものだ」という意識が法的にも社会的にも広く浸透している。

3 会社の経営機構のあり方を巡る議論

次に，日本において会社の経営機構のあり方（ガバナンス制度）に関する考え方が，どう変わってきたのかについてみてみよう。

日本がコーポレート・ガバナンスについて研究をし，アメリカ型のガバナンス制度を積極的に取り入れようとし始めたのは，バブルが崩壊した後1990年

代頃のことであった。それまでの日本は，戦後からバブルにかけて経済的には基本的に上り調子が続いており，とくにバブル期にはあまりに強い日本企業の経営について，世界中で学ぼうとする動きすらあった。このような状況下では，企業の不祥事が起きたとしても，対処療法的に法改正を重ねるのみで，従来の日本独自のガバナンス制度を大きく変更するようなことはなかった。しかし，バブル崩壊以降，以下に述べるさまざまな事象を背景に，日本は「経営の健全化」と「経営の効率化」という2つの目的を達成すべく，これまでの日本型ガバナンス制度の見直しを図り，さらに社会を取り巻く状況の変化への対応も含めて，大きな変革が求められるに至った。アメリカ型ガバナンス制度への舵取りである。その背景とは，①企業倒産や企業業績の悪化，②企業不祥事の続発，③グローバル化，④株主重視の社会的な傾向等である。以下で詳しく説明する。

3-1 バブル崩壊により崩れた日本型経営

　バブル崩壊を契機として生じた，①の企業倒産・企業業績の悪化や②の企業不祥事の続発という問題は，日本におけるコーポレート・ガバナンスの考え方に最も強く直接的な影響を及ぼした。つまり，かつては日本型経営としてもてはやされていたさまざまな制度が，バブル崩壊をきっかけにその形と評価を変えていき，より効率的かつより健全なガバナンスのあり方が模索されるようになったのである。その制度とは（a）メインバンク・システム，（b）株式の持合い，（c）執行と監督の未分離である。

　（a）メインバンク・システムは，債権者である銀行が同時に株主にもなることで，会社の内部事情を把握し，さらには内部から監督する制度である。これにより経営の監督機能が充実するという良い面もあったが，バブル崩壊以降は株価の下落からメインバンクの影響力が低下したり，そもそも株式の保有を維持できなくなったりし，求められていた監督機能を果たさなくなっていった。

　（b）株式の持合いとは，親しい関係にある企業同士がお互いに相手の株式を保有しあうことである。持ち合っている分の株式については，会社の（経営者の）意向に沿った議決権行使が期待できるため，安定株主として会社経営の安定に寄与していた。しかしながらこれは株主の権利を事実上形骸化させ，形だけの株主総会の原因ともなっていた。バブル崩壊以降は，株式の持合いは解消される傾向にある。

そして最後に，(c) 執行と監督の未分離である。従来の日本の商法には，監査役会設置会社（図18 - 1参照）という第3節1で後述するガバナンス制度のみが存在していた。監査役会設置会社において，理論はさておき事実上は，代表取締役や業務執行取締役が自ら経営の業務執行を行いつつ，同時に自ら経営の監督もするという制度になっていた。そしてさらに，日本型経営の特徴の1つである終身雇用制度の下，代表取締役および取締役の多くは，従業員がそのまま出世を重ねた結果到達する役職である上，人事権は代表取締役が実質的に握っているため，取締役は強く意見することができず，結果的に取締役の業務執行に対する監督機能はほとんど働かなかった。商法（会社法）は，取締役会による監督の他に，監査のプロフェッショナルである監査役が，代表取締役および取締役を厳しくチェックするよう求めているが，残念ながら監査役自体も従業員の上りポストとされ，また代表取締役が実質的に人事権を握っているため，ほぼ機能を果たしていない状況であった。

バブルが崩壊すると，実際に，チェック機能不全を理由とした不正会計等の不祥事が次々と明らかになり，大きな問題として取り上げられるようになった。同時に，バブル崩壊の煽りを受け，終身雇用制度も徐々に崩壊していった。

とはいえ，実のところ，従来の日本型ガバナンス制度のチェック機能の弱さについては，コーポレート・ガバナンス議論が日本に導入される以前から，何らかの企業の不祥事があるたびに問題となってはいた。そして監査役の機能強

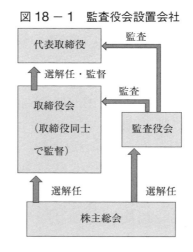

図18 - 1　監査役会設置会社

化および監査役の経営陣からの独立性確保の強化という方向での対処が行われ続けてきた。しかしながら，ほぼ限界まで監査役制度を強化してみたものの，それでも不祥事を防ぐことができなかったという反省から，従来の制度に少しずつ手を加えていくのではなく，アメリカの制度を模して作った全く新しい制度を日本に導入するという方向で議論が行われるようになっていったのである。

3-2　コーポレート・ガバナンスを取り巻く社会の変化

バブル崩壊後，前記のようにかつての日本型経営の特徴の多くが崩壊していったわけだが，その一方で企業をとりまく社会的な状況の変化も同時に起こっていた。

最も顕著な変化は本節3③グローバル化であろう。日本の上場企業の株式を買うのは，必ずしも日本人だけではなく，外国人や外国の機関投資家も日本の株式を多く保有するようになった。実際，2016年度の日本取引所グループによる株式分布状況調査によれば，外国法人等の株式保有比率は30.1％である（1997年度は13.4％）。このように，日本の企業に対する外国人株主の発言力や影響力は，かつてとは比べものにならないほど増している。

そして外国人株主や機関投資家は，日本独自のガバナンス制度よりも，世界的に評価が高く，かつ自ら馴染みのあるガバナンス制度を高く評価しがちであるため，アメリカ型ガバナンス制度の採用や社外取締役の強化への転換を求める圧力となった。

なお本節3④の株主重視の社会的な傾向については，第2節2「会社は誰のものか」で述べたとおりである。

▶ 第3節　日本の経営機構に関するさまざまな改正

日本企業の経営機構の形態は，伝統的に「監査役会設置会社」という形が取られてきた。しかし「第2節3-1　バブル崩壊により崩れた日本型経営」ですでに述べたように，監査役会設置会社における執行と監督が未分離という特徴と終身雇用制が絡み合い，結果的に取締役による監督も，監査役による監査も機能不全に陥りがちであった。さらにグローバル化による外部圧力の影響もあり，日本は，アメリカ型ガバナンス制度と類似の「指名委員会等設置会社」

第18講　ビジネスと企業組織1　コーポレート・ガバナンス　223

というガバナンス制度を，企業が選択的に採用することができるものとして導入した。しかしながら，この指名委員会等設置会社を採用する企業はほとんどなく，実質的に制度としては失敗したと評価されている。そこで，平成 26 年会社法改正により，「監査等委員会設置会社」という従来の日本型とアメリカ型の折衷型の制度が導入された。なお，2016 年 3 月 13 日現在で，東証上場会社の内，監査役会設置会社は 90.7％，指名委員会等設置会社は 2.0％，監査等委員会設置会社は 7.3％となっている。

1 従来の日本型ガバナンス制度─監査役会設置会社─

従来の日本型ガバナンス制度は，後述の他の 2 つの制度と区別すべく監査役会設置会社と呼ばれる。平成 14 年商法改正で指名委員会等設置会社が導入されるまでは，日本における唯一の制度であり，すべての会社が監査役会設置会社であった。

監査役会設置会社（図 18 - 1 参照）において，株主によって選ばれた取締役会は，経営の基本方針等の重要な業務執行を決定する。これを受け，代表取締役および業務執行を担当する取締役，そして会社の従業員らによって実際の業務執行が行われる。取締役らは他の取締役の業務執行が，法に反しているか否か（適法性のチェック），業務執行における判断は妥当であったか否か（妥当性のチェック）を監督する。そして，取締役会の外に位置する機関である監査役は，外部から取締役の職務執行が法に適っているのか監査する（適法性監査）。さらに監査役は，半数以上が社外監査役で独立性が高く，独自に強い調査権限を有するなど，多くの権限を有している。このように，理論上，取締役の業務執行へのチェック機能は，かなり充実したものになっている。

しかしながら，実際には，日本の取締役会の多くは業務執行取締役で占められているため，取締役として業務執行を行う者と，取締役として業務執行を監督する者がほぼ一体化しており，監督の実効性に問題があるとの指摘もある。この点は第 2 節 3 - 1 で説明したとおりである。また，監査役による監査についても，第一に監査役は適法性についてしか監査を行わないこと，第二に取締役会で議決権がないこと，第三に取締役と同様に代表取締役が人事権を握っているという点でも，実効性に疑問が呈されるところである。

2　日本へのアメリカ型ガバナンス制度の導入―指名委員会等設置会社―

指名委員会等設置会社（かつては「委員会等設置会社」もしくは「委員会設置会社」という名前だった）は，アメリカの上場会社の典型的なガバナンス構造を参考に，平成14年商法改正によって導入された比較的新しい制度である（図18-2参照）。

指名委員会等設置会社では，原則として取締役は業務の執行をすることができず（会社法415条），取締役会が選任する代表執行役およびその他の執行役が，業務の執行および取締役会から委任された業務執行の決定を行う（会社法418条）。また，過半数を社外取締役が占める3つの委員会（指名委員会，監査委員会，報酬委員会）を，取締役会の中に置かねばならない。これらの委員会には，会社経営の適法性・効率性の根幹に関わる意思決定が託されている。つまり，指名委員会は取締役候補者を選び，監査委員会は業務執行の監査を行い，報酬委員会は取締役と執行役の報酬を決める。

しかし，多くの企業は，人事権と報酬決定権を社外の者に委ねることを特に嫌い，指名委員会等設置会社に移行する企業はほとんどなかった。

3　日本型とアメリカ型のハイブリットな制度―監査等委員会設置会社―

監査等委員会設置会社は，指名委員会等設置会社への移行会社数の伸び悩み

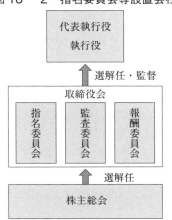

図18-2　指名委員会等設置会社

を受け，監査役会設置会社と指名委員会等設置会社の中間的なガバナンス制度として，平成26年会社法改正により導入された。最も新しい制度である（図18－3参照）。

　監査等委員会設置会社では，指名委員会等設置会社とは異なり取締役と執行役が区別されることがなく，取締役のうち代表取締役および業務執行取締役が業務を執行する（会社法363条1項）。また，監査役会設置会社とも違って監査役が置かれることはなく，その代わり株主総会で監査等委員として他の取締役と区別して選任された取締役が監査等委員会を組織する（会社法399条の2第1項・2項）。監査役と大きく異なる点として，監査等委員は，取締役会で経営の妥当性をチェックし，議決権を行使することができる。また，監査等委員会は3人以上で過半数が社外取締役から構成される（会社法331条6項）。

　以下で説明するが，社外取締役導入の要請が高まっている近年の傾向もあり，また，指名委員会等設置会社よりも自由度の高い制度設計が可能であるという理由もあり，監査等委員会設置会社への移行企業の数は，比較的順調に伸びている。

4　社外取締役

　社外取締役とは，株式会社の取締役であって，業務執行を行わず，かつ一定

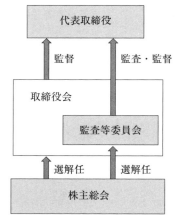

図18－3　監査等委員会設置会社

の独立性を有した者をいうとされている（詳細な定義については会社法2条15号）。社外取締役は，会社の経営陣から独立した存在として，経営陣を監督することが一番大きな存在理由ではあるが，同時に業務執行取締役への独自の視点からの助言も期待されている。

　従来日本においては，取締役は社内から内部昇進した者がなることが慣習化していたため，社外取締役はほとんど存在しなかった。一方，アメリカにおいては，会社の不祥事や大きな事件が起こる度に社外取締役の割合が増え続け，現在では大半の会社で取締役会の過半数が社外取締役であり，経営陣から独立した取締役は取締役会の監督機能を高めるという考えが一般に受け入れられている。さらに，日本以外の先進諸国の上場会社でも，取締役の過半数を社外取締役とすることが一般的であるという。

　そこで日本でも，平成26年会社法改正において，上場会社等に社外取締役を置いていない場合には，社外取締役を置くことが相当でない理由を説明することが求められることになった。また東京証券取引所は，上場規則により上場会社は最低1人の独立社外取締役を置くことを努力するよう義務づけている。さらに下記のコーポレートガバナンス・コードでは，上場会社に最低2人の独立社外取締役を置くように求めている。

　このように社外取締役による監督の強化は，近年の大きな流れである。

5　コーポレートガバナンス・コード―コンプライ・オア・エクスプレイン・ルール―

　世界各国において，上場会社の望ましいコーポレート・ガバナンスのあり方を「原則」という形で提言し，企業にその実施を勧告する動きがある。日本においても，会社法改正という形ではなく，2015年6月に東京証券取引所がコーポレートガバナンス・コードを策定した。コーポレートガバナンス・コードは，コーポレート・ガバナンスはこうあるべきという姿を明らかにした「基本原則，原則，補充原則」から成っており，この各原則を実施するか，もし実施しない場合には「コーポレート・ガバナンスに関する報告書」にて，なぜ実施しないかについての理由を説明することが求められる。このような，実施するか，しない場合にはその理由の説明を求める規律のことを「コンプライ・オア・エクスプレイン・ルール」という。

一般に企業の経営機構のあり方は，企業ごとにふさわしい形は異なるため，法のような強い形で強制するのは好ましくない。一方で，完全に経営陣の判断に任せてしまうと現状を変えることはできないかもしれない。そこで，両方の要請を調整するために考案され，世界的に広く採用されているのが，このコンプライ・オア・エクスプレイン・ルールである。

また，2018 年 6 月には，形式面だけでなく，より実質的に実効性のあるコーポレート・ガバナンス体制の確定を目指し，コーポレートガバナンス・コードが改正された。

【参考文献】

伊藤靖史・大杉謙一・田中亘・松井秀征『会社法（第 4 版)』有斐閣，2018 年。

田中亘『会社法（第 2 版)』東京大学出版社，2018 年。

江頭憲治郎「コーポレート・ガバナンスの視点から見た会社法」江頭憲治郎『会社法の基本問題』有斐閣，2011 年，291 頁。

神田秀樹編『コーポレート・ガバナンスにおける商法の役割』中央経済社，2005 年。

藤川信夫・松嶋隆弘編著『エッセンシャルビジネス法務（補訂版)』芦書房，2012 年。

（品川仁美）

第**19**講

ビジネスと企業組織 2
M&A

学修の要点

・M&A と呼ばれることは何か，具体的にどのようなことを行うのかを理解しよう。
・M&A と呼ばれる行為を行う際，誰のどのような利害に影響を与えるのかを理解しよう。

▶ 第 1 節　**M&A とは何か**

　これまでの会社法の議論では，会社が 1 社しか登場せず，その内部・外部においてさまざまな者が現れ，彼らの利害衝突をどのように調整するのかが問題となっていた。M&A においては，2 社以上の会社が現れ，それらの間で利害調整が行われることに注意する必要がある。M&A とは Merger（合併）and Acquisition（取得：ここでは買収を意味する）の略である。

　M&A を学修する際のポイントは，①どのようなニーズがあるときにどのような手法を利用するのか，②それら手法を利用するときには誰のどのような利害に影響を与えるのか，③それら手法を行うにはどのような手続を経る必要があるのか，をしっかりと理解する必要がある。また，M&A は一般的には会社法の応用分野だとよくいわれる。株主総会の権限や決議要件など，会社法の一般的な説明について理解していることを前提として，M&A の議論は進んでいく。よって，M&A を理解するには，会社法の一般的な説明が頭の中に入っている，あるいは少なくとも，その都度該当部分を確認しつつ M&A を学んでい

第 19 講　ビジネスと企業組織 2　M&A　229

く必要がある。

第2節　M&Aの各手法にはどのようなものがあるか

1　学修のポイント

　以下ではM&Aの各手法について説明する。本論に進む前にM&Aの学修方法につき1点説明しておこう。M&Aのルールは，実体的側面と手続的側面に分かれる。実体的側面とは，M&Aの利害関係者のどのような利害がどのような影響を受け，それに対し法律がどのような解決策を用意しているかである。手続的側面とは，M&Aの実際のやり方につき手続の流れに沿って説明するものである。

　本書は初学者向けであるので，両方とも説明をすると消化不良を起こすおそれがある。よってここでは前者，とりわけM&Aの実体的側面，とくに各M&A手法が取られる具体的事例の紹介と，それについて株主総会特別決議が必要になる趣旨の説明を中心に行う。

　後者についても一言しておこう。M&Aは，取締役会によってM&Aの具体的契約内容を揉み，その揉まれた内容でもって相手方会社とM&A内容を交渉し，その交渉を終えると社内に持ち帰り，取締役会による承認，株主総会によ

図19－1　M&Aのおおまかな流れ

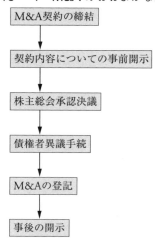

230

る承認を経て，M&Aが実行される。そして，M&Aにより，債務者自身が勝手に交代したり，あるいは債務者の財産状況が勝手に悪化されたり，自分と同順位・上順位の債権者が勝手に増やされたりしたことにより，債権回収の可能性が低下してしまった債権者に異議を唱える機会を与える。最後に，そのM&Aの内容を事後的に開示して，手続が終わる。すなわち，図19－1のような流れで手続は進む。よって，まずは前述の手続の流れを漠然とで良いので頭の中に入れておき，その後，具体的手続にそったルールを学修し，前記概略に肉付けをしていけばよい。

2　事業譲渡―新規事業を丸抱えで取得する取引的方法―
2－1　具体的事例はどのようなものか

たとえば，これまでパンの製造販売のみを行ってきた甲社が清掃具リース事業にも手を伸ばしたいと考えているとする。その際，最も想定しやすい方法は，甲社が新たに清掃具リース部門を社内に立ち上げることである。ところが，新規事業を一から立ち上げることには，金もかかるし，時間もかかるし，大変な大仕事である。しかも，もしも無事に事業の立ち上げに成功したとしても，その事業が軌道に乗り，儲かるとは限らない。そんな，儲かるか儲からないか分からないような事業を，大変なコストをかけてまでして立ち上げようとは考えず，その結果，新規事業の立ち上げを断念するとの残念な結果になるかもしれない。

このような残念な結果を回避し，甲社が清掃具リースに乗り出す，比較的容易な方法は何か。それは，すでに清掃具リース事業に成功している乙社から，

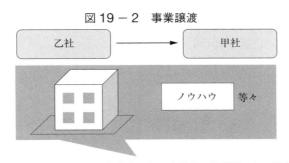

図19－2　事業譲渡

「清掃具リース業」という事業目的で有機的一体関係にある財産

その事業を丸ごと譲り受ければ良い。乙社は清掃具リース部門をすでに立ち上げ軌道に乗せ，それなりに収益を上げているのであるから，上で述べた新規事業立ち上げの際の不安要素は解消されている。

　会社法では，前記のような，他社がすでに運営している事業を丸抱えで譲渡することを事業譲渡（会社法467条1項1号・2号）といい，これに対し，譲り受けることを事業譲受（会社法467条1項3号）という。

2-2　事業譲渡における「事業」とは何か

　事業譲渡とは単なる財産の譲渡ではない。ここでいう事業とは，「一定の事業（営業）目的により組織化され，有機的一体をなす組織的財産」を意味する。これは，単なる「組織的財産」すなわち多くの財産の集まりを意味するのではなく，その「組織的財産」が「一定の営業目的」すなわち会社の事業内容（商売内容）（定款の絶対的記載事項である。会社法27条1項）によって密接に結びついている状態を指す。単なる財産の集まりではその財産の価値を超える価値は生み出されないが，「有機的一体関係にある財産」となることにより，それを取得する者がその「有機的一体関係にある財産」を利用して運営できる事業を直ちに始めることができるようになるという，シナジー（相乗効果）が発生する。

2-3　なぜ株主総会特別決議が必要なのか

　事業の全部または重要な一部を譲渡すると，それまで「有機的一体関係にある財産」を利用して営んできた事業をもはやすることができなくなり，商売替えするか，会社そのものをたたむ必要が出てきて，会社ひいては株主の運命に重大な影響を与える。そのため，事業の全部または重要な一部の譲渡をする会社（ここでは乙社）は，事業譲渡の可否につき，株主総会の特別決議を経る必要がある（会社法467条1項1号・2号，309条2項12号）。また，事業譲受会社（ここでは甲社）では，事業の一部の譲受ではあまり問題はないが，相手方会社（ここでは乙社）の事業の全部を譲り受けてしまうと，いわば乙社の事業部門をそのまま飲み込むこととなり，従来の会社の事業方針に変動が生じかねない。そこで，事業の全部を譲り受ける会社においても，株主総会の特別決議が要求される（会社法467条1項3号・309条2項12号）。

　ただ，事業の重要な一部譲渡のときでも，譲渡人から譲受人へ譲渡す資産の

帳簿価額が譲渡会社の総資産額の5分の1を超えない場合には，譲渡会社の株主総会は不要である（会社法467条1項2号括弧：簡易事業譲渡）。譲渡会社の資産に対する影響が少ないからである。また，譲受会社が譲渡会社の議決権の90％以上を握っている「特別支配会社」（会社法468条1項）である場合にも，譲渡会社の株主総会決議は不要である。株主総会決議は当然に通るはずなので，無駄なことをやる必要はないからである（略式事業譲渡）。

3　合併—新規事業を丸抱えで取得する組織的方法—

3−1　具体的事例はどのようなものか

事業譲渡の実例として説明を行った新規事業の取得であるが，これは合併という方法でも実行可能である。すなわち，甲社が乙社を会社ごと丸抱えで飲み込んでしまい，そして乙社の清掃具リース部門を丸ごと取得することによっても達成される。合併とは複数の会社が1つの会社に統合する行為であり，当事会社の一部（消滅会社）が消滅し存続会社に包括承継される方法を吸収合併（会社法2条27号），当事会社がすべて消滅し新たに設立される会社（新設会社）に包括承継される方法を新設合併という（会社法2条28号）。

3−2　なぜ株主総会の特別決議が必要なのか

合併を行う際，合併当事会社は株主総会特別決議でもって合併契約を承認する必要がある（会社法783条・795条・309条2項12号）。合併当事会社の株主は，合併につき重大な利害を有する。消滅会社は会社自体が消滅するから当然であり，承継会社は消滅会社のそのものを丸抱えするのであるから事業内容に重大な変化が生じるからである。簡易合併，略式事業譲渡に該当すれば株主総会決議が不要になることもある（会社法796条2項・784条1項・796条1項）

3−3　事業譲渡と合併はどこが違うのか

以上からして，事業譲渡と合併とはかなり機能的に似ている。ただ，これを法的な側面からみるとかなり異なる。

①　事業譲渡はあくまでも取引行為であり，事業用財産の集積の取引を行っているに過ぎない。これに対し，合併は組織行為であり，会社という組織を丸抱えで飲み込むこととなる。

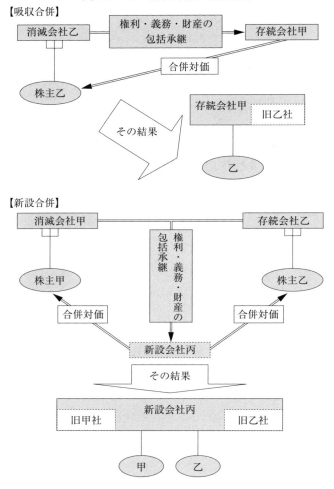

図19－3　吸収合併と新設合併

② ①より，事業譲渡の法的性質は財産の個別譲渡の集積にすぎず，これは特定承継と呼ばれる。これに対し，合併の法的性質は組織丸抱えの移転行為であり，これは包括承継と呼ばれる。両者の違いは，事業の譲受会社・合併の存続会社・新設会社が，譲渡会社・消滅会社から取得した物や権利を，自分のものであると主張するための要件（対抗要件）を備える必要があるのかどうかである。たとえば，対象目的物の中に土地建物が入っていると仮定する。事業譲受人がその土地建物の所有権を他人に主張するときには，不動産の所有権移転

登記が必要となる。これに対し，合併の存続会社・新設会社が土地建物の所有権を他人に主張するときには，不動産の所有権移転登記は必要ではない。

③　①より，事業譲渡で譲渡される目的物の範囲は事業譲渡契約により限定することができる。これに対し合併では消滅会社の全財産（権利義務を含む）が包括的に移転する。たとえば，事業譲渡会社と譲受会社との合意により積極的な財産は譲渡するが，消極的財産（負債）は譲渡会社の手元に残しておき，そのまま譲渡会社を潰してしまい，譲受会社を無負債で存続させるとの悪さを行うことができてしまう。（この悪さに対し会社法をはじめとする法律はどのように対応しているのかは重要な論点ではあるが，入門書としての性格からこの点は取り扱わない）

④　事業譲渡は事業部門の譲渡のみなので譲渡会社は当然には解散しない（全部譲渡のときには空っぽの会社が残る）が，合併では消滅会社は当然に解散となる。

4　会社分割―不採算部門の切り出し・業績好調部門の独立化の方法―

4−1　具体的事例はどのようなものか

さて，乙社の事業部門を取得し清掃具リース事業にも手を出した甲社であるが，消極的・積極的という，極端な2つの理由により，清掃具リース部門を切り出したいと考えることがある。消極的な理由として，清掃具リース部門の業績不振がある。企業評価は会社全体で測られるので，仮にパンの製造販売が絶好調だとしても，清掃具リース部門が不振ならば，それにより甲社の業績が全体として低く評価されかねない（このような事業の複合化により発生してしまう業績の低評価化をコングロマリット・ディスカウントという）。そうならば，業績不振部門を外へ切り出してしまおうと考えるのである（要するにリストラである）。積極的な理由として，清掃具リース部門の業績好調がある。清掃具リース部門の業績が好調ならば，甲社内の一事業部門のままにしておかず，単体の会社として仕立てるほうが，資金調達がしやすい。それゆえ清掃具リース部門を外へ切り出してしまおうと考える。

このような社内の事業部門を社外に切り出すための手段として利用できるのが，会社分割である。会社分割とは，ある会社（分割会社）がその事業に関して有する権利義務の全部または一部を他の会社に承継させることである。既存の会社（承継会社）が権利義務を承継するものを吸収分割といい（会社法2条29

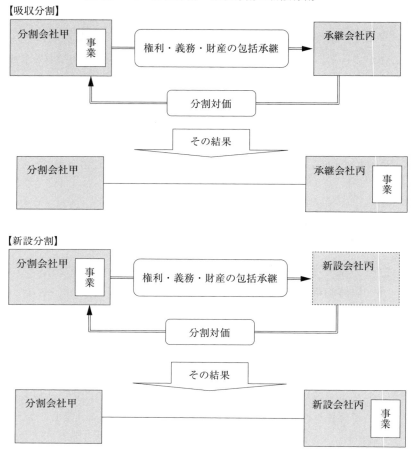

図19−4 会社分割―吸収分割と新設分割―

号），新たに設立される会社（新設会社）が承継するものを新設分割という（会社法2条30号）。

　会社分割により承継会社・新設会社へは権利義務が承継されるが，それに対する対価は分割会社に交付される。そして，この交付された株式は現物配当（会社法454条4項）として分割会社株主へと割り当てられることもある。

4−2　なぜ株主総会の特別決議が必要なのか

　吸収分割のときには分割会社と承継会社との間で吸収分割契約（会社法758

条）が作成され，この契約につき両会社において株主総会特別決議でもって承認される必要がある（会社法783条1項・795条1項）。一方で，分割会社においては事業に関して有する権利義務が承継会社に承継されるため，その後の分割会社の事業内容に大きな変更をもたらし，それが分割会社株主に重大な影響を及ぼす。他方で，承継会社においても，分割会社が事業に関して有していた権利義務が承継されるため，承継会社の事業内容に大きな変更をもたらすからである。

新設分割のときには分割会社が新設分割計画（会社法763条）を作成し，分割会社株主総会の特別決議でもって承認される必要がある（会社法804条1項）。こちらでも，分割会社において事業に関して有する権利義務が新設会社に承継されるため，その後の分割会社の事業内容に大きな変更をもたらし，それが分割会社株主に重大な影響を及ぼすからである。簡易分割，略式分割に該当すれば株主総会決議が不要になることもある（会社法784条・796条・805条・784条・796条）。

5 株式交換・株式移転—完全親子会社関係の作り方—

5-1 具体的事例はどのようなものか

現在の金融業界では，銀行，信託銀行，証券……と多くの金融会社が1つのグループを形成している。金融業は国際社会を中心に企業活動をするため，海外の大規模金融グループに対抗するには単体の金融会社では足りず，複数の金融会社が連携することにより単体では提供できない高度な金融サービスを提供することが必要である。ただ，それでも個々の会社としても十分に運営できるほどの規模の会社がグループとして連携していくのであるから，そこには，グループ全体の方針を立て，グループ内各社をまとめ上げる，いわば司令塔的な存在の会社が必要となる。そこで，完全親会社を作ってそれを司令塔として，その下に各会社を完全子会社としてぶら下げる状況を作り上げ，グループ統括を行うと効率的である。なお，ある会社（乙社）が他の会社（甲社）の発行済み株式をすべて取得しているときには，乙社を完全親会社，甲を完全子会社という。この司令塔的な存在の完全親会社は，完全子会社の株式を保有してグループ統轄を行うだけの会社であり，このような会社を純粋持株会社といい，株式を保有するだけではなく自社でも何らかの事業を行っている事業持株会社とは

図19-5 株式交換・株式移転

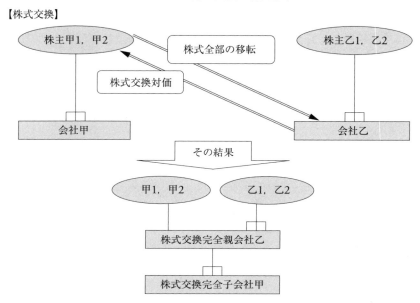

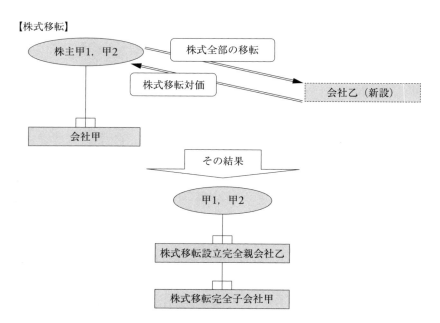

異なる。

5-2　完全親子会社関係はどのようにして作られるのか

このような，完全親子会社関係を作る具体的な方法としては，既存の会社のみを利用して行う方法と，新たな会社を設立して行う方法と，2種類存在する。

まず，既存の会社のみを利用して行う方法とは，たとえば，甲社が完全子会社としてぶら下がる場面を想定する。甲社は自社の発行済み株式の全部を乙社に取得させる。その際，甲社の株主は自分が保有する甲社株を失うことになるが，それと引き換えに乙社株式が割り当てられる。この際，甲社株式と乙社株式とがあたかも交換されているような観がある。そこでこのような手法を株式交換という。

また，新たな会社を利用して行う方法としては，ここでもやはり甲社が完全子会社としてぶら下がる場面を想定する。甲社は自社の発行済み株式の全部を新設される乙社に取得させる。その際，甲社の株主は自分が保有する甲社株を失うことになるが，それと引き換えに新設される乙社株式が割り当てられる。甲社株式を乙社に移転させるような観があるため，株式移転という。

5-3　なぜ株主総会の特別決議が必要なのか

株式交換のときには完全子会社となる会社と完全親会社となる会社との間で株式交換契約（会社法768条1項）が締結され，この契約につき両会社において株主総会特別決議でもって承認される必要がある（会社法783条1項・795条1項・309条2項12号）。一方，完全子会社となる会社においては，株主が半ば強制的に完全親会社の株主に変更させられ，他方，完全親会社となる会社においては，完全子会社となり管理対象となる会社が増え，それぞれの会社の株主に重大な影響を与えるからである。

また，株式移転のときには完全子会社となる会社が株式移転計画（会社法773条1項）を作成し，この計画につき株主総会特別決議でもって承認する必要がある（会社法804条1項・309条2項12号）。株主は半ば強制的に完全子会社の株主に変更させられ，それゆえ株主に重大な影響を与えるからである。

なお，簡易株式交換（会社法796条2項），略式株式交換（会社法784条1項・796条1項）に該当し株主総会決議が不要となることもある。

第3節　敵対的企業買収と防衛策

1　具体的事例はどのようなものか

1－1　基本的な概念の説明

　たとえば，ソースの製造販売を行っている甲社に対し，外国ファンドである乙社が株式公開買付けを利用して敵対的買収を仕掛けてきたと仮定する。

　まず，そもそも買収とは何か。これは法律用語ではないので厳密な定義づけは難しいが，株式を大量に取得して，相手方会社の支配権を獲得することを意味する。次いで，「敵対的」企業買収とは何か。それは，相手方会社の現経営陣の協力を得られない，すなわち，現経営陣と敵対状態にある買収である。なお，現経営陣の協力を得て買収を行う「友好的」企業買収も最近増えつつあり，たとえば，一部の取締役が単独で，あるいはファンドなどと手を組んで，株主から会社の株式を取得し，流通株式をほぼゼロにし，その結果会社を非上場にしてしまうという方法，いわゆる MBO がしばしば行われている。

1－2　公開買付けとは何か

　敵対的企業買収が行われるとき，公開買付け（金商法 27 条の 2 以下）という手段がよく使われる。詳しくは金融商品取引法の分野で学修するテーマであるが，大まかに述べると，証券市場（取引所金融商品市場）外で，対象会社の株主に対し直接的に，一定期間を定め，一定価格で，一定数の株式を買い付ける旨を公告し，応募株主から株式を買い取る方法である。

　上場会社の株式は証券市場を利用して取得することが普通であるが，市場の成り行きで取引が行われるため，いくら買い注文を出しても，売り注文がなければ取引は成立せず，大量の株式を取得するには適していない。それならば，市場の外で直に売り主を募ったほうが確実に株式を買い集めることができる。

　公開買付けを行うときには，公開買付開始公告（金商法 27 条の 3 第 1 項），公開買付届出書（同条 2 項）など，買付者は届出をしなければならないという手間がかかるが，これは全株主に買い付けに応じるか否かの判断の機会を与えるためである。

2 なぜ敵対的企業買収は行われるのか

　なぜ乙社は甲社を買収したいのだろうか。乙社はソースでも作りたいのだろうか。否，そうではない。買収者が買収をするにはさまざまな意図があるが，とりわけ重要なのは，現経営陣に対し効率的な企業経営を行わせるように規律付けを行うことにある。たとえば，甲社は東京都内に優良な不動産を多数抱えていると仮定する。これら不動産は高額で売却できるし，他人に賃貸に出してもかなりの賃料を得られる。しかし，甲社はそういったことをせずに，不動産を塩漬け状態にしている。このような状況においては，甲社が不動産を活用しないことはあまりにも無駄であると考える者も現れるだろう。そこで，乙社が企業買収をし，甲社の支配権を獲得したら，それら不動産を有効活用し，甲社のさらなる企業価値の増大の実現を図るのである。便宜上，このような買収を「良い買収」と呼ぶことにする。

　しかし，こんな善人ばかりいるわけではない。乙社の本当の買収の意図は，甲社を乗っ取ったのち，前記不動産を含む甲社の優良資産を，あたかもチェーンソーで切り刻むようなかたちですべて売却し，そこから得られた売得金をせしめ，残骸となった甲社を捨て去る気かもしれない。便宜上，このような買収を「悪い買収」と呼ぶことにする。

　「良い買収」は行われるべきであり，「悪い買収」は行われるべきではない。問題は，この「良い」「悪い」を誰に判断させるのか，であり，これは相当な難問である。

3 敵対的企業買収の防衛策とは具体的にどのようなことを行うのか

　このような敵対的企業買収が行われたとき，現経営陣はどのような対応をするか。現経営陣がこれは「悪い買収」だと判断したときには買収の成功を阻止する。その際，最もありふれた方法だと，現経営陣の仲間である丙社に対し第三者割当の募集株式発行を行う。その結果，発行済株式総数が増えることにより乙社が支配権を得られない状況を作り出す。それとともに，丙社という，現経営陣の仲間である大株主が現れ，現経営陣の支配体制が盤石なものとなる。

　公開会社（会社法2条5号。自由譲渡株式を発行する会社。全部譲渡制限株式発行会社である非公開会社と対立する）においては，有利発行（市価よりも著しく低い価格で募集株式を発行すること）の場合を除いて，取締役会決議だけで募集株

第19講　ビジネスと企業組織2　M&A　241

式の発行が決められる（会社法201条1項）。問題は，このような敵対的企業買収の防衛策としての第三者割当募集株式発行が取締役会決議だけでなしうるのか，である。

　この問題への解答につき，これまでしきりに議論されてきたのはいわゆる「主要目的ルール」である。これは，募集株式発行の目的は，通常は①資金調達目的，であるが，今回のような防衛策を打つときには，②経営陣の支配権維持目的も存在している。要は，どちらの目的がメインであるか，である。もしも①がメインであるならば，それは募集株式発行の通常形態であるため，取締役会決議で決定しても何ら問題はない。これに対し，②がメインであるならば，支配権維持は会社の根本にかかわる事柄なので，本来は株主総会で決定すべきことである。株主総会で決定すべきことを取締役会決議のみで決めたことは，会社内の機関権限の分配を害することなるため，許されず，不公正な株式発行に該当し発行差止の問題となる（会社法210条）。

　ただ，最近の議論はさらに進展しており，敵対的企業買収がなされたときに第三者割当の募集株式発行を行うときには，①の目的はほぼないので，むしろ，②の目的がメインであることが当然であることを認めたうえで，その防衛策が株主全体の長期的利益を害するものかどうかとの観点から，不公正発行に当たるか当たらないかを判断すべきであるとの議論も有力である。

　以上，これでもってM&Aの概説を終える。冒頭で述べたとおり，M&Aは会社法の応用分野なので，常に会社法の基礎的分野と抱き合わせて学修することが望ましい。

【参考文献】
　会社法の教科書・体系書はたくさんあり，どれを手に取ってよいか分からないかもしれない。初学者は細かい会社法の条文構造を追いかけるよりもむしろ会社法の根幹の部分をきちんと学修することをお勧めする。その点からは下記2冊を勧めておく。前者は経済学から打ち立てられた会社法理論，後者は基本法理から打ち立てられた会社法理論の構築を目指している。
落合誠一『会社法要説（第2版）』有斐閣，2016年。
山本爲三郎『会社法の考え方（第10版）』八千代出版，2017年。
　さらなる学修をしたい者には以下の3冊を勧める。
伊藤靖史ほか『会社法（第4版）』有斐閣，2018年。

242

黒沼悦郎『会社法』商事法務，2017 年。
田中亘『会社法（第 2 版）』東京大学出版会，2018 年。

（武田典浩）

第20講

ビジネスと企業組織3

コーポレート・ファイナンス

学修の要点

- ・ビジネスには元手となる資金が必要である。この資金調達手法を学ぼう。
- ・企業の信用力，および，資産の信用力に裏付けされた資金調達方法の仕組みを知るとともに，新しい資金調達方法にも触れよう。

▶ 第1節　資金調達の概要

1　資金調達の必要性

　ある会社が商品Aを製造販売するビジネスを始めようとしているとしよう。製造するには，工場を設け，材料を仕入れ，従業員を雇用する必要がある。さらに販売するには，店舗や販売員を確保しなければならない。このようなビジネスを展開するには，元手となる資金が必要である。それも，資金が多ければ多いほど，ビジネスの規模を大きくすることができ，一商品あたりの製造や販売のコストを引き下げ，競争力が増す。

　このように，会社がビジネスを展開するためには多くの資金を得る必要がある。この会社の資金調達を広義のコーポレート・ファイナンスという。なお，コーポレート・ファイナンスには，会社の信用力を背景に資金を調達する意義もあり，これを狭義のコーポレート・ファイナンスという。

　広義のコーポレート・ファイナンスにはさまざまな手法があり，それぞれメリット・デメリットがある。本講ではこれらを学ぼう。

2 資金調達手法の概要

　会社の資金調達手法は，「デット・ファイナンス」と「エクイティ・ファイナンス」に大別することができる。

　デット・ファイナンスとは，債務として資金を借り入れる資金調達をいう。典型的な例としては，金融機関などからの借入れがある。このほか，社債の発行，リースなどの手法もある。債権者は，会社の利益の有無にかかわらず，約定の利息を受け取り，期日には弁済を受ける。他方，経営には直接参加することはない。

　これに対し，エクイティ・ファイナンスとは，資金の拠出を受け入れることで，資本を増加させる資金調達をいう。株式会社では，株式を発行し，株主資本を増加させるファイナンスである。株主は，剰余金の配当を受ける権利および株主総会での議決権を有する。つまり，会社の事業による分配可能額（会社法461条2項）の範囲で配当金を受け取り，また，経営者の選任など会社の基本方針の決定に加わる。他方，事業のリスクを引き受けており，会社が破綻した場合には，出資金の返還は債権者に劣後し，多くの場合，全額が毀損する。

表20－1　ファイナンス手法の差異

	エクイティ・ファイナンス	デット・ファイナンス			
		コーポレート・ファイナンス（狭義）		アセットファイナンス	
概要	会社の持分	信用力を背景とする融資	信用力を背景とする債券	事業収益資産を背景とする融資	資産価値を背景とする証券
具体例	株式	無担保・担保付融資	無担保・担保付社債	ＡＢＬ	資産証券化
経営への参加	株主総会における議決権などにより，経営に参加	無			
リターン	分配可能額からの配当	経営成績にかかわらず約定の利息・利金			
資金の返還	原則，払戻無	定期的に弁済	期日に償還	定期的に弁済	期日に償還
破綻時	債権者に劣後	有担保の場合担保から優先して弁済。無担保の場合は債権者平等に弁済。		資産から回収	

第2節 デット・ファイナンス

1 金融機関の融資

1－1 融資の5原則

金融機関の融資には，次の5原則がある。

(1) 安全性の原則

金融機関の基本的なビジネスモデルは，預金者から預かった資金を融資先に融資して，融資による貸付利息と預金者に対する預金利息との差額を収益として獲得するものである。金融機関も企業であり，自らのビジネスの元手となる資本（自己資本）を有しているが，融資するための資金の大部分は預金者の預金を充てている。預金は元本が保証されているから，金融機関が存続する限り預金者には預金全額を払い戻す必要がある。これに対し，融資は，融資先の企業の破綻などにより，返済されないこともある。つまり，金融機関からみれば，調達した資金は元本保証であるのに対し，融資した資金の元本は保証されていない。このため，融資にあたっては，安全・確実に元金と利息を回収できる融資先を選定する必要がある。

(2) 収益性の原則

金融機関も企業であり，出資者も存在する。したがって，確実に収益を得なければならない。しかし，融資が元本保証でない以上，返済されない（貸倒れ）というリスクをみこまなければならない。そこで，融資にあたっては，借り手となる融資先の信用度・リスクに応じたリターンを確保する必要がある。

(3) 公共性の原則

金融機関には，経済の担い手となる企業に資金を供給するという役割もある。このため，許容できるリスク範囲で資金供給に努めることが必要であるし，他方，社会的に非難を受けるような融資をすべきではない。過去，バブル経済崩壊後の金融危機時には「貸しはがし」，また，提携先の投資商品を購入するための融資などがあり，金融機関が批判を受けたことがある。

246

（4） 成長性の原則

　融資先の企業が，調達した資金を活用することにより成長し，もって経済社会に貢献するような融資を行う必要がある。成長性のみこめない企業への融資は，元本返済や利息支払の遅延，さらには不良債権化するおそれがある。

（5） 流動性の原則

　金融機関の融資資金には限界があり，適切に融資を反復継続するには，金融機関の手元流動性を維持する必要がある。融資にあたっては，融資資金が必要以上に長期固定化しないよう考慮している。

１－２　金融機関の与信判断

　金融機関が融資をすることを「与信」という。金融機関が融資を行うか否かを決定するにあたり，次の判断要素がある。

（1） 定量的判断

　企業の財務内容，具体的には貸借対照表（決算日など一定の日の財政状態を示す），損益計算書（事業年度における経営成績を示す），株主資本等変動計算書（当事業年度中の株主資本等の変動を示す。前年度と今年度の貸借対照表を連結する役割がある），これらの附属明細書などに記載された数値を分析するものである。

（2） 定性的判断

　財務数値以外の非計数的な分析，すなわち，事業概要，成長性，取引状況，また，資金使途などを分析するものである。

１－３　融資方法
（1） 証書貸付

　金融機関より融資を受けるにあたり，借り手が金銭消費貸借契約による借入証書を金融機関に交付して融資を受けるのが証書貸付である。

　金融機関は，借り手企業の信用力などに加え，必要により物的担保（不動産担保）や人的担保（保証）なども考慮し，融資をするか否かを審査し，その結果により融資を行う。このため，審査に時間を要する。しかし，融資金利は手形

貸付より低いことが多い。

(2) 手形貸付

自ら発行する約束手形を用いて，金融機関から融資を受けるのが手形貸付である。証書貸付に比べて比較的速やかに融資を受けることが可能である。

しかし，約束手形は手形支払日に支払うことができなければ「不渡手形」となる。6カ月間に2度，不渡手形が生じると銀行取引停止処分を受け，金融機関からの融資を一切受けることができなくなるので，事実上，倒産することになる。証書貸付では，返済日に支払えない場合でも，返済日後であっても金融機関と融資の延長などの協議を行う猶予が与えられるが，手形貸付では手形支払日までに協議が終わらないと不渡手形となるおそれが高い。

(3) 当座貸越

このほか，企業があらかじめ金融機関と約定した当座貸越契約により，極度額まで借り入れることができる契約もある。また，大企業向けには，企業と金融機関があらかじめ契約した期間，融資枠の範囲で，企業に資金需要が発生したときに貸付けを求めることができるコミットメントラインもある。

1−4 シンジケートローン

企業に対するそれぞれの融資は，単一の金融機関によることが多いが，多額の融資では複数の金融機関がシンジケートを組成し，同一の約定条件により協調して融資を行うことがある。これをシンジケートローンという。

シンジケートローンを取りまとめる主幹事金融機関をアレンジャー，融資期間中の管理を行う金融機関をエージェントという。シンジケートローンは協調融資であり，借り手企業と金融機関ごとに金銭消費貸借契約が締結されるのであって，アレンジャーやエージェントは借り手企業に対する窓口である。

2 社債
2−1 社債の概要

社債とは会社が発行する債券である（会社法2条23号・676条）。会社とは株式会社に限らず，合名会社・合資会社・合同会社も含まれる（会社法2条1号）。

248

社債は，発行時にあらかじめ定められる条件に従い，利金を支払い，償還義務を負うデット・ファイナンスである。したがって，株主と異なり，社債権者には株主総会等での議決権は与えられない。このため経営権に影響なく資金調達が可能である。また，同じデット・ファイナンスでも，金融機関からの資金調達では元金均等もしくは元利均等での分割弁済のケースが多いが，社債は償還日（満期日）に一括償還とされていることが一般的であり，償還日までは償還のためのキャッシュを用意しなくてもよいため，会社にとり資金繰りに余裕が生まれる。また，金融機関からの借入れと異なり，社債発行により一度に多数の者から資金調達を行うことが可能である。他方，社債権者は社債の償還日まで保有するほか，途中で第三者に譲渡したり担保に供したりして，償還日までに社債に投資した資本を他に活用することができるというメリットもある。

大企業では，投資家から資金を直接調達する手法として用いられる。これに対し，中小企業では借入れの代替手法として，金融機関，取引先，役員および従業員からの資金調達に用いられることが多い。

2－2　社債の種類

（1）　普通社債

普通社債とは，償還日（満期日）に券面額を金銭にて償還することを約する社債である

（2）　永久債

永久債とは，普通社債と異なり，償還日を「会社を清算するとき」とした社債である。つまり，会社が存続する間，会社が任意に買い入れて消却しない限り，社債元本につき償還されることはない社債である。経済的にはエクイティに近いが，デットであるから社債権者は会社に対する議決権は有さず，よって経営への参画はできない。他方，株主への配当と異なり，会社業績に影響を受けることなく社債利息は支払われる。また，市場金利と社債金利の差異や市場環境等に売買価格は影響を受けるものの，第三者に譲渡することはできる。このため，安定した資金運用目的に機関投資家等が所持することが多い。

（3）　劣後債

劣後債とは，会社に破産手続開始，更生手続開始もしくは再生手続開始の決定が行われた場合など一定の事由が発生した場合に，社債の償還請求権・利息請求権が上位債権に劣後する条項が付された社債である。償還日までに一定事由が発生した場合には，金融機関からの借入金や商取引での債務など一般債権が完済されないと，劣後債の償還，利息の支払はなされない。永久債と組み合わせることも多く，劣後債の償還日を「会社を清算するとき」とした場合には，経済的には自己資本と同視できる。

（4）　新株予約権付社債

新株予約権付社債とは，償還日に償還することに加え，償還日の前日までの間，一定の価格で払い込むことにより会社の株式を取得することができる新株予約権が付されている社債である（会社法2条22号）。

（5）　他社株交換社債

償還にあたり金銭ではなくあらかじめ定められた他社の株式の現物をもって償還される社債である。

2－3　社債の発行形態

普通社債は，その発行形態に応じ，公募債，私募債に分かれる。さらに私募債は，銀行引受私募債と少人数私募債に分かれる。

（1）　公募債

公募債とは，発行に際して不特定多数の投資家に対して募集する社債をいう。格付機関の格付を取得し，買取引受を行う主幹事証券会社を通じて投資家に発行し，発行後は流通市場で売買される。

金融商品取引法では，募集先ならびに勧誘先の人数が50人以上の場合，「公募」として企業内容の開示が必要となる（金商法4条）。

公募債では，一度に多額の資金調達を行うことができるが，他方，投資家に交付する目論見書の作成費用，格付機関からの格付取得費用，主幹事証券会社の引受手数料，監査法人の監査費用などさまざまなコストを要する。また，そ

もそも投資家の投資対象となる信用力が会社に必要である。このため，主に上場会社の資金調達に活用されている。

（2）　銀行引受私募債

　金融商品取引法では，社債の発行に際して募集先ならびに引受けの勧誘先が50人未満の場合には，「私募」として，「公募」の場合に必要な有価証券届出書などの提出義務がない（金商法2条3項）。

　銀行引受私募債とは，私募債のうち，適格機関投資家（銀行，証券会社，保険会社等の金融機関）のみに対して発行する社債の区分に属する。

（3）　少人数私募債

　少人数私募債とは，私募債のうち，取引先，役員および従業員など会社の縁故者が引き受ける社債である。縁故者による引受けのため，銀行引受私募債と異なり，引受手数料や財務代理手数料等が不要となるため，資金調達コストが比較的低額となる。銀行や保証協会の審査もないため，財務内容がよくない会社でも発行できる。しかし，縁故者による引受けのため，高額の資金調達は難しいといえよう。

▶ 第3節　アセット・ファイナンス

1　アセット・ファイナンスの概要

　アセット・ファイナンスとは資産の信用力に裏付けされたデット・ファイナンスによる資金調達である。狭義でのコーポレート・ファイナンスとは，企業の信用力に裏付けされた資金調達であり，アセット・ファイナンスと対比することができる。

2　ABL

　ABL（Asset Based Lending）とは，アメリカで発達した融資方法であり，企業の事業価値に着目し，事業収益資産を担保とする金融機関融資をいう。

　たとえば，ワイン生産農家は，ぶどうを育て，収穫し，長年をかけて販売できるワインを完成させ，販売し，代金を後払いで得る。このような長期間をか

第20講　ビジネスと企業組織3　コーポレート・ファイナンス　251

けてキャッシュを得るビジネスでは，キャッシュを得るまでの間のコストに充てるため，どのように事業資金を調達するかが問題となる。農地を担保としてもさほどの融資を受けられないかもしれない。また，ぶどう農家であれば，先払いで収穫前にぶどうを販売して資金を得る方法もあるかもしれないが，リスクに見合うディスカウントを求められるだろう。そこで，ぶどう（動産），育成中のワイン（動産），ワイン販売による売掛債権を担保として，資金を調達する手法がABLである。

わが国の金融機関融資で担保に供される資産といえば，伝統的に不動産であったが，販売業，サービス業やIT産業などが発達したのにあわせ，不動産を保有しない企業が増加，これにより担保に適する資産がなく，信用力の低い企業では金融機関融資を受けられないという問題が浮上した。しかし，このような企業でも在庫（動産）や売掛金（債権）は保有しており，ABLを用いることで融資を受けることが可能である。

しかし，頻繁に取引される動産や支払期日に回収される債権を担保とすることから，貸し手となる金融機関は借り手となる企業の財産・収益をモニタリングする必要がある。このため，ABLでは借り手と貸し手の信頼関係がとくに重視されている。

万一，借り手企業が元利返済に行き詰まった場合には，担保を換金して融資の返済に充てることとなる。しかし，不動産の場合には競売など処分方法が確立しているが，動産の場合には，担保物を金融機関が取得したとしても，販売ルートを有しておらず，かといって，マーケットで換金売りを行うと，担保物の価値が下がり，融資金の回収が困難となるおそれがある。このため，借り手企業と貸し手金融機関が話し合い，金融機関の指導のもとに，企業が売却することもある。

3 資産の証券化

資産の証券化とは，とくに不動産など非流動性資産を証券として投資家に売却し，資金を調達する手法である。

たとえば，経営不振に陥った企業に，創業以来の自己保有本社ビルがあったとしよう。この本社ビルを売却すれば，多額の売却益と，キャッシュが手に入る。売却益を手に入れることで，累積損失が一掃され，財務諸表は大きく改善

する。そうすると，さらに別の資金調達が可能になるかもしれない。また，キャッシュを手に入れることで，不振の原因を整理し，再生できるかもしれない。しかし，本社ビルを売却すれば，今後，どこで事業を継続するのか，という問題に直面する。そこで，この本社ビルを証券化して資金調達したうえで，本社ビルは継続使用するという選択肢をとる。

　資産の証券化では，まず，企業（オリジネーター）が，SPC（特別目的会社）を設立し，社債などを用いて投資家から資金を調達，企業は非流動性資産を一定期間信託し，この信託受益権をSPCに売却する。これを用いると，設例では，企業は本社ビルを売却した形となり，SPCへの投資家は証券を得る。企業は賃料を払い本社ビルで事業を継続，投資家は収益を得る。ここでのポイントは，まずは，一定期間の信託を用いているので，期間終了後に，企業は本社ビルを再取得することができ，創業地を離れずに済む点がある。

　さらに，投資家にとっても，このスキームは都合がよい。たとえば，経営不振の企業の社債の取得はリスクが高い。倒産すると無担保社債では元金が戻らないおそれがある。しかし，このスキームでは，投資家は不動産の価値を証券として保有している。この企業が倒産しても，不動産の価値は毀損しないから，投資は守られるのである（倒産隔離）。

▶ 第4節　エクイティ・ファイナンス

1　新株発行による資金調達

　株式会社は設立に際して出資者より払込みを受け，株式を発行するが，株式の発行は設立時に限るものではない。設立後も，資金調達の必要に応じて，一定の手続により株式を発行することができる。

　株式を保有する投資家を株主というが，原則として，株主は会社に対して出資の払戻しを請求することはできない。デット・ファイナンスでは，原則として，元本の返済が必要であるが，エクイティ・ファイナンスでは返済という概念がないため，事業への長期的な資金投下が可能である。

　また，株主は経営リスクを負担するが，他方，経営成績としての分配可能額の範囲で配当金を受け取る。したがって，配当金は経営成績に左右され，経営成績が悪化すると配当金がない（無配）ということもある。デット・ファイナ

ンスでは，企業の経営成績にかかわらず，約定の利息を支払わなければならないことと対照的である。

2　エクイティ・ファイナンスのデメリット

　資金調達をする会社からみると，このように新株発行には，返済不要，経営成績により配当金を支払う，というメリットがあるが，デメリットも存在する。

　まずは，新株発行に応じる投資家であるが，上場会社（東京証券取引所などで，当該会社の株式を売買する資格が与えられた株式を発行する会社）は資本市場から調達可能だが，中小企業などではそもそも新株発行に応じる投資家を探すことから始まる。これは，中小企業への投資はリスクが高いことが主要因であるが，投資家が投資資金を引き揚げたいときに，中小企業の株式は売却が困難である実態があるのも1つの要因である。

　次に，新株発行にあたり発行価格を決めるにあたり，既存株主に不利にならないよう，かつ，新規に引き受ける投資家に魅力的に設定する必要がある。上場会社の株式であれば市場価格を参酌することができるが，中小企業で売買実例も乏しい場合には，株式の価格を決定することが難しい。

　さらに，新株発行により，希釈化が生じる。既存株主が新株を取得しないと，既存株主の議決権割合は低下し，経営に対する発言力が失われるケースもある。また，資本が増加しても，利益が増加しないと，1株あたりの利益が減少し，配当金の減少にもつながる。このため，株式会社はROE（自己資本利益率）などを意識して経営しており，むしろ，余剰な資本が存在する場合には自己株式の取得などにより，ROEの計算上分母となる資本を減少させ，ROEを上昇させることで企業価値を高めようとしている。

3　種類株式の発行

　会社法は9種類の種類株式の発行を許容している（会社法108条1項）。中小企業のエクイティ・ファイナンスでのデメリットを緩和する方法として，種類株式を活用することも可能である。

　たとえば，投資を引き上げるときに適時に売却できないという問題に対しては，取得請求権付種類株式を発行することにより，株主の請求により会社が自己株式として取得することを約することができる。

254

また，従来の株主の議決権割合の低下を防ぐには，無議決権株式の発行が考えられる。配当金を一定額保証するには，優先配当株式とすることができる。

▶第5節　投資型クラウドファンディング

　クラウドファンディングとは，群衆（クラウド）と資金調達（ファンディング）を組み合わせた言葉であるが，インターネットを介して不特定多数の人が財産を拠出したり物品を購入したりするものである。

　クラウドファンディングには，ある目的のために寄付を集めるもの，ある企業を支援するため物品を購入するものもある。しかし，企業の資金調達手法としては，事業資金を集め，リターンを伴う仕組みを組成した投資型クラウドファンディングを用いることができる。たとえば，応募した投資家により匿名組合を組成し，事業を行い，その成果を投資家に分配する投資型クラウドファンディングがある。

　この投資型クラウドファンディングは金融商品取引法上の第二種金融商品取引業者により組成される（金商法28条2項）。まだ実績はさほどないが，起業家がこれから期待する資金調達方法といえよう。

【参考文献】
江頭憲治郎『株式会社法（第7版）』有斐閣，2017年。
西村あさひ法律事務所編『資産・債権の流動化・証券化（第3版）』金融財政事情研究会，2016年。
高岸直樹「財務リストラの実行と新たな資金調達戦略」『月刊税理』55巻15号，2012年，61頁。
事業再生研究機構編『ABLの理論と実践』商事法務，2007年。

（高岸直樹）

第21講

ビジネスと企業組織4
企業と従業員（労務管理）

学修の要点

・労働法は民法の特別法である。このことを押さえたうえで，労働契約について学ぼう。
・労基法上の労働者，業務委託労働者，派遣労働者の違いを理解しよう。

第1節　労働者および使用者概念と労働契約

1　労働法の体系

　民法があるにもかかわらず，なぜ労働法があるのだろうか。民法の世界では，私人は平等で対等な関係である。もし，労働者と使用者の関係も平等で対等な関係であれば，労働者は使用者に対して，言いたいことがいえるはずである。しかし，実際には，言いたいことをいえば，使用者から「他にも代わりはいくらでもいる。不満があれば辞めればいい。」といわれてしまうかもしれない。また，雇ってもらっていることで，立場の弱い労働者は低賃金・長時間労働などの不利な契約内容を結ばされてしまうかもしれない。すなわち，形式的には平等で対等であるかもしれないが，実質的には，労使に交渉力の格差があるため，労働者は低賃金，長時間労働などを受け入れざるをえないだろう。

　そこで，労働法は民法の3大原則である「契約自由の原則」「過失責任主義の原則」「所有権絶対の原則」を修正したものである。労働関係は，労働者と使用者の合意によって成立する契約関係であるが，経済的弱者である労働者保護のために労働法が必要なのである。

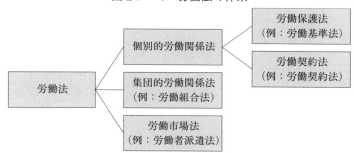

図 21 − 1 労働法の体系

　民法と違い，労働法という法律があるわけではない。労働法は，個別的労働者と使用者の関係を規律する「個別的労働関係法」（雇用関係法），労働組合と使用者の関係を規律する「集団的労働関係法」（労使関係法），労働力の需給関係を規律する「労働市場法」（雇用保障法・雇用政策法）に分類でき，それらの総称である（図21 − 1 参照）。

2　労働者とは

　労働基準法（労基法）上の労働者であるかどうかというのは非常に重要である。なぜならば，労基法上の労働者でなければ，労基法上の保護が一切受けられないからである。ここにいう労基法上の保護とは，たとえば，①労基法20条に基づく労働者を解雇する場合，少なくとも30日前にその予告をしなければならない解雇予告，②労基法26条に基づく使用者の責めに帰すべき事由に基づく休業の場合，平均賃金の60％以上の休業手当を支払わなければならないなどがある。民法632条請負や民法643条委任の場合，労基法上の保護は受けられない。

　労働基準法の適用の有無は労基法9条の労働者に該当するかどうかで決まる。労基法9条にいう労働者とは，職業の種類を問わず，事業または事業所に使用される者で，賃金を支払われる者と定義され，労働契約法（労契法）2条1項にいう労働者とは，使用者に使用されて労働し，賃金を支払われる者と定義されている。労基法と労契法の労働者概念は一般に同一のものと解されており，最低賃金法，労働安全衛生法，労働者災害補償法などのその他の労働保護法も明文の規定や解釈によって労働者概念は労基法上の労働者概念と同一と解されて

いる。たとえば，研修医や備車運転手（車持ちの運転手）等が労基法上の労働者であれば，労基法上の保護を受けることができる。同様に，労基法上の使用者であるならば，使用者責任を負うことになる。

3 労働契約

3−1 労働契約

契約はお互いの合意によって成立する。契約の成立によって，権利および義務がそれぞれ発生する。労働契約を締結することによって，表21−1のような労使双方に主たる義務および付随的義務が生じる。労働契約を締結することで，主たる義務として，使用者は労働者に対し，業務命令を出し（業務命令権），それに労働者は応じる義務（労務提供義務）が生じる。そして，労働者は労働契約に基づき賃金を請求すること（賃金請求権）ができ，使用者は賃金を支払わなければならない（賃金支払義務）。

3−2 就業規則

労働契約は，使用者と労働者の1対1での交渉によって締結され，権利義務関係が発生するが，多数の労働者を使用して効率的な事業経営を行うためには，労働条件を統一的・画一的にする必要がある。そのような事業経営上の必要性から使用者が一方的に定める事業場の労働者全体に対して統一的に適用される労働条件に関する規則を「就業規則」という。労基法89条は，「常時10人以上の労働者を使用する使用者」に，就業規則の作成義務とその届出義務を課している。

労働契約と就業規則が異なる場合，どのように扱うことになるのだろうか。たとえば，労働契約で所定労働時間8時間と契約を交わしたが，就業規則で所

表21−1 労働契約上の権利義務

	使用者	労働者
主たる義務	賃金支払義務 業務命令権	賃金請求権 労務提供義務
付随的義務	安全配慮義務 個人情報・プライバシー保護義務	企業秩序保持義務 競業避止義務 秘密保持義務

定労働時間7時間と明記されていた場合を想定してみよう。

就業規則の労働契約に関する効力として，労契法12条は，「就業規則で定める基準に達しない労働条件を定める労働契約は，その部分については，無効とする。この場合において，無効となった部分は，就業規則で定める基準による」として，強行的直律的効力を付与している。したがって，前記の例の場合，労働契約で交わした所定労働時間8時間が無効となり（強行的効力），無効となった部分が就業規則の定めによる所定労働時間7時間という契約になる（直律的効力）。

次に就業規則と労働協約が異なっていた場合，どのように取り扱うのだろうか。労働協約とは，労働組合と使用者が団体交渉の結果，合意した部分について書面で記載されたものである。話し合いで作成されたものと使用者が一方的に作成したものとでは，どちらが優先されるのかということでもある。労働組合と使用者が団体交渉の結果として締結された「労働協約」（労組法14条）と使用者が一方的に定めた「就業規則」との関係は，労基法92条1項および労契法13条から労働契約＜就業規則＜労働協約という形が成り立つ。ただし，労契法7条により，特約がある場合は，特約が就業規則を優先することには注意を要したい。

就業規則が労働者に不利益に変更された場合，これに同意しない労働者にもこれに拘束されるかが問題となる。この点については，原則として不利益変更はできない（労契法9条）。ただし，「労働者の受ける不利益の程度，労働条件の変更の必要性，変更後の就業規則の内容の相当性，労働組合等との交渉の状況その他の就業規則の変更に係る事情に照らして合理的なものであるとき」（労契法10条）は，不利益変更が例外的に認められる。

3−3　賃金

労働者は働くことで，賃金を受け取るが，その賃金にもルールがある。働いた分の賃金を会社の商品で支払うということは，認められない。

賃金とは，賃金，給料，手当，賞与その他の名称の如何を問わず，労働の対象として使用者が労働者に支払すべてのものをいう（労基法11条）。たとえば，賞与や退職金について，就業規則や労働協約に規定があり，その支給基準が明確であるものは「賃金」に該当し，使用者に支払義務が生じるが，そうし

た規定がなく使用者の裁量に依存する場合は、「賃金」には該当しない。

　賃金の支払方について①通貨払い、②直接払い、③全額払い、④毎月1回以上一定期日払の原則が定められている（労基法24条）。銀行振り込みが一般化しているが、労基法24条で、手渡しが大原則であり、賃金は強制通用力のある通貨で支払わなければならない。日本において強制通用力のある通貨とは円であり、暗号資産（仮想通貨）であるビットコインや外貨で支払うことは原則として許されない。次に、直接払いの原則とは、本人に直接支払わなければならず、たとえ、親に本人に代わって支払うことも認められない。全額払いとは、賃金は全額支払わなければならず、税金や社会保険料を賃金から引くのが許されるのはその例外である。毎月1回以上一定期日払いとは、労働者の生活の安定を図るため、毎月1回以上一定期日に賃金を支払わなければならず、年俸制であっても毎月支払わなければならない。

　使用者の責に帰すべき事由による休業の場合、使用者は休業期間中の労働者にその平均賃金の100分の60以上の手当を支払わなければならない（労基法26条）。たとえば、今日お客さんがいないから来た早々悪いが、仕事をしないで帰らされたという場合、仕事をしていなくても使用者は労働者に100分の60の休業手当を支払わなければらない。

　賃金額は当事者の合意に委ねられるのが基本であるが、労働者の生活維持のために賃金の最低基準を設定し、それを下回る賃金設定を禁止している法律が最低賃金法である。毎年10月1日頃に各都道府県の最低賃金が変わるので確認すると良い。

3-4　労働時間と休憩

　働いた時間に対して、賃金が支払われるのだから、労働時間もまた非常に重要である。労働時間には、労基法32条によって定められた「法定労働時間」、就業規則などによる労働契約上の「所定労働時間」、実際に働いた「実労働時間」がある。使用者の指揮命令下に置かれていた時間が労働時間であり、始業前の朝礼の時間、着替えの時間などが義務づけられ（または余儀なくされ）ていれば、労働時間であり、その朝礼や着替えの時間も賃金を支払わなければならない。労基法の定める労働時間規制は図21−2のようになっている。

図21−2 労働時間規制

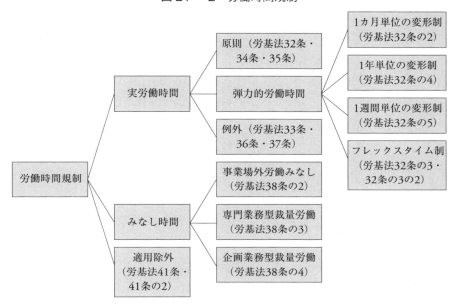

　労働時間は，1週40時間，1日8時間を原則としている（労基法32条）。休憩時間は使用者の指揮命令下から離れた時間を指し，労働時間が6時間を超える場合は45分，8時間を超える場合は1時間休憩時間を与えなければならない（労基法34条）。

　法定労働時間の8時間を超えて労働をさせる場合，労基法36条に基づく36協定を締結していなければ，そもそも残業をさせることはできない。時間外労働の上限については，月45時間，年360時間を原則とし，臨時的な事情がある場合でも年720時間，単月100時間未満，複数月80時間が限度である。また，8時間を超えて残業させた場合，労基法37条に基づき25％の割増賃金を支払わなければならない。月60時間を超えた時間外労働の場合は，50％の割増賃金を支払わなければならない（2022年3月31日まで中小企業の猶予措置あり）。また，深夜労働をさせた場合，同様に25％の割増賃金を支払わなければならない。

　年次有給休暇（年休）とは，労働者が時季指定し，休暇を取ることができる制度である（労基法39条）。年休は，「雇入れの日から起算して6箇月間継続勤

務し全労働日の 8 割以上出勤した場合」10 日付与しなければならない。なお，使用者は「事業の正常な運営を妨げる場合」，時季変更権を行使することが許される。また，後述するパートタイム労働者にも年休は比例付与される。 使用者は，10 日以上の年次有給休暇が付与される労働者に対し，年次有給休暇のうち年 5 日については，毎年，時季を指定して与えなければならない。

　柔軟な働き方として，①フレックスタイム制の「清算期間」の上限を 1 カ月から 3 カ月に延長し（労基法 32 条 3 の 2），②職務の範囲が明確で一定の年収（少なくとも 1000 万円以上）を有する労働者が，高度の専門的知識を必要とする等の業務に従事する場合に，年間 104 日の休日を確実に取得させること等の健康確保措置を講じることにより，本人の同意や委員会の決議等を要件として，労働時間，休日，深夜の割増賃金等の規定を適用除外とする高度プロフェッショナル制度を創設した（労基法 41 条の 2）。

3－5　解雇と懲戒

　どのような場合に，労働契約が終了するのかというと，①使用者による解雇，②労働者による辞職，③労働契約の期間満了などがある。③については，第 2 節で後述するとして，ここでは①と②について取り扱うこととする。

　使用者による解雇の場合，合理的な理由を欠き，社会通念上相当であると認められない解雇は無効である（労契法 16 条）。また，解雇をする場合，少なくとも 30 日前に予告をしなければならない（労基法 20 条）。解雇予告期間は予告手当の支払により短縮することもできる。

　一方，労働者が辞職する場合，解約の申入れの日から 2 週間を経過したときに，辞職することができる（民法 627 条 1 項）。

　労働契約を締結した場合，使用者は，使用者の業務命令に従わない労働者に対して，使用者が就業規則に懲戒に関する規定があり，懲戒事由に該当する場合，懲戒処分を下すことができる。

　懲戒処分の種類には，①始末書を提出させて将来を戒める「譴責」，将来を戒めるのみで始末書の提出を伴わない「戒告」，②本来支払われるべき賃金額から，一定額を控除する「減給」，③出勤を一定期間禁止する「出勤停止」，④現在の職位より低位の職位につける「降格（降職）」，⑤労働者に辞表の提出を勧告して退職させ，退職金を支給する「諭旨解雇」，解雇予告・予告手当の支払も

262

なく即時解雇となり，退職金も減額または不支給となる「懲戒解雇」がある。

　ただし，懲戒権の行使が濫用になる場合，すなわち，「懲戒に係る労働者の行為の性質および態様その他の事情に照らして，客観的合理的な理由を欠き，社会通念上相当であると認められない場合」には，当該懲戒処分は無効となる（労契法15条）。その基準は，①懲戒処分と違反行為の程度が均衡のとれたものである必要性のある「相当性の原則」，②従前の処分に比して均衡を失しない「平等取扱いの原則」，③本人の弁明の機会を与える「更生手続の要請」，④「処分事由の追加禁止」などである。

▶ 第2節　非正規雇用

1　有期労働契約

　非正規雇用とは，期間の定めのない労働契約で直接雇用されている正社員以外の雇用形態全般を指す。したがって，①期間の定めのある「有期労働契約」，②フルタイムではない「パートタイム（アルバイト）」，③企業に直接雇用されていない「派遣労働」が非正規雇用に当たり，それぞれについて説明する。

　まず，有期労働契約の場合，契約期間に上限規制がある。原則として3年，例外として，事業の完了に必要な期間または専門的知識を有する場合および満60歳以上の労働者の場合は5年である（労基法14条）。有期契約の中途解約は労契法17条「やむを得ない事由がある場合でなければ」期間途中で解雇することはできない。

　一方，契約期間満了後も労働契約を継続する契約更新は認められるが，それを何度も反復更新した場合，「雇止めの法理」が適用される。すなわち，「期間の満了ごとに当然更新を重ねてあたかも期間の定めのない契約と実質的に異ならない状態で存在していた」場合，その雇止めには解雇権濫用法理が類推適用され，客観的・合理的な理由が要求されるのである（労契法16条）。

　また，労働契約法18条に基づき，有期契約労働者は5年経過したら無期転換申込権が発生する。近年では，労働契約法20条に基づく正社員とパートタイム労働者との不合理な労働条件の禁止について争われた裁判例がいくつか出てきている（長澤運輸事件（最二小判平30・6・1），ハマキョウレックス事件（最二小判平30・6・1））。

第21講　ビジネスと企業組織4　企業と従業員（労務管理）　263

2　パートタイム

　労働基準法では，パートタイム労働者も含めて，労働者との労働契約の締結に際して，労働条件を明示することが事業主に義務付けられ，とくに，「契約期間」「有期労働契約を更新する場合の基準」「仕事をする場所と仕事の内容」「始業・終業の時刻や所定時間外労働の有無，休憩，休日，休暇」「賃金」「退職に関する事項」などについては，文書で明示することが義務付けられている。それに加えて，パートタイム労働法ではパートタイム労働者を雇い入れたときは，「昇給の有無」，「退職手当の有無」，「賞与の有無」，「相談窓口」の4つの事項を文書の交付などにより，速やかに，パートタイム労働者に明示することが義務付けられている。

　なお，2020年4月（中小企業は2021年4月）からパートタイムから有期雇用労働者も対象に含まれ，①正社員と非正社員の間で，基本給や賞与などあらゆる待遇について不合理な待遇差を設けることが禁止され，②非正社員は，正社員との待遇差の内容や理由などについて，事業主に対して説明を求めることができる（表21－2）。

3　労働者派遣

　今まで使用者・労働者の二者間関係だったが，派遣の場合は，三者間関係になる（図21－3参照）。派遣元が，労働者に仕事を紹介するが，実際に仕事をする所は派遣先である。労働契約上の権利義務は，誰が持つのかという問題が

表21－2　不合理な待遇差の禁止，待遇に関する説明義務

【改正前→改正後】○：規定あり　△：配慮規定　×：規定なし　◎：明確化

	パート	有期	派遣
均衡待遇規定	○→◎	○→◎	△→○＋労使協定
均等待遇規定	○→○	×→○	×→○＋労使協定
ガイドライン	×→○	×→○	×→○

	パート	有期	派遣
雇用管理上の措置の内容の説明義務（雇入れ時）	○→○	×→○	○→○
待遇決定に際しての考慮事項の説明義務	○→○	×→○	○→○
待遇差の内容・理由の説明義務	×→○	×→○	×→○
不利益取扱いの禁止	×→○	×→○	×→○

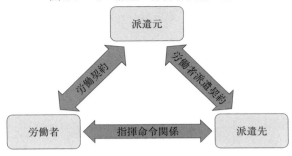

図21-3 派遣・労働者供給の違い

生じる。たとえば，業務命令を出せるのは派遣先であり，派遣元は業務命令を出せない。また，賃金の支払義務があるのは，派遣元である。

派遣労働は1985年に労働者派遣法が制定されるまでは，労働者供給事業の一形態として職業安定法44条によって全面禁止されていた。労働者派遣は，一時的に欠員がでた場合のつなぎや穴埋めのために即戦力となるスキルを持った労働者（または，高度に専門的な知識を持った労働者）を臨時に送り込む制度として制定されたが，次々と規制緩和が行われてきた。

2015年の改正労働者派遣法で，①従来の一般労働者派遣事業（登録型）と特定労働者派遣事業（常用型）の区別を撤廃し，すべての派遣事業を許可制にし，②事業単位の派遣可能期間の制限を廃止し，代わりに派遣先の事業所ごとの期間制限と同一の派遣労働者に係る期間制限を設けた。さらに，③派遣元事業主に派遣労働者の雇用安定措置とキャリア形成のための措置を義務づけた。

この改正によって，派遣労働者は安定した働き方になったかというと必ずしもそうではない。むしろ，派遣法制定前から議論がなされていた正社員が派遣労働者にとって代わるのではないかという常用代替防止の事実上の撤廃であるとの指摘もある。

4　社会保険

2017年4月から非正規雇用労働者に対して，厚生年金保険・健康保険の適用拡大がなされた。以下の要件をすべて満たした場合，適用される。①1週間あたりの決まった労働時間が20時間以上であること，②1カ月あたりの決まった賃金が8万8000円以上であること，③雇用期間の見込みが1年以上である

こと，④学生でないこと，⑤（1）従業員数が501人以上の会社（特定適用事業所）で働いている，または（2）従業員数が500人以下の会社で働いていて，社会保険に加入することについて労使で合意がなされていること。

　また，育児休業は，①1年以上の期間続けて雇用されて，②子が1歳6カ月到達までの間に契約が終了することが明らかでないものであれば，正社員でないパートタイム労働者であっても取得できる（パートタイム労働法5条1項但書）。現在，育児休業給付金は雇用保険から休業開始後6カ月間は休業開始前賃金の67％（その後は50％）が支給される。

【参考文献】
菅野和夫『労働法（第11版補正版)』弘文堂，2017年。
荒木尚志『労働法（第3版）』有斐閣，2016年。
藤川信夫・松嶋隆弘編『エッセンシャルビジネス法務』芦書房，2011年。
「働き方改革を推進するための関係法律の整備に関する法律」について（2019年
　2月28日閲覧）. https://www.mhlw.go.jp/stf/seisakunitsuite/bunya/0000148322
　_00001.html

（松井丈晴）

第22講

企業取引1
債権管理・回収

学修の要点

・債権と債務の意味について復習しよう。
・担保以外の債権管理の方法について，具体例とともに大枠を理解しよう。
・債権を回収する方法について，具体例とともに大枠を理解しよう。

第1節　企業が存続するための取引

　昨今，社会的な影響の大きい企業の倒産がマスメディアで紹介されている。とくに，一般消費者が大きい影響を受ける企業の倒産は，大きく取り上げられているところである。では，企業は，どのようにして存続していくのだろうか。投資家やスポンサーから出資を受ける，銀行からお金を借りるといった方法で資金を得る場合もあるだろう。しかし，最も重要なのは，自社の商品やサービスを提供し，その対価を得て，会社を動かすための資本（お金）を得ることである。人は，日々の生活のためにお金が必要であり，そのために働いて給料を得るのであるが，これと同様に，企業も，日々会社を運営するためのお金を，自社の商品やサービスを提供して得るのである。

　自社の商品やサービスを提供するといった活動の中心は，取引である。取引は，商品，サービス等の提供と，その代金の支払といったやりとりのことを指すものと考えていただいて差し支えない。たとえば，物を製造するA社が，その材料をB社から仕入れて，商品を作り，これをC社に売るという場合を考えてみよう。A社によるB社からの材料の仕入れは，B社がA社に材料を納品し

第22講　企業取引1　債権管理・回収　267

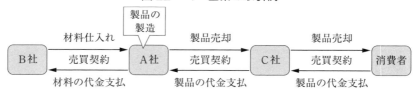

図22−1 企業の取引例

て，その代金をA社がB社に支払うという取引がなされる（このように，ある物を納品して，その代金を支払うという取引を，「売買契約」という。日々，コンビニエンスストアやスーパーで商品を買うことも同じく売買契約である）。また，A社が，仕入れた材料をもとにして製品を製造して，この商品を売却するという取引（A社とC社との売買契約）がなされる。さらに，企業間での取引だけでなく，A社から製品を購入したC社が，一般消費者に売却する（C社と消費者との売買契約）という取引もある（図22−1参照）。このように，企業は，日々，取引を行っており，取引を経て，収益を上げて，存続するのである。

　前記の例のような取引（売買契約）において生ずるのは，債権と債務である。前記の例のA社とB社との取引でいえば，A社は，B社に対し，商品の材料を引き渡せという権利（債権）を有し，他方で当該材料の代金を支払うべき義務（債務）を負う。その裏返しとして，B社は，A社に対し，材料の代金を支払えという権利（債権）を有し，他方で当該材料を引き渡すべき義務（債務）を負うことになる。

　こうして，取引によって債権が，その裏返しとして債務が発生するわけであるが，企業が存続するためには，単に債権を持っているだけではなく，これを回収して，自社の売上にしなければならない。また，債権を回収するためには，適切に債権を管理する必要もある。本講では，企業が日常の取引を行う際に生ずる債権に関して，その管理および回収の方法について，概観するものである。

第2節　債権とは何か

1　債権と債務——取引における権利と義務——

　債権とは，特定の人が特定の人に対して一定の財産的行為を請求する権利である。簡単にいえば，誰かに対し何かをしろと請求する権利のことで，たとえ

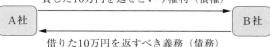

図 22 − 2 債権と債務

名称	内容	例
債権	誰かに何かをしろと請求する権利	貸した 10 万円を返せという権利
債務	誰かに何かをしなければならない義務	借りた 10 万円を返す義務
債権者	債権を有している者	貸した 10 万円を返せという権利を持っている人（10 万円を貸した人）
債務者	債務を負っている者	借りた 10 万円を返す義務を負っている人（10 万円を借りた人）

ば，貸した 10 万円を返せと請求する権利のことである（債権および債務については，「第 2 講 小売業における法律問題」も参照されたい）。債務とは，債権を履行すべき義務のことをいい，簡単にいえば，誰かに何かをしなければならない義務のことである。たとえば，借りた 10 万円を返さなければならないという義務のことである。また，債権を有している者のことを債権者といい，債務を負っている者のことを債務者という。

債権の例としては，お金を貸したり，物を売ったりしたことに基づく金銭の請求権，物の引渡しを求める請求権などがある。A 社が，B 社に対して，10 万円を貸したという例でいえば，A 社の B に対する 10 万円を返せという権利が債権である。そして，その裏返しである B 社が A 社に 10 万円を返すべき義務が債務である（図 22 − 2 参照）。

2　債権・債務はどのようにして発生し，どのような意味をもっているのか

債権が，企業間の取引（契約）によって発生することは既に説明した。企業間の取引によって，物や金銭を取引相手に請求できる債権が発生する。そのほかにも，債権は，たとえば，歩行者が車にぶつけられたような交通事故でも発生する。歩行者は，車の運転手に対して，治療費等を請求する債権を有することになる（車をぶつけるといった権利を侵害する行為は，「不法行為」と呼ばれる（民法 709 条））。

取引（契約）や不法行為によって発生した債権は，物や金銭等の給付を受けることを目的とする。たとえば，物を製造するA社が，その材料をB社から仕入れて，商品を作るという企業間の取引の例でみてみよう。A社は，B社との取引である売買契約という契約によって，B社から材料を引き渡してもらうことを目的とした，B社に対し商品の材料を引き渡せという権利（債権）を有するのである。また，B社は，A社に対し，材料の代金の支払を目的とした，材料の代金を支払えという権利（債務）を有するのである。

3　債権の消滅―債権は発生しても永久に存在せず消滅する―

3－1　弁済による債権の消滅

一度発生した債権であっても，永久に存在するわけではなく，一定の原因によって，消滅する。債権の消滅原因として最も代表的なものは，弁済である。弁済とは，債務者が債権の内容を実現することをいい，これによって債権が消滅する。簡単にいえば，誰かに何かをしなければならない義務を現実に行うことであり，たとえば，借りていた10万円を返すことである。

この弁済について，図22－1記載のA社とB社の取引の例でみてみよう。物を製造するA社が，その材料をB社から仕入れて，商品を作る場合，A社のB社に対する商品の材料を引き渡せという債権は，B社からA社に材料が引き渡されたときに実現されたことになる。このB社がA社に材料を引き渡した行為が，弁済である。また，B社のA社に対する材料の代金を支払えという債権は，A社が代金を支払ったときに実現されたことになり，A社がB社に対して代金を支払った行為が，弁済である。このような弁済があった場合に，A社とB社のいずれの債権も実現されて，消滅するのである。なお，弁済について改正前民法では規定を置かれていなかったが，改正により規定されることになった（民法473条）。

3－2　時効による債権の消滅

債権は，一定の期間行使しないと，消滅してしまう。これを，消滅時効という。具体的には，権利を行使することでできることを知った時から5年間行使しないとき，または権利を行使することでできる時から10年間行使しないときは消滅する（民法166条1項）。たとえばAさんが，友人であるBさんに対

270

し，一定の期限までに返す約束で，10万円を貸したが，その期限が経過したことを知ったときから5年間，またはその期限の経過時から10年経ってしまうと，時効によって10万円を返せという債権は消滅し，Aさんは，Bさんに対して，10万円を返せと請求することができなくなってしまう（なお，消滅時効については，「第3節　債権の管理　2-3　時効の更新と完成猶予」も参照されたい）。

3-3　相殺による債権の消滅

　相殺（そうさい）という債権消滅原因がある（民法505条）。相殺とは，お互いに債権を持っている場合に，その債権を，同じ額で消滅させることをいい，簡単にいえば，向かい合ったお互いの権利を無いものとすることである。たとえば，A社がB社に対して100万円を貸したためにこれを返せという債権を有していて，反対に，B社がA社に対して自動車を100万円で売ったために同代金を支払えという債権を有していた場合についてみてみよう。A社が，B社に対して有している100万円の貸金債権で，自動車の代金100万円と相殺するとの意思表示をした場合，お互いの100万円が差し引きして0円とされて，債権が消滅するのである。この場合，A社が相殺の意思表示をしてB社に対して働きかけを行っているため，A社が有している貸金債権は，自働債権と呼ばれる。反対に，B社が有している債権は，相殺を働きかけられる側であるため，受働債権と呼ばれる（図22-3参照）。

図22-3　相殺

▶第3節　債権の管理—企業が損失を出さないために—

1　企業における債権管理

　企業は，日々営業活動を行っているが，債権を有する取引先から債権を回収

できなくなり損失を出してしまわないように，取引先の資金の状況やお金の流れの状況等の変化には常に注意し，迅速に対応を行う必要がある。そのために，企業は，日ごろから取引関係にある企業との契約書類や回収していない債権の確認を行いつつ，取引先の状況を調査し，取引先のさまざまな変化等への対応を行っている（このような対応の詳細等については，「第23講　企業取引2　与信取引と担保」を参照されたい）。取引先の経営が苦しい状態にある兆候がみられる場合には，取引を停止するなどの対応もとり，債権を回収しつつ，回収不可能になる債権を発生させないように努める。このように，企業は，日々取引先に対する債権を管理しているが，そこで重要になるのは，債権を保全するための方法，簡単にいえば回収不能のリスクを避けるための方法である。債権を保全する方法として，最も重要なものは，担保である。担保は，債務者が債務を履行しない場合に備えて債権者に提供され弁済を確保するためになされるものであり，代表的なものとして，物的担保の抵当権，譲渡担保があり，人的担保として保証がある（担保については，「第23講　企業取引2　与信取引と担保」を参照されたい）。また，担保以外にも，債権を保全するための方法がある。

　以下では，まず，担保以外の債権を保全するための方法について概観する。また債権は時効によって消滅してしまうことから，これに対応するための債権管理についても概観し，債権譲渡による債権管理についても概観する。

2　担保以外の債権を保全するための方法―回収不能のリスクを避けるために―

2－1　遅延損害金の設定―期限内に支払うように動機づけをする―

　まず，取引を行うにあたって，遅延損害金を設定する方法が挙げられる。遅延損害金とは，支払期限までに弁済がない場合に，一定の割合で支払が遅れた期間に応じて発生する損害金である。レンタルショップで DVD や CD を借りた場合に，返却期限までに返却しないと，延滞料といった名目で，一定のお金を支払う必要が生じるが，これと同じようなものとしてイメージしていただいて差支えない。

　たとえば，A 社が B 社に対し 100 万円の商品を売る際に，B 社が支払期限までに代金を支払わない場合には，年 10％の遅延損害金を支払うと契約において定めた場合をみてみよう。B 社が支払期限に代金 100 万円を支払うことができ

なかったため遅れて支払う場合，年10％の割合による遅延損害金を支払が遅れた期間に応じて，もともとの代金100万円に加算し弁済しなければならないことになる。1年間支払が遅れれば，代金100万円に加えて，その10％に相当する10万円を加算して，110万円を支払わなければならないことになる。

このように，遅延損害金を定めた場合，支払期限に遅れれば，もともとの金額に加算して支払わなければならなくなるため，債務を負っている側としては，これを避けるために，できるだけ期限内に支払おうと考えることが通常である（DVDやCDのレンタルの場合も延滞料を支払いたくなければ，期限内になんとかして返却するであろう）。そのため，遅延損害金を定めることによって，取引先には，期限内での支払を促す効果が期待でき，債権を保全することにつながるのである。

2−2 相殺の活用―自社と取引先が互いに持っている債権を活用した債権の保全―

次に，相殺を活用することが挙げられる。相殺は，債権の消滅のところで説明したとおり，お互いに債権を持っている場合に，その債権を，同じ額で消滅させることをいう。そのため，A社が，100万円で商品を売る際に，取引先B

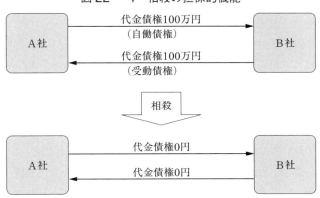

図22−4　相殺の担保的機能

・B社のA社に対する代金債権を0円になる。
・A社はB社に対する代金債権100万円を回収した場合と同じになる。

社からも 100 万円で商品を購入するなどして，互いに代金債権をもっていれば，B 社に 100 万円を支払うだけのお金がなくとも，A 社は，お互いの債権を消滅させて，100 万円を回収した場合と同じ効果を得ることができる。このような効果は，債務を消滅させつつ，債権回収を行えるため，「相殺の担保的機能」と呼ばれている（図 22 − 4 参照）。

2−3　時効の更新と完成猶予—時効によって債権が消滅してしまうことを避けるために—

　債権は，権利を行使することでできることを知った時から 5 年間行使しないとき，または権利を行使することでできる時から 10 年間行使しないときは消滅してしまう（民法 166 条 1 項）。

　そのため，債権者は，債権の消滅時効完成を避けるためには，時効の更新または時効の完成猶予となる措置をとる必要がある。時効の更新は，進行した時効期間が中断され新たに一から時効が進行する制度である。たとえば，お金を貸して，支払期限から 3 年経ったところで，時効の更新の措置をとれば，それまでの 3 年間はリセットされて，その時からまた改めて時効が一から進む。時効の完成猶予は，進行した時効期間はそのままであるが時効の完成が猶予される制度である。たとえば，お金を貸して，支払期限から 3 年経ったところで，時効の完成猶予の措置をとれば，既に経ってしまった 3 年間はリセットできないが，その時点で時効が進むことが一旦ストップされる。

　時効の完成猶予事由として，裁判上の請求（民法 147 条 1 項 1 号）が挙げられる。裁判上の請求は，訴訟を提起して支払を求めるものである。その他，支払督促の申立て（民法 147 条 1 項 2 号），裁判上の和解（民法 147 条 1 項 3 号），強制執行（民法 148 条 1 項 1 号）および担保権の実行（民法 148 条 1 項 2 号）（なお，支払督促の申立て，強制執行および担保権の実行については「第 4 節　債権の回収　3　法的手段による債権回収」および「3 − 4　担保権実行による債権回収」も参照されたい），催告（民法 150 条）および協議を行う旨の合意（民法 151 条）等によっても時効の完成が猶予される。このような時効完成猶予事由が終了するときまでは，時効が完成しないことが基本とされている。すなわち，時効が進むことが，一旦ストップするのである。

　時効の更新事由として，債務の承認（民法 152 条）が挙げられる。債務の承

認は，読んで字のごとく，債務者が，債務を負っていることを認めることである。たとえば，債務者が，一部でも弁済を行えば，これは債務の存在を認めたものとされ，時効が更新する。また，債務者が支払猶予を求めた場合（支払期限を延ばしてほしい等）も債務を承認したものとして時効が更新する（時効が更新されると，経過してしまった期間はリセットされて，改めて一から時効が進むことになる）。その他には，確定判決または確定判決と同一の効力を有するものによって権利が確定した場合等が挙げられる。裁判上の請求たる訴訟を提起し，裁判所による判決がなされ，これが控訴期間の満了等により確定した場合を判決の確定といい，時効の更新事由となる。また，裁判上の和解が成立した場合，確定判決と同様の効力を有することから，裁判上の和解の成立も時効の更新事由となる（民法147条2項）。

2-4 債権譲渡―他人に債権を売って回収を図る―

債権譲渡とは，債権をその同一性を変えずに債権者の意思によって他人に移転させることをいう。このような債権譲渡は，債権管理において，以下のような点で機能する。

債権は，言うまでもなく，弁済を受けることで実現される。たとえば，A社が，B社に対し商品を代金100万円で売却した場合，A社は，B社から代金100万円の弁済を受けてはじめて代金債権が実現される。しかし，B社の資金繰りが苦しい場合等，B社からの弁済が期待できない場合がある。このような場合において，A社は，B社に対する債権を第三者（C社）に回収不能となるリスクごと売却してしまうことで，回収不能のリスクを避けるのである。また，

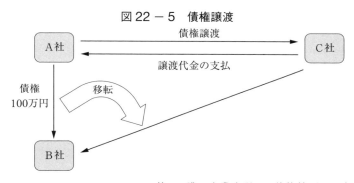

図22-5　債権譲渡

A社は，C社に債権を売却した際の代金の支払を受けることで，B社から一部でも弁済を受けた場合と同様の効果を得られるのである。ただし，回収が困難となるリスクも含めて譲渡することになるため，代金は債権額（100万円）と比して相当程度低額にならざるを得ないことが通常である。そして，このような債権譲渡によって，当該代金債権は，A社からC社に移転し，C社が債権者となる（図22－5参照）。

第4節　債権の回収

1　取引先から債権を回収する方法

これまで，債権の管理について概観してきたが，以下では，実際に債権を相手方から回収する方法について概観する。

2　相殺による債権回収

債権の消滅原因として，また，債権管理において債権を保全するため担保としての機能を果たす制度としても説明したところであるが，相殺は，弁済を受けたのと同様の効果を得る機能がある。たとえば，A銀行がB社にお金を貸したが，B社が期限までに支払わない場合，B社がA銀行に有する預金債権と相殺することによって，債権回収をした場合と同様の効果を得ることができる。

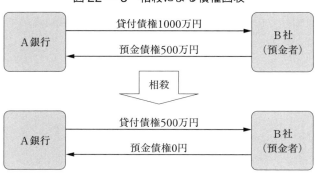

図22－6　相殺による債権回収

・A銀行は，B社がA銀行にもっていた預金から500万円分を回収した場合と同様の効果を得ている。

相殺は，担保的機能を有し，実際に相殺をすることで，その機能を発揮して，債権回収を可能にするのである（図 22 − 6 参照）。

3　法的手段による債権回収─債務者から強制的に債権を回収するために─

債務者が任意に債務を履行しない場合，債権者は，法的手段を用いて債権の実現を図ることになる。法的手段を用いて，債務の内容を強制的に実現する手段を強制執行という。簡単な例を挙げれば，債務者が現金で支払うことはできないが，マンションをもっている場合，債権者がそのマンションを強制的にお金に換えてしまい，そのお金から支払を受けるといった方法である。

このような強制執行は，不動産執行，動産執行，債権執行に分かれている。不動産執行および動産執行は，債務者所有の不動産（土地，建物，マンション等）または動産（高価なブランド品，絵画，骨董品等）を差し押さえて，これを競売し，競売代金から債権の満足に充てるというのが典型的な方法である。また，債権執行は，債務者の給料や預金を差し押さえて，債務者の勤務先や債務者が預金を持っている銀行から，直接債権者に支払がなされることによって，債権の回収を図るものである。

強制執行は，執行力のある債務名義（民事執行法 22 条）に基づいてなされるため，債権者は，強制執行を行うためには，債務名義を取得する必要がある。債務名義は，強制執行の根拠となるもので，債権が存在していることおよびその金額等の範囲を示した文書であり，法律によってその効力が認められたものである。以下では，債務名義として法律によって認められた主要なものについて概観し，担保権実行による債権回収についても概観する。

3−1　公正証書─公証人に関与してもらい文書を作成する─

公正証書は，公証人によって作成される文書であり，強制執行を受けることを債務者が承諾する内容が記載された公正証書であれば，債務名義となり，強制執行が可能である（民事執行法 22 条 5 号）。

3−2　支払督促─裁判所を通じて支払を求める方法─

支払督促は，簡易裁判所に対し申立てを行うもので，簡易裁判所を通じて，

債務の履行の督促を行う制度である。金銭等の給付を目的とする債権について，比較的簡単な手続によって行うことが可能である。たとえば，A社がB社に対し500万円の債権を有しているが，任意の支払がなされない場合に，簡易裁判所に対して支払督促を申し立てた場合をみてみよう。申立てを受けた簡易裁判所は，B社に対して，A社に対する500万円の債務を支払うよう督促をする。つまり，簡易裁判所から，B社に対し，A社にお金を払いなさいと書かれた文書が送付されてくるのである。このような簡易裁判所による督促がB社に送られた後，2週間以内にB社は異議を申し立てることができるが，これがなければ，A社は，簡易裁判所に対し仮執行宣言を付すよう申立て，仮執行宣言を取得できる。仮執行宣言は，強制執行を認める宣言のことで，この仮執行宣言の付された支払督促が債務名義となり（民事執行法22条4号），強制執行が可能となる。なお，B社から異議の申立てがあれば，通常訴訟に移行することになる。

3-3　通常訴訟—訴えを起こして判決を得る—

　債権を回収するために，訴訟を提起し，確定判決または仮執行宣言付判決を得て，これを債務名義（民事執行法22条1号・2号）として強制執行を行うものである。

3-4　担保権実行による債権回収

　担保権は，債務者が債務を履行しない場合に備えて債権者に提供され弁済を確保するために設定されるものである（担保については，「第23講　企業取引2　与信取引と担保」を参照）。そのため，債務者が弁済を行わない場合には，担保権を実行して債権の回収を図ることができる。

　たとえば，抵当権では，抵当権の目的となっている不動産を競売によって売却し，その売却代金から被担保債権の満足を図ることができる（民事執行法180条1号）。不動産担保権の実行には，このような競売のほか，担保不動産収益執行があり（民事執行法180条2号），これは，たとえば，担保不動産がマンションの場合，売却せずに，管理して賃料等の収益を上げて，そこから債権の満足を図るものである。

　抵当権の目的となっている不動産を競売する場合を具体例でみてみよう。A社が，B銀行から，3000万円を借りて，その所有する土地とその土地上にある

278

図 22 − 7 　抵当権

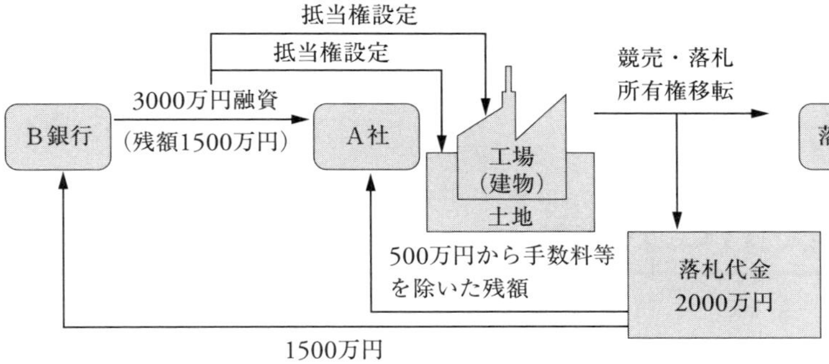

抵当権設定
抵当権設定
競売・落札
所有権移転

B銀行 ── 3000万円融資（残額1500万円） ── A社 ── 工場（建物）土地 ── 落札者

落札代金 2000万円

500万円から手数料等を除いた残額

1500万円

工場に抵当権を設定したとする。その後，A社の資金繰りが苦しくなり，返済が滞ってしまったような場合，B銀行は，A社所有の土地と工場の競売を裁判所に対し申し立てる。裁判所は，B銀行からの申立てを受けて，競売を実施し，その中で最高値をつけた者が落札する（買い取る）ことになる。そして，当該落札金額が2000万円，A社のB銀行に対する残債務が1500万円だったとすると，2000万円のうち，1500万円がB銀行に支払われて，残額から手数料等を控除した金額がA社に渡されることになる。また，A社の土地と工場の所有権は，落札者に移転することになる。このように，抵当権は，万が一債務者が債務を履行しない場合に，弁済を確実かつ優先的に受ける効力を有するのである（図22−7参照）。

【参考文献】
潮見佳男『民法（債権関係）改正法案の概要』きんざい，2015年。
永野良佑『ファイナンスの実務と法』中央経済社，2013年。
藤川信夫・松嶋隆弘『エッセンシャルビジネス法務（補訂版）』芦書房，2012年。
山川一陽・根田正樹『ビジネス法務の基礎知識（第2版）』弘文堂，2012年。
松井宏興『担保物権法　民法講義3（補訂第2版）』成文堂，2011年。
唐沢宏明『ビジネス法入門』日本経済新聞社，2005年。

（帷子翔太）

第23講

企業取引2
与信取引と担保

学修の要点

・企業における与信管理について，その具体例とともに大枠を理解しよう。

・与信において重要な担保の概念を理解しよう。

・担保における物的担保と人的担保を，その代表例とともに，大枠を理解しよう。

▶ 第1節　企業における信用リスクの回避

　　企業が，活動を行うにあたって負っているリスクには，どのようなものがあるだろうか。地震や火事等の災害によって財産が失われてしまうリスク，従業員の退職や不正行為のリスク，世界情勢による株価が下がるリスク等数えればきりがないリスクがある。会社は，さまざまなリスクを負っているが，その中でも，大きなものが，信用リスクである。これは，取引先が倒産してしまい，債権の全額が回収できず，損失を出してしまうような場合をいう（なお，債権の概念については，「第2講　小売業における法律問題1　契約とは何か」および「第22講　企業取引1　債権管理・回収」の該当箇所も参照されたい）。

　　たとえば，パソコン部品を作っているA社（年商1億円）には，大口の取引先として，パソコンを製造販売するB社があり，その年間の取引額が，5000万円であった場合についてみてみよう。この場合に，B社が倒産してしまうと，A社は，年商の半分に相当する売り上げを失うことになる。これを補塡するためには，別の取引で5000万円の売上を立てないとならないことになるが，そ

280

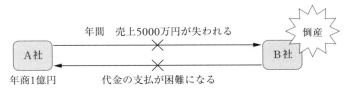

図23-1　企業の信用リスク

れはかなり困難である。また，A社が既に納品した部品があるが，その代金の支払を受けていないような場合であれば，A社は，せっかく製造して部品を納品したのに，その代金を得ることができず，売上とはならずに，損失を被ってしまうことになる（図23-1参照）。

　以上のような企業におけるリスクが，信用リスクである。企業は，信用リスクを回避するために，さまざまな対策を講じるのであるが，その中でも重要なものが，与信管理である。与信とは，読んで字のごとく，取引先に信用を与えることであり，これを用いた取引を与信取引というが，その際，確実な債権回収という観点から，担保が重要になってくる。本講では，与信および与信取引の意義，企業が信用リスクを回避するための与信管理の方法ならびに与信にあたって重要となる担保について，概観する。

第2節　与信とは何か，与信取引とは何か，与信管理とは何か

1　与信と与信取引

　与信とは，読んで字のごとく，取引先に信用を与えることである。

　たとえば，商品を販売する場合に，商品を先に相手方に納品して，代金は後日回収するという場合をみてみよう。本来，商品を納品してその代金を支払うという売買契約（民法555条）では，商品の納品と代金支払は，同時に行われることが原則である（民法533条，このような関係を「同時履行」という）。しかし，商品を先に納品しておいて，代金は後日回収するという取引を行う場合，商品を先に渡す会社は，販売先に対して，商品の代金を回収するまでの間信用を与えて，後日の代金回収という取引を行うのである。簡単にいえば，後日代金を確実に支払ってくれるであろうと販売先を信頼して（信用を与えて）取引を行うのである。

第23講　企業取引2　与信取引と担保　281

別の例でもみてみよう。銀行が高額な金銭を貸し付ける場合，返済できることを信頼して（貸付先に信用を与えて）貸すのである。また，住宅や自動車といった高額なものを購入する際，代金を分割して支払う方法をとることがあるが，これも，販売先が滞りなく返済を継続することを信頼して（販売先に信用を与えて）取引を行うのである。

前記の例でみたように，取引先を信頼すること，すなわち信用を与えることを与信といい，これを用いた取引を与信取引というのである。

もっとも，取引先の状況等に応じて，どの程度信用を与えるかどうかは異なっており，取引をするのかどうか，取引をするとしてどの程度の金額までであれば信用を与えて良いのかといった点を考えなければならない。前記信用リスクが起こり得る可能性が低い安全な会社であれば，信用を与えて取引額も大きくしても良いであろうし，他方で，信用リスクが生じる可能性のある安全ではない会社に対しては，そもそも信用を与えずに取引をせず，取引をするとしても取引金額を小さくするといった対応をとるのである。また，もともとは信用を与えて取引額を大きくしていたものの，取引継続中に代金が支払われないなどのことが生じれば，一旦は与えた信用を小さくして，取引額を縮小することもある。このように，取引を行う場合には，取引先にどの程度の信用を与えるか，どのように取引をするかといった点が重要になってくるのであるが，これを管理することが次に述べる与信管理である。

2　一般的な与信管理について

これまで，与信という概念，これを用いた与信取引および与信を管理することの重要性についてみてきたが，以下では，企業において用いられる一般的な与信管理の方法について概観する。

2－1　取引先の選別等―取引を開始するかどうかの情報収集―

まず，企業が新規の取引を始める場合，取引先を選別することになるが，ここで重要なのは，情報収集である。情報の種類はさまざまあるが，例を挙げると，以下のような情報を挙げることができる。

①業績や財務の内容
②会社の基本情報（組織形態，役員に関する情報）
③所有不動産や当該不動産に対する担保の設定状況等の情報
④信用調査機関からの情報

　企業は，新規の取引を始める際，このような情報を得て，選別し，取引を行うかどうかを決定する。情報収集の方法としては，以下のような方法がある。

①企業のウェブサイトを確認する
②取引先または同業他社からヒヤリングを行う
③調査会社へ調査を依頼する
④公にされている商業登記や不動産登記を確認する

　ただし，複数の企業と取引を行うに際して，すべての取引先のあらゆる情報を収集して分析・選別するというのは，効率的とはいえない。そこで，より効率的・合理的な手法として，多くの企業で活用されているのが，格付を用いた取引先の選別である。格付けとは，金融機関等一定の機関が，独自の評価方法をもとに，企業のランキングを付けることである。格付けという簡明な判断基準が導入されたことによって，取引先の信用を効率的に把握することができる。

２－２　与信限度管理―取引金額の上限を設定して信用リスクを避ける―

　多くの企業では，「与信限度管理」という方法で管理を行う。すなわち，取引先毎に与信限度額＝取引金額の上限を設けて，その限度範囲内で取引を行うというものである。たとえば，商品を販売製造する A 社が，これを B 社，C 社，D 社という複数の会社に販売するという取引で考えてみよう（なお，具体的に金額を設定する際は，取引額見込額等のさまざまな要素を加味して決定することになるが，ここでは，説明の便宜のため，概要を説明する）。この場合に，財務状況に全く問題がなく，利益を上げている（いわゆる黒字）の B 社には 2000 万円，B 社を基準として売上や利益がそれよりも小さい C 社には 1000 万円，D 社には

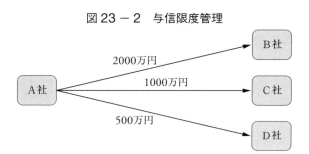

図23－2　与信限度管理

500万円という形で，与信限度額を設定するのである（図23－2参照）。

こうして定めた与信限度額の枠内において，取引を行っていくことになるが，取引を行っている日常の与信管理の基本は，与信限度内で債権額が収まっているか，支払期日どおりに支払がなされているか，取引先の状況に変化がないかどうか等について常にモニタリングすることである。万が一，財務状況の悪化などの悪い変化がみられた時は，機会を逃さず，販売の縮小や撤退を実行する必要がある。取引先の変化を知るためには，日頃から，取引先に出向き，取引先の状況を知っておかなければならず，生きた情報を得ることが重要である。

第3節　担保とは何か

担保は，債務者が債務を履行しない場合に備えて，弁済を確保するためになされるものであり，代表的なものとして，物的担保の抵当権，譲渡担保があり，人的担保として保証がある。簡単にいえば，万が一，物を売った代金が支払われない，貸したお金が返ってこないなどの状況に陥った場合に，相手方のもっている土地や建物をお金に換えて，そこから回収することができるように，あらかじめ設定しておくものが物的担保である。他方で，物を売った代金が支払われない，貸したお金が返ってこないなどの状況に陥った場合に，別に支払義務を負う保証人を定めておくことが人的担保の保証である。

前記のとおり，企業は，さまざまな情報を収集し，与信に一定の上限を設け，信用リスクが生じた際の損失をできる限り減らそうとするが，それでも取引先の倒産など予期せぬ事態が生じた場合損失を被ってしまうことになる。このような損失を避けるために，担保を予め設定しておくのである。

1 物的担保

物的担保とは，支払を確保する（担保する）ために提供される債務者または第三者の財産のことをいう。以下では，抵当権，根抵当権および譲渡担保権について概観する。

1－1 抵当権
(1) 抵当権の意義

抵当権とは，その目的物となる不動産の引渡しを受けずにその上に優先弁済を確保する担保物権である（民法369条）。この抵当権の最も大きな特色は，目的物の引渡しが要求されない点である（抵当権のような目的物の占有移転を伴わない担保を「非占有担保」と呼ぶ）。

たとえば，ある工場を営むA会社がB銀行から3000万円の融資を受け，その工場の土地と建物に抵当権を設定した場合を考えてみよう。この場合に，B銀行に対する債務が弁済されるまで工場を銀行に引き渡さなければならないとなると，融資を受けたのはいいものの，商品を作るための工場が稼働できず，結果として営業活動を行うことが困難になってしまうが，抵当権は，目的物である工場をB銀行に引き渡すことなく担保とできるため，融資を受け，かつ工場を稼働し，商品を生産・売却して利益を上げるという活動が可能になる。

また，住宅の購入資金をC銀行から3000万円借り受けて，D氏が住宅を購入し，当該住宅に抵当権を設定する場合，当該住宅を引き渡さずに，すなわち

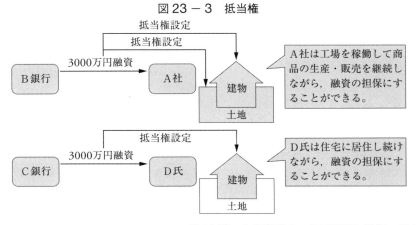

図23－3　抵当権

当該住宅に居住を継続しながら，住宅購入のために借り入れた債務の担保にすることができる。抵当権は，このように，目的物を引き渡さずに担保とすることができるという点に大きな意義がある（図23－3参照）。

（2）　抵当権の対象

前記のように，抵当権は，非占有担保であることから，債権者が抵当権の目的物を現実に占有することによって，抵当権が設定されていることを公示することができない。そのため，抵当権が設定されていることを公示する手段は，登記によることとなる。この点，登記とは，ある一定の権利関係に関する情報を，法務局の職員（登記官）が専門的な見地から正しいのかを判断した上でコンピュータに記録することをいい，この登記をすることによって，当該権利関係に関する情報が公示されることから，国民の権利の保全が図られ，また取引の安全のためにも役立っている。

このように，抵当権の公示が登記によることから，その対象も，不動産登記が可能である不動産になる（民法上は，抵当権の対象を，不動産ならびに不動産物権である地上権および永小作権に限定している。民法369条）。なお，各種特別法（工場抵当法，財産抵当法および動産抵当法等）により抵当権が認められる範囲が広げられている。

（3）　抵当権の性質

抵当権は，あくまでも担保である。すなわち，債務者が債務を履行しない場合に，その履行を確保するための手段として機能する制度である。そのため，

表23－1　抵当権の性質

附従性	被担保債権なくして抵当権は成立せず，被担保債権が消滅すればいったん成立した抵当権も消滅するという性質をいう。
随伴性	被担保債権が譲渡されれば，原則として当該債権の譲渡に随伴して抵当権も移転するという性質をいう。
不可分性	被担保債権の全額が弁済されるまで抵当権が存続する（被担保債権の一部を弁済しても抵当権は消滅しない）という性質をいう。
物上代位	抵当権の目的物が他の価値に変容した場合（たとえば売却されて金銭債権に変容した場合）に，当該代金から抵当権者が優先的に弁済を受けることができる性質または効力をいう。

表23－1記載のような性質を有している。

(4) 抵当権の効力

　抵当権の中心的効力は，優先弁済効である。すなわち，債務者が債務を履行しない場合に，抵当権の目的物を競売（民事執行法180条1号）してその代金から優先弁済を受けることであり，抵当権者は，債務の履行がなされない場合には，目的物の競売を裁判所に対し求めて，換金し，この金銭から他の債権者に先立って弁済を受けることが可能となる。たとえば，A社が，B銀行から，3000万円を借りて，その所有する土地とその土地上にある工場に抵当権を設定したとする。その後，A社の資金繰りが苦しくなり，返済が滞ってしまったような場合，B銀行は，A社所有の土地と工場の競売を裁判所に対し申し立てる。裁判所は，B銀行からの申立てを受けて，競売を実施し，その中で最高値をつけた者が落札する（買い取る）ことになる。そして，当該落札金額が2000万円，A社のB銀行に対する残債務が1500万円だったとすると，2000万円のうち，1500万円がB銀行に支払われて，残額から手数料等を控除した金額がA社に渡されることになる。また，A社の土地と工場の所有権は，落札者に移転することになる。このように，抵当権は，万が一債務者が債務を履行しない場合に，弁済を確実かつ優先的に受ける効力を有するのである（図23－4参照）。

1－2　根抵当権

(1) 根抵当権の意義

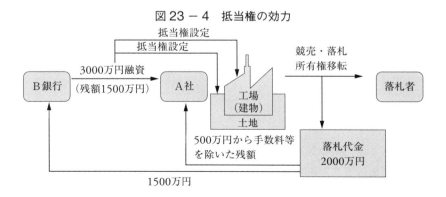

図23－4　抵当権の効力

前記のとおり，抵当権は，非占有担保として機能し，優先弁済効を有する。しかし，継続的な取引を行っているような場合において，取引の都度，抵当権を設定する契約を締結することは煩雑である。たとえば，A社が，B銀行から，500万円を借りて返済し，返済後に1000万円を借りて，その後さらに700万円を借りたという例で考えてみると，A社は，B銀行からお金を借りる都度，その所有する不動産について抵当権を設定し，登記をするということが必要となり，費用も手間もかかるのである。そこで，一定の枠（たとえば2000万円。このような一定の枠を「極度額」という）を決めておいて，A社の不動産に抵当権を設定しておき，その枠の範囲内であれば，繰り返しお金を借りて返すことを可能とし，取引の度に抵当権を設定する必要のない特殊な抵当権が認められている。これを根抵当権と呼ぶ（民法398条の2）。

（2）　根抵当権の特徴

根抵当権とは，一定の範囲に属する不特定の債権を一定の極度額の限度において担保する抵当権である。前記のとおり，通常の抵当権の場合，附従性により，被担保債権が消滅すれば，抵当権も消滅するが，根抵当権の場合，被担保債権の元本が確定するまでは，被担保債権が消滅しても，根抵当権は消滅しないという特徴がある。随伴性についても同様に，根抵当権には認められない。

元本の確定とは，根抵当権を担保にして，繰り返しお金を借りて返すことを終了させて，根抵当権によって担保される債権の金額を確定させることをいう。元本の確定の時期については，最も典型的なのは，当事者間の合意で定められた一定の期日が到来することである（民法398条の6）。その他にも，取引関係が終了した場合や，債務者が支払をせず，債権者が競売の申立てを行った場合が挙げられる（民法398条の20）。元本確定後は，根抵当権も通常の抵当権とほぼ同様の関係となる。

1-3　譲渡担保

（1）　譲渡担保の意義

譲渡担保とは，債権担保のために債務者または第三者が，その有する目的物の所有権を債権者に移転することによって担保とし，債務が履行されない場合には，担保に供されていた目的物の所有権が確定的に債権者に帰属するという

形式で行われる担保である。

　たとえば，B社がA社に対し3000万円を融資し，A社所有の動産または不動産を目的物として譲渡担保権を設定したとする。この場合，当該目的物の所有権が，債権担保に必要な範囲でA社からB社に移転することとなる。その後，A社が3000万円を弁済した場合は，当該目的物はA社に返還され，所有権がA社に帰属することになる。他方で，A社が弁済できない場合は，B社が目的物の所有権を確定的に取得して（または取得後に売却して金銭を得て），債権に充当し，債権額と比して余剰があれば，差額をA社に返還することになる（図23−5参照）。

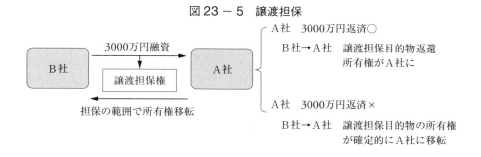

図23−5　譲渡担保

(2)　譲渡担保の機能等

　譲渡担保は，民法に定められたものではないが，抵当権にはない機能を有し，取引における必要性等から，判例や学説によって発展してきたものである。

　譲渡担保の主な機能としては，以下の2点が挙げられる。

　第一に，動産を担保に入れることが可能な点である。抵当権は不動産を対象とするものであるから，動産を債権者に引き渡さずに債務者の手元に残して利用しつつ，担保に供するということができない。そこで，譲渡担保を利用して，動産を引き渡さずに担保に供することができるという機能を持つ。

　第二に，不動産における債権回収の方法である。抵当権の場合，不動産を競売にかけて売却し，その売却代金から債権を回収する。他方で，譲渡担保の場合，競売をする必要がなく，私的実行が可能で，目的物を丸々取得するか（「帰属清算型」と呼ばれる），取得後任意で売却してその代金から債権回収を図る（「処分清算型」と呼ばれる）ことができる。そして，債権額と比して余剰があれば，

差額をA社に返還することになる。

2 人的担保

債権を担保する手段は，これまでみてきた物的担保制度の他にも，保証という人的担保が存在する。以下では，人的担保である保証について概観する。

2-1 保証の意義等

保証とは，主たる債務者が債務を履行しない場合に履行の責任を負うことをいい（民法446条），保証人とは，その履行をする債務を負う者のことである。保証は，債権者と保証人との保証契約によってなされ，保証契約によって生ずる債務を保証債務という。主たる債務者は，保証の前提となったもともとの債務を負っている者である。たとえば，A社がB社に1000万円を貸し，これをC社が保証したという場合，B社が主たる債務者，C社が保証人，C社が負う債務が保証債務である（図23-6参照）。

保証債務は，主たる債務の限度内に限られ，主たる債務が成立していなかったり，消滅すれば，保証債務も同様になくなる（附従性）。また，主たる債務が譲渡されれば，保証債務もそれにしたがって移転する（随伴性）。保証人は，主たる債務者が履行しない場合に責任を負うため（補充性），債権者が保証人に履行を請求しても，まず主たる債務者に請求するよう求めることができ（民法452条，催告の抗弁），保証人が主たる債務者に資力があって，債権回収が容易であることを証明した場合には，債権者は，まず主たる債務者の財産から債権回収を図る必要がある（民法453条，検索の抗弁）。

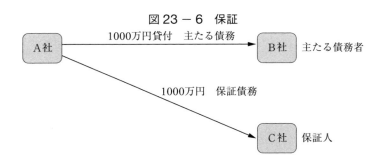

図23-6　保証

2－2　保証債務の成立

保証債務は，債権者と保証人との間の保証契約によって成立する。保証契約は，書面でする必要がある（民法446条2項）。書面のほか，電磁的記録によってなされた場合にも書面によってなされたとみなすこととされている（同条3項）。

2－3　保証人の求償権

保証人は，弁済等で債務を消滅させた場合には，主たる債務者に求償をすることができる（民法459条）。

2－4　通常の保証とは異なる連帯保証

連帯保証は，保証契約に連帯という特約が付いたものをいう。連帯保証の場合，保証契約の補充性がなく，催告・検索の抗弁権が認められていない（民法454条）。そのため，債権者が主債務者に催告せずに連帯保証人に請求したとしても，これを拒絶することはできない。

【参考文献】

潮見佳男『民法（債権関係）改正法案の概要』きんざい，2015年。

永野良佑『ファイナンスの実務と法』中央経済社，2013年。

藤川信夫・松嶋隆弘『エッセンシャルビジネス法務（補訂版）』芦書房，2012年。

山川一陽・根田正樹『ビジネス法務の基礎知識（第2版）』弘文堂，2012年。

末松義章『企業審査とリスク・マネジメント』きんざい，2011年。

松井宏興『担保物権法　民法講義3（補訂第2版）』成文堂，2011年。

（帷子翔太）

第24講

企業取引3
取引決済

学修の要点

・契約の後始末である決済の基本的概念を理解しよう。
・さまざまな決済手段があること，とくに約束手形の基本的仕組みについて
理解しよう。

▶第1節　さまざまな決済手段

　本講では，これまでみてきたさまざまな取引の後始末である「決済」を集中
的に学んでいく。ここに「決済」とは，金銭等の受け渡しにより，取引を終了
することである。さしあたり，マネーの移転と考えて差し支えない。

　社会を人間の身体に例えると，マネーは，社会（肉体）の隅々を循環する血
液に相当し，その血液自体は，社会を1つに束ねる「国家」が「通貨高権」を
行使してこれを決定し（通貨の偽造，変造は，通貨偽造に関する罪として処罰され
る（刑法148条〜153条）），血流の流れを調整するのは，銀行業として，国家の
承認を受けた「銀行」がこれにあたる。したがって，マネーおよびその流れの
決定は，計画経済体制を取らない資本主義の下においても優れて国家的意思が
働く領域であるといってよい。

　しかしながら，「マネーに国境はない」といわれるごとく，極めて流動性に富
むマネーは，容易に国境を越え，資本主義経済の発展は，マネーを規律する国
家そのものの再編さえ促す。EU統合に伴う共通通貨「ユーロ」の登場は，そ
の一端といえる。

292

つとに，商業信用の発展は，銀行を介在させることにより，国家発行にかかる通貨現物そのものを必要としない決済手段たる「手形」「小切手」を産み出し，これらの有価証券は，企業間決済において，広く利用されている。しかしながら，近時の科学技術の発展は，企業間取引（B to B）のみならず，消費者との取引の決済においても（B to C），さまざまな手法を産み出し，かつ，広く利用されるに至っている。

　試みに幾つか挙げてみるに，たとえば，かつて図書券，商品券等の「金券」は，ごく限られた領域の利用にとどまっていたが，プリペイド・カードの登場に伴い，広く使われるに至り（鉄道，バスの利用にあたってのカードでの利用（かつてのオレンジカード，イオカード），コンビニでの買い物（クオカード）等），サーバとの交信が容易になった今日では，それらが「統合」されるとともに（Suica，PASMO は，互いの交通機関で相互に利用することが可能であるとともに，コンビニや自販機での買い物にも利用できる），リチャージャブルなものとなっている（定期的に現金を「チャージ」することで何回でも利用可能となる）。

　かかる「統合」の例は，たとえば，ネットショッピングをして，宅配便として代金引換で商品を受け取る場合（いわゆる代金引換），公共料金の支払をコンビニエンスストアで行う場合（いわゆる収納代行）等，枚挙にいとまがないが，いずれも，何らかの形で「資金決済」がかかわっている。このように，科学技術の発展は，さまざまな事業を「統合」させることにより，新たな「ビジネスモデル」を産み出すことを可能にし，それらは，消費者の生活を豊かにしているのみならず，企業活動の新たな源泉となっている。したがって，かかる事象を適切に規律し，さらなる（民業の）健全な発展を法制的に後押しする必要は，高い。他方，「決済制度」は，経済社会を支える根幹であるので，同時に「セーフティーネット」を用意することもこれまた必要である。

　本講では，単純な支払手段である現金の授受から，近時話題の暗号資産（仮想通貨）まで，種々の決済手段を俯瞰しつつ，紹介していく。

▶ 第2節　金銭による支払，小切手による支払

1　金銭による支払

もっともベーシックな「決済」は，現金を直接相手方に渡して，支払を完了

することである。ただ，金銭は，その極度の抽象性，融通性，万能性から，通常の動産と異なる性質があり，それに伴い，特有のリスクを有しているので，注意が必要である。

すなわち，金銭は，通常，物としての個性を有せず，単なる価値そのものであるところから，金銭の所有権は，特段の事情のないかぎり，占有とともに移転し，後は不当利得等の債権関係として処理されるものと解されている（最判昭29・11・5日刑集8・11・1675，山川一陽「金銭所有権という概念と犯罪」『日本法学』76巻4号，2010年，323頁，森田宏樹「金銭の法的性質」『法律時報』83巻8号，2011年，95頁）。したがって，動産に適用される規定の多く（民法178条・192条等）は金銭に適用をみない。

このように，所有と占有が常に一致するところから，金銭は，保管や運搬につき大きなリスクを抱えていることになる。

2　小切手による支払

小切手は，前記の現金による支払のリスクを解消するための制度である。本来，小切手を含めた有価証券とは，紙に権利を結合して「ビジュアル化」し，流通を促進し動的安全を図るための制度であるが，小切手は，かかる制度を静的安全確保のために転用し，現金代替物による簡易かつ安全な支払を実現しようとするものである。

具体例で考えてみよう。Aが，別の場所にいるBの元に赴いて，支払（100万円）をなすものとする。前述のごとく，多額の現金を携えてBの元に赴くのは危険なので，この場合，小切手が用いられる。まず小切手を利用するためには，Aは，C銀行との間で予め当座勘定取引契約を締結しておく必要がある（小切手を利用するためには，予め振出人と支払人（銀行）との間で（資金関係），当座勘定取引契約を締結しておく必要がある。当座勘定取引契約は，一種の委任契約といってよい。前記の設例でいうと，C銀行は，当座勘定取引契約に基づく受任者として支払の委託を受け，事務処理を行う）。そして，Aは，Cを支払人とする金額100万円の小切手をBに対し振り出す。Aは，当該小切手を直接Bに渡してもよいし，郵送してもよい（送金小切手，手形と異なり小切手の振出人は印紙を払わなくてよい）。

当該小切手を受け取ったBは，直ちに自己の取引銀行であるDを介して，当

該小切手を現金化する（具体的なお金の移動は，銀行間（CD）でなされる）。当該小切手は持参人払式なので，Bは簡易に現金化できるし，線引制度（小切手法37条，安全かつ確実な支払を確保するため，小切手においては，線引という制度が設けられている。不正に小切手を取得した者が換金できないようにするとともに，仮に換金されたとしても，換金者を突き止められるようにすることを目的としている）という静的安全を図るための制度が設けられているので，盗まれた場合に，他人に安易に現金化される心配も少ない。

そしてBが，Dを通じて小切手を現金化した場合には，債務の本旨に従った弁済（民法493条）として効力を有し，その段階で当該債務は消滅する。単に小切手を提供しただけでは，特別の意思表示または慣習がない限り，債務の本旨に従ったものとはいえない（最判昭35・11・22民集14・13・2827）。小切手の提供段階で，債務消滅の効力を生じさせたければ，銀行の自己宛振出小切手（cashier's check）を提供する必要がある（最判昭37・9・21民集16・9・2041）。これは，銀行が自ら振出人になった小切手であり，実務では「預手」と称されている。振出人たる銀行が所持人に対し責任を負うので，現金とほぼ同等といえる。

第3節　銀行振込の法律関係

1　銀行振込とは

小切手による支払は，現金による支払よりは便利であるものの，紙という物理的デバイスの運搬を伴うので，それに伴うリスクや負担が生じざるを得ない。この点を解消するのが，銀行振込である。ここに銀行振込とは，振込依頼人が仕向銀行（依頼人から依頼された送金や振込を他の銀行に対して行う銀行）を通じて，被仕向銀行（依頼人から依頼された送金や振込を他の銀行から受ける銀行）の預金口座を有する受取人預金口座に直接入金する方法によって送金の目的を達する送金手段である。

具体例で考えてみよう。A（振込依頼人）が，B（受取人）に対し，銀行振込の方法により支払（100万円）をなすものとする。Aは，自己がC銀行（仕向銀行）に有している口座から，100万円を，BがD銀行（被仕向銀行）に対して有する口座に振り込みの手続をなした。

第24講　企業取引3　取引決済　295

銀行振込の法律関係は，①振込依頼人・仕向銀行間（AC間），②仕向銀行・被仕向銀行間の為替取引契約（CD間），③被仕向銀行・受取人間の預金契約（DB間）に分けて考えることが必要である。このほかに④振込依頼人・受取人間（AB間）の振込にいたった関係（原因関係）も組み合わせとしてはあるが，振込の法律関係として問題にならない。

2　振込依頼人・仕向銀行間（AC間）の振込依頼契約

振込依頼人と仕向銀行の間（AC間）には，振込依頼契約が成立している。この振込依頼契約の法的性質については，議論がある。多数説は，一種の委任契約であると解しているが，請負契約であると理解する見解もある。多数説によると，振込依頼人Aは仕向銀行Cに対して振込資金を交付した上で（委任事務処理に要する費用の前払い（民法649条）と理解される），受取人Bが被仕向銀行Dに保有する預金口座に預金債権を成立させることを委託し，仕向銀行Cは受任者として振込依頼人の振込依頼を実行すべき義務を負う。

3　仕向銀行・被仕向銀行間（CD間）の為替取引契約（コルレス契約）

仕向銀行C・被仕向銀行Dの間には，通常，為替に必要な事務処理を行うことにつき，特別な法律関係が形成されており，これを為替取引契約（コルレス契約）という。この契約により，当事者銀行は，それぞれ相互に，依頼人から依頼された事務処理を行うことになる。その性質は，委任ないし準委任契約であると解されている（木内宜彦『金融法』1989年，320頁，334頁）。全銀システムのもとでは，日本銀行に当座勘定を有する銀行等が，為替取引を開始したい旨の加盟申請書を内国為替運営機構に提出し，その承認を受けると，その自動的な効果として，他の加盟銀行との間で，振込その他の為替取引を行うとの包括的な為替取引契約が結ばれることとされている。

4　被仕向銀行・受取人間（DB間）の預金契約

最後に，被仕向銀行・受取人間（DB間）である。仕向銀行Cにより送信された為替通知を受信した被仕向銀行Dは，当該為替通知に従い受取人Bの口座に入金記帳し，これにより受取人の預金債権が成立する。受取人の預金債権の成立を導く法的原因は，受取人と被仕向銀行との間の預金契約である（なお，

少数説として，振込依頼人 A ないし仕向銀行 C と被仕向銀行 D との間に第三者 B である受取人のためにする契約があるとして説明する見解も存在する）。最判平 15・3・12 刑集 57・3・322 は，振込依頼人 A から受取人 B の銀行の普通預金口座に振込みがあったときは，両者の間に振込みの原因となる法律関係が存在するか否かにかかわらず，受取人 B と銀行 D との間に振込金額相当の普通預金契約が成立する旨判示している。

5 誤振込の法律関係

振込の法律関係は，とくに誤振込があった場合に問題となる。具体例でいえば，A が，E が有する口座に対して，100 万円を振り込もうとしたところ，何らかのミスにより，D 銀行における B の口座に振り込まれてしまったような場合である。

判例（最判平 8・4・26 民集 50・5・1267）によると，④振込依頼人・受取人間（AB 間）の振込にいたった関係（原因関係）の有無は問われないので，B は D 銀行に対し，100 万円の預金債権を有することになる。

もちろん振込依頼人 A は，受取人 B に対し，不当利得に基づき返還請求をなしうる（民法 703 条）。また，誤った振込みがあることを知った受取人がその情を秘して預金の払戻しを受けた場合，詐欺罪（刑法 246 条）が成立しうる。

ただ，最判平 20・10・10 民集 62・9・2361 は，受取人 B の被仕向銀行 D に対する預金の払戻請求は，受取人 B が振込依頼人 A に対して不当利得返還義務を負担しているという事情では，権利の濫用に当たらないと判示している。

判例の態度は，一見すると矛盾しているようだが，原因関係の有無をめぐるトラブルに被仕向銀行を巻き込まず，決済システムの安定を図るという意味では一貫していると解される。

▶ 第4節 約束手形の振り出し

1 約束手形による信用取引のあらまし

今までの例は，既に弁済期が来ており，即時に決済を行うという暗黙の前提があった。次にこの前提をはずした例で考えてみよう。A は，B から商品を買いうけたが，その支払（100 万円）を一定期間経過後にしたいと考えているとす

る。「一定期間」が1カ月程度であれば，Bとしても待つことが可能である。その場合，BがAに対して有する代金債権は，単なる売掛代金債権である（Aからすると買掛）。1カ月後に現金・小切手なり銀行振り込みにより決済されれば，問題はない。では，「一定期間」が3カ月後であったとしたらどうか。この場合，Bとしては，それだけの間，代金債権を「寝かせて」おくことはできず，結果として，Aは，Bに対し，約束手形を振り出すことになる（手形としては，他に為替手形というものがあるが，あまり使われていないので，説明を省略する）。現実の約束手形は，銀行を介することとされており，Aは，自己の取引銀行C銀行に当座預金口座を有しており，同銀行から「統一手形用紙」を与えられている。したがって，Aは，この用紙を用い，C銀行の自己の口座を支払場所とする約束手形に，所定事項を記載し，署名の上，これをBに交付する。支払期日は3カ月後である（振出から支払期日までの期間を「サイト」という。サイトは，3カ月程度であることが通常である）。

　この手形を受け取ったBは，もちろん3カ月間待ってもよい。待ちきれない場合，Bは，この手形を自己の取引銀行であるD銀行に対し，売り渡すことができる。3カ月後の100万円は，現在時点においてそれより安いので，その分を「割り引いて」代金が交付されるので，この手形の銀行に対する売却のことを，「割引」という。手形を取得したDは，3カ月後の支払期日において，これを振出人Aに対し呈示し，支払を求める。前述のとおり，いずれも銀行であるCD間にはコルレス契約が存在するので，先ほどの振込の場合と同様，銀行を介し，手形代金は，Aの口座から引き落とされ，結果として，Dは代金を回収できる。統一手形用紙を用いた約束手形に関しては，支払を確保するため，支払を怠る（不渡り）と「銀行取引停止処分」という強い制裁がある。この処分は，事実上は，企業（この場合はA）の倒産を意味することになる。

　このように，約束手形を用いることで，振出人Aは支払を3カ月繰り延べることができ（逆にいえば，3カ月後の自己の信用を現在利用することができる），受取人Bは，代金を即時に「ほぼ」回収することができ，割引を受けた銀行Dは，3カ月間の利息相当額を入手することができる。まさに三方一両「得」の制度なのである。約束手形は，もっぱら企業，それも中小企業において用いられており，企業間信用という重要な役割を果たしている制度である（消費者取引においても，支払の繰り延べの必要はあるが，それはもっぱら各種クレジット取引

298

によりまかなわれている）。

2 「電子手形」の登場

約束手形も、小切手と同様、「紙」という物理的デバイスのやり取りをせざるを得ないので、そのやり取りから生ずるコスト・リスクが当然に生じている。近時では、かかるコスト・リスクを避けるため、電子化しようとする動きが顕著である。1つには、前述の振込の利用により代替するという流れである。もともと約束手形を電子化すると、先日付の振込にほぼ相応する事態となる。ただ、振込では、前記の割引に典型的にみられたような、権利関係の流動化を十分に促進することはできない。

そこで、近時、電子記録債権法という法律が制定されることになった。そして、同法が規定する仕組みをプラットフォームとした「電子手形」が登場し、利用者を増やしている。「でんさい」（高橋康文編著『逐条解説資金決済法（増補版）』2010 年、65 頁以下）がその例である。かかる電子手形は、今後ますます利用されていくものと予想されている。

▶ 第5節　いわゆる電子マネーと暗号資産（仮想通貨）

1 はじめに

本講の冒頭に述べたとおり、近時は、Suica、PASMO にみられるような、いわゆる「電子マネー」の利用も盛んであり、決済手段として、無視できない。また、ビットコインに代表される「暗号資産（仮想通貨）」も、今後ますます利用を増していくものと推測される。これらも経済社会を支える根幹である決済手段であり、適正な法的規制が必要である。そして、これらを規制するのが、資金決済法である。

2 いわゆる電子マネーに関する規制

2−1 前払式支払手段

商品券、プリペイド・カード、Suica や PASMO といったさまざまな資金決済手段は、わが国の国民生活において広く定着している。これらの資金決済手段は、技術的な観点からは、当該物理的デバイスに金額情報が記載・記録され

ているもの（紙型・磁気型・IC型）と，そうではなく，事業者のサーバに管理
されている金額情報と結びついているIDが交付されるもの（サーバ型）とに大
別される。たとえば，商品券は，証票に利用可能な金額が記載されているため，
プリペイド・カードは，カードに内蔵された磁気ストライプやICチップに利
用可能な金額情報が記録されているため，いずれも前者に分類される一方，Suica
やPASMOは，後者の典型例といえる。サーバ型には，IDの交付方法という
点から，さらにさまざまな類型に分類することができる。たとえば，IDが記録
されたカードが交付されるもの，コンビニエンスストア等でIDが記載された
紙面が交付されるもの，IDがメールで通知されるもの等である。

　資金決済法は，これらを包括的に規定するため「前払式支払手段」という概
念を用意している。資金決済法は，「前払式支払手段」につき，①発行者の店舗
においてのみ利用できるものと，②発行者以外の第三者（加盟店等）において
も利用できるものとを区分して規制する。①が自家発行型，②が第三者発行型
とされる。

2－2　前払式支払手段の要件

　自家発行型，第三者発行型のいずれかを問わず，およそ「前払式支払手段」
であるためには，次の4つの要件を満たさなければならない。

①	価値の保存	金額又は物品・役務の数量（個数，本数，度数等）が，証票，電子機器その他の物（証票等）に記載され，又は電磁的な方法で記録されていること
②	対価	証票等に記載され，又は電磁的な方法で記録されている金額又は物品・サービスの数量に応ずる対価が支払われていること
③	発行	金額又は物品・サービスの数量が記載され，又は電磁的な方法で記録されている証票等や，これらの財産的価値と結びついた番号，記号その他の符号が発行されること

④	権利行使	物品を購入するとき，サービスの提供を受けるとき等に，証票等や番号，記号その他の符号が，提示，交付，通知その他の方法により使用できるものであること

2−3　いわゆる暗号資産(仮想通貨)

(1)　「暗号資産(仮想通貨)」の定義

　次に「暗号資産（仮想通貨）」の規制につきみてみよう（松嶋隆弘「仮想通貨に関する法的諸問題─近時の裁判例を素材として─」『税理』60 巻 14 号，2017 年，2 頁）。資金決済法は，「暗号資産（仮想通貨）」を定義するともに，暗号資産（仮想通貨）を取り扱う「暗号資産交換業」を規律している（登録（改正資金決済法 63 条の 2〜63 条の 7），業務（改正資金決済法 63 条の 8〜12），監督（改正資金決済法 63 条の 13〜19 の 3），雑則（改正資金決済法 63 条の 20〜63 条の 22））。改正資金決済法による「暗号資産」，「暗号資産交換業」の定義は，次のとおりである。

【暗号資産の定義】（改正資金決済法 2 条 5 項）

この法律において「暗号資産」とは，次に掲げるものをいう。ただし，金融商品取引法 2 条 3 項に規定する電子記録移転権利を表示するものを除く。

①	物品を購入し，若しくは借り受け，又は役務の提供を受ける場合に，これらの代価の弁済のために<u>不特定の者</u>に対して使用することができ，かつ，不特定の者を相手方として購入及び売却を行うことができる財産的価値（電子機器その他の物に電子的方法により記録されているものに限り，本邦通貨及び外国通貨並びに通貨建資産を除く。次号において同じ。）であって，電子情報処理組織を用いて移転することができるもの（1 号）
②	不特定の者を相手方として前号に掲げるものと相互に交換を行うことができる財産的価値であって，電子情報処理組織を用いて移転することができるもの（2 号）

【暗号資産交換業の定義】（改正資金決済法 2 条 7 項）

この法律において「暗号資産交換業」とは，次に掲げる行為のいずれかを業

として行うことをいい，「暗号資産の交換等」とは，第1号及び第2号に掲げる行為をいう。

①	暗号資産の売買又は他の暗号資産との交換（1号）
②	前号に掲げる行為の媒介，取次ぎ又は代理（2号）
③	（省略）（3号）
④	（省略）（4号）

（2）「前払式支払手段」との対比

（ア）「不特定の者」か否か

「暗号資産」の定義中，とりわけ重要なのは，下線を引いた「不特定の者」とする部分である。これは，資金決済法が規律する「前払式支払手段」と区別するメルクマールとなる概念だからである（藤竹寛之「FinteCh法の概要」『LIBRA』2017年4月号，5頁）。

「前払式支払手段」の場合，ユーザーが発行者に事前に対価の支払をなすことが必須とされている。そして，支払われた対価に相応する価値の数量が，証票等（紙型・磁気型・IC型）またはサーバ（サーバ型）に記録され，「発行者又は当該発行する者が指定する者」から物品を購入し，もしくは借り受け，または役務の提供を受ける際に利用される。「指定する者」とは要は，発行者との間で事前に契約を締結している「加盟店」のことである。したがって，前払式支払手段の利用は，基本的には，加盟店に限られることになり，加盟店の範囲が拡大し，普段は余り意識することはないものの，基本的には閉じられたシステムである。これに対し，暗号資産の利用に際しては，誰でも（加盟店などに限らず），受け入れの意思さえあれば，事前に発行者との間で契約を締結することなしに利用できるのである。ついでにいうと，資金決済法の暗号資産の定義は，発行者の存在すら要件としていない。ビットコインのように，発行者が存在していない暗号資産も，資金決済法上，許容される（藤竹・前掲5頁）。

（イ）保護のあり方に関する違い

いずれの場合も，ユーザーの保護が必要となるところ，保護のあり方も，前

記の違いに影響され，差異が生じる。すなわち，「前払式支払手段」の場合，ユーザーによる事前支払が必須とされることから，その事前に支払った対価についての保護が必要とされる。資金決済法は，前払式支払手段発行者に対し，発行保証金の供託等の義務を課すとともに（資金決済法14条以下），ユーザー（前払式支払手段の保有者）に対し，当該前払式支払手段に係る発行保証金について，「他の債権者に先立ち弁済を受ける権利」を付与する（資金決済法31条）。

　他方，「暗号資産」の場合，そもそもユーザーによる事前支払が存在しない以上，かかるスキームによる保護に拠ることはできない。そこで，改正資金決済法は，暗号資産交換業者に対し，利用者の保護等に関する措置として，内閣府令で定めるところにより，その取り扱う暗号資産についての説明，手数料その他の暗号資産交換業に係る契約の内容についての情報の提供その他の暗号資産交換業の利用者の保護を図り，および暗号資産交換業の適正かつ確実な遂行を確保するために必要な措置を講じる義務を（改正資金決済法63条の10），利用者財産の管理として，その行う暗号資産交換業に関して，内閣府令で定めるところにより，暗号資産交換業の利用者の金銭または暗号資産を自己の金銭または暗号資産と分別して管理する義務を（改正資金決済法63条の11第1項，11条の2），それぞれ課すことにしている。

（ウ）　分別管理義務

　小括するに，前払式支払手段におけるユーザー保護が，発行保証金に対する優先弁済権であるのに対し，暗号資産の場合は，ひとえに分別管理の問題とされることとなる。

【参考文献】
本文に掲げたもののほか，
松嶋隆弘・渡邊涼介編『これ一冊で分かる！　仮想通貨をめぐる法律・税務・会計』2018年，ぎょうせい。

（松嶋隆弘）

第25講

企業取引4
公正取引の確保

学修の要点

- 経済法とは何か，なぜそれが必要となるのかについて学ぼう。
- 健全，公正かつ自由な競争を妨げる行為と，それが行われることによる問題について学ぼう。

第1節　経済法の意義

1　競争の必要性

　本講では，経済法と呼ばれる領域に焦点を当て，全体像の把握と当該領域における法律問題を学ぶ。そこでまず，経済法とは何か，なぜ経済法が必要となるのかについて説明しておきたい。

　わが国は自由主義経済を採用しているため，社会では，たとえば売買契約における売手と買手といったように，個々の主体によって自由に取引が行われている。また，自由な取引が市場を通じてなされることによって，財やサービスの需要と供給の変化に応じて価格がリアルタイムで変動する，いわゆる市場メカニズムが形成される。そして，そこでは消費者が，どの財やサービスを選ぶのかが重要となるため，財やサービスの供給者は他の供給者に負けまいとし，そこに競争が生まれる。こうした市場における競争原理によって，需要と供給は最適な均衡点に定まり，消費者はより良い商品を安く手に入れることが可能となる。

　たとえば，ある食品会社が，製品をつくるために原材料を必要としていると

仮定する。実際には原材料の品質やブランドイメージといったさまざまな要因が影響を与えるため単純に比較することはできないが，価格以外の要素が均一であるとすると，食品会社は原材料を調達するにあたって一番安い値段を設定している原材料メーカーから原材料を調達するであろう。また，原材料メーカーが複数存在する場合，原材料メーカー側も価格を下げたり品質を向上させたりするなどして競合他社に負けまいとするだろう。

このように，市場に適切な競争が存在することによって，市場における需給のバランスや財・サービスの価格・質などが調整・向上されることになる。

2 経済法とは何か，なぜ必要なのか

それでは，もし市場に競争が存在しなかった場合にはどのような問題が発生するであろうか。たとえば，ある食品会社が，製品をつくるために原材料を必要としているが，原材料メーカー同士で原材料の販売価格を一定額に固定する取り決めを行っていた場合，食品会社は原材料メーカーの指定した価格でしか原材料を調達することができない。供給サイドには価格面での競争が存在しないため，結果的に食品会社は競争が存在していたならば設定されていたであろう価格より割高な価格によって原材料を調達しなければならなくなる。

このように，企業などの取引主体は基本的には営利を目的として経済活動を行っているため，利益を追求した結果，他社との談合や他社への妨害がなされてしまう可能性がある。こうした行為は，企業間の公正で自由な競争を阻害し，経済全体の健全な発展を損なう。

そこで登場するのが経済法である。経済法は，国家が公正かつ自由な市場競争秩序を維持するため市場秩序に介入し，または個別的な経済規制を行い，公正取引を確保することを目的とする。すなわち，国家が個別の取引に介入するわけではなく，取引が行われる市場を規律する。

なお，経済法という法律が存在するわけではなく，前記目的のための法律を総称した領域を経済法という。

本講では，経済法に属する法律の中から，健全，公正かつ自由な競争を促進するための法律である独占禁止法を取り上げ説明したい。

第25講 企業取引4 公正取引の確保 305

第2節　独占禁止法とはどのような法律か

1　独占禁止法は何を目的としているのか

　独占禁止法は，①私的独占，②不当な取引制限の禁止，③不公正な取引方法の禁止によって，公正かつ自由な競争を促進させることを目的としている（独禁法1条）。すなわち，独禁法は前節において説明した経済法の目的を，まさに実現するための法律ともいえよう。以下では，前記①〜③をそれぞれ説明したい。

1－1　私的独占とは何か

　私的独占とは，事業者が，単独または結合して，他の事業者の事業活動を排除または支配することによって，公共の利益に反し，一定の取引分野における競争を実質的に制限することである（独禁法2条5項）。つまり，企業が単独で，または他の企業と手を組み，競争相手を市場から締め出したり，新規参入者を妨害して市場を独占したりする行為をいう。

　私的独占における「事業者」とは，法人・個人を問わず，営業活動を行うすべてのものをいう（独禁法2条5項）。また，「一定の取引分野」とは，特定の商品・役務をめぐって競争する一定の供給者群と需要者群とで構成される競争の場，すなわち市場をいう。ただ，一定の取引分野の範囲がどれだけかを決定する「市場の画定」作業が必要となるところ，取引の対象（商品や役務の種類），取引の地域（地理的範囲），取引の段階，取引の相手方等に応じて市場は画定される。そして，「競争の実質的制限」とは，事業者が単独または共同で，市場における価格その他の取引条件を支配できる状況を指し，わが国では市場占有率25％をもって市場支配力が形成される危険ラインとみている。

　私的独占には以下2つのタイプ（排除型私的独占・支配型私的独占）が存在する。

図25－1　私的独占の種類

私的独占
「排除型」私的独占…"排除行為"により競争の実質的制限状態を招くこと

「支配型」私的独占…"支配行為"により競争の実質的制限状態を招くこと

排除行為とは，他の事業者の事業活動を継続困難にしたり新規参入を困難にしたりする行為をいう。なお，排除効果があっても正当な競争手段に該当すれば，排除行為に該当しない。また，支配行為とは，他の事業者の事業活動に何らかの制約を加えることによって，自己の意思に従って事業活動を行わせることである。

　私的独占状態になってしまうと，市場から公正で自由な競争が失われてしまうため，独禁法はこれを禁じている（独禁法3条）。

1－2　不当な取引制限とは何か

　不当な取引制限とは，事業者が，他の事業者と共同して，相互にその事業活動を拘束し，または遂行することにより，公共の利益に反して，一定の取引分

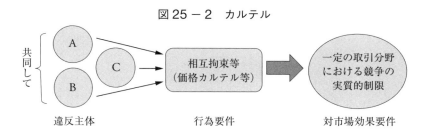

図25－2　カルテル

表25－1　カルテルの形態

価格カルテル	商品やサービスに対する共同行為による相互拘束
数量制限カルテル	供給量（生産量あるいは販売）に対する共同行為による相互拘束
顧客・販路の制限カルテル	顧客や販路に対する共同行為による相互拘束
市場分割カルテル	市場を参加事業者間で分割し，各市場で独占的地位を保障する
シェア配分カルテル	年間の総需要量をカルテル・メンバーの間で割り当てる
入札談合	注文生産や官公庁の発注に対する入札・見積り合わせ等において，参加者があらかじめ受注予定者を決定し，この者が落札できるよう協力する行為
共同ボイコット	事業者が，共同して，ある事業者との取引を拒絶する行為
業務提携	企業間で，販売価格の調整がなされたり，共同出資会社の設立によって競争が回避・消滅したりする業務提携

野における競争を実質的に制限することである。これは一般にカルテルと呼ばれる。

「共同して」とは，たとえば，合意・意思の連絡・意思の合致といった"当事者間の主観的な結びつき"をいう。なお，他者の行動を（勝手に）予測して，それと歩調を揃える行為（意識的並行行為）に，意思の連絡は認められない。また，相互拘束・共同遂行とは，複数の事業者が，意思の連絡・合意により，本来自由であるべき事業活動を事実上制約しあうことをいう（最判平24・2・2，多摩談合課徴金事件）。

1-3　不公正な取引方法とは何か，またどのような方法なのか

不公正な取引方法とは，公正な競争を阻害する行為として独占禁止法に定められた各種行為（独禁法2条9項）および公正取引委員会によって指定された行為をいう。いずれの行為も，市場から公正で自由な競争が失われてしまうため，独禁法はそれらを禁じている。以下では，いくつか個別の不公正取引を取り上げながら説明したい。

（1）不公正な取引方法 1―再販売価格の拘束―

再販売価格の拘束とは，自己の供給する商品を購入する相手方に，正当な理由がないのに，次の①・②のいずれかの拘束条件を付けて，当該商品を供給することをいう。

---

①相手方に対し，その販売する当該商品の販売価格を定めてこれを維持させること，その他相手方の当該商品の販売価格の自由な決定を拘束すること（独禁法2条9項4号イ）

②相手方の販売する当該商品を購入する事業者の当該商品の販売価格を定めて相手方をして当該事業者にこれを維持させること，その他相手方をして当該事業者の当該商品の販売価格の自由な決定を拘束させること（同号ロ）

つまり，再販売価格の拘束とは図25-3のとおり，製造業者から流通業者に販売された商品が再び第三者に販売されるときの価格を拘束することを意味する。なお，「参考価格」や「メーカー希望小売価格」といったものは非拘束的

図25-3 再販売価格の拘束

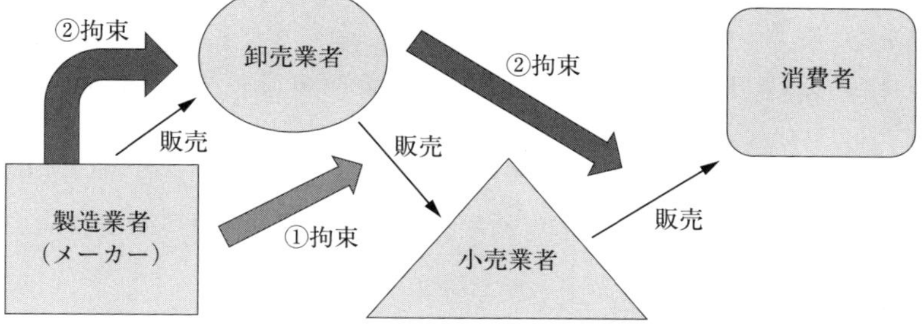

であるため問題とならない。

　独占禁止法が規制の対象としている再販売価格の拘束は，行為者が売手である場合でなければならず，また，取引の対象が商品でなければならず（役務は規制対象外），さらに，取引形態は売買でなければならない（独禁法2条9項4号）。

　再販売価格の拘束は，原則として違法とされる（最判昭50・7・11，第1次育児用粉ミルク〈明治商事〉事件）。ただし，以下①～④の要件すべてを満たす場合は，例外的に違法とならない場合がある。すなわち，製造業者による自社商品の再販売価格の拘束によって，①実際に競争促進効果が生じてブランド間競争が促進され，②それによって当該商品の需要が増大し，消費者の利益の増進が図られ，③当該競争促進効果が，再販売価格の拘束以外のより競争阻害的でない他の方法によっては生じえないものである場合において，④必要な範囲および必要な期間に限り，認められる。

（2）　不公正な取引2―排他条件付取引―

　排他条件付取引とは，不当に，"相手方"が"競争者"と"取引しないこと"を"条件として"当該相手方と取引し，競争者の取引の機会を減少させる行為である（一般指定11項）。

　そこでいう取引の「相手方」には，直接の取引先・間接の取引先，両方を含む。また，「競争者」には，現に競争関係にある者，潜在的な競争者，両方を含む。さらに，「取引しないこと」とは，自己の競争者を排除する効果を有することすべてを指す。そして，「条件として」とは，何らかの人為的手段によって，

第25講　企業取引4　公正取引の確保　309

図25－4　排他条件付取引の種類

排他条件付取引
- ①排他的供給取引………売手が買手に対し自己の競争者から商品・役務の供給を受けないことを条件とするもの
- ②排他的受入取引………買手が売手に対し自己の競争者に商品・役務を供給しないことを条件とするもの
- ③相互排他条件付取引…取引関係にある事業者が相互に相手方に排他的な取引条件を付すもの（たとえば，"一地域一専売店制"）

実効性が確保されていることをいう。

排他条件付取引には，図25－4のように3つの種類が存在する。

たとえば，①排他的供給取引が行われると，市場における"有力なメーカー"（シェアが10％以上，またはその順位が上位3位以内であることが一応の目安）が競争品の取扱いの制限を行い，これによって新規参入者や既存の競争者にとって代替的な流通経路を容易に確保することができなくなるおそれがある。実際には専売店制（メーカーが販売業者と他メーカーの商品は扱わないという特約店契約を結び，販売業者に自社製品だけを取り扱わせる制度）がそれにあたる。排他的供給取引に当たるかどうかは，(a)対象商品のブランド間競争の状況，(b)対象商品のブランド内競争の状況，(c)制限を行うメーカーの市場における地位，(d)制限の対象となる流通業者の事業活動に及ぼす影響，(e)制限の対象となる流通業者の数および市場における地位を総合的に考慮して判断し，該当する場合には違法となる（一般指定11項）。

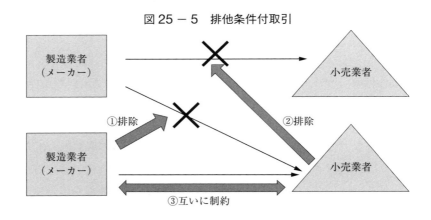

図25－5　排他条件付取引

（3）　不公正な取引3―取引上の地位の不当利用―

　取引上の地位の不当利用とは，取引上の地位において相手方に優越している事業者がその地位を利用して，取引の相手方に対し不当に不利益を与える行為である。具体的には自己の取引上の地位が相手方に優越していることを利用して行う優越的地位の濫用が問題となる。

　優越的地位の濫用に該当する場合として，以下の表25－2のような状況が挙げられる。

表25－2　優越的地位の濫用

①	継続して取引する相手方に対して，当該取引に係る商品または役務以外の商品または役務を購入させること　　　　　　　　　　　　　　（独禁法2条9項5号イ）
②	継続して取引する相手方に対して，自己のために金銭，役務その他の経済上の利益を提供させること　　　　　　　　　　　　　　　　　　　　　　（同号ロ）
③	取引の相手方からの取引に係る商品の受領を拒み，取引の相手方から取引に係る商品を受領した後，当該商品を当該取引の相手方に引き取らせること　　　　　　　　　　　　　　　　　　　　　　　　　　　　　（同号ハ前段）
④	取引の相手方に対して取引の対価の支払を遅らせ，もしくはその額を減じること　　　　　　　　　　　　　　　　　　　　　　　　　　　　（同号ハ中段）
⑤	その他取引の相手方に不利益となるように取引の条件を設定し，もしくは変更し，または取引を実施すること　　　　　　　　　　　　　　　（同号ハ後段）

　優越的地位が濫用されると，取引上の地位が相手方に優越している事業者が，その地位を利用して相手方に対し不当に不利益を与えたり，役員選任に不当に干渉する場合，相手方の競争単位としての活動が阻害され，さらに行為者の地位が一層強化されるため問題となる。優越的地位か否かについては，取引依存度，市場における地位，取引先変更の可能性，その他取引することの必要性を示す具体的事実，を総合的に考慮したうえで判断する（公正取引委員会審決平27・6・4，日本トイザらス事件）。

2　目的達成のための仕組み

　ここまで，市場における公正で自由な競争を阻害するとして，原則的に禁止対象となっている各種行為について説明してきた。ただ，法律で当該行為を禁止しただけでは実効性に乏しい。そこで，独占禁止法を運用するにあたって，

企業に目を光らせ，消費者の利益を継続的に守る存在が必要となる。それが以下で述べる公正取引委員会である。

2−1　公正取引委員会とは

　公正取引委員会とは，独占禁止法の目的を実現するための行政機関として，内閣府の外局として，内閣総理大臣の所管の下に設置されている（独禁法 27 条）。法律上，その地位と職権行使の独立性が保障されている（独禁法 31 条・28 条）。委員会を構成するのは，委員長 1 人と 4 人の委員の計 5 人であり，学識経験のある者のうちから内閣総理大臣が国会の両院の同意を得て任命する（独禁法 29 条）。委員会のもとには，約 800 人の職員を擁する事務総局が置かれている（独禁法 35 条）。

2−2　公正取引委員会の持つ行政的権限と行政措置

　公正取引委員会は，独禁法の目的を達成するべく，主に以下の表 25 − 3 に掲げる各種権限が与えられている。

表 25 − 3　公正取引委員会の持つ行政的権限

行政調査権限	営業所への立ち入り検査などの強制調査など
刑事事件についての専属告発権	犯則審査権限，臨検，捜索，差押え
その他権限	管理業務・法令調整・一般調査

　また，こうした権限を行使して行う措置として，①排除措置命令，②課徴金納付命令などがなされる。

　①排除措置とは，違反行為によってもたらされた違法状態を除去し公正かつ自由な競争を回復することであり，現存する違法状態の除去だけでなく，将来の再発を予防するための措置も命令することが可能である。

　②課徴金とは，違反行為者から一定額の金銭を徴収する制度である。なお，違反行為の発見ならびに抑止を図るために，違反行為に係る事実を申告して公正取引委員会の調査に協力した違反事業者に対して申告の順位に応じて課徴金を免除・減額する措置減免制度（リニエンシー）が設けられている（独禁法 7 条の 2 第 10 項〜18 項）。

表 25 － 4 　その他の公正取引委員会による措置

警告	独禁法違反のおそれ，またはあったと認められるが，なお排除措置命令などの法的措置を執るに足る証拠が得られなかった場合には，"警告" により是正措置を採るようよう指導がなされる。
注意	違反行為の存在を疑うに足る証拠は得られないが，将来違反行為が行われるおそれがある場合に，未然防止の観点から "注意" が行われる。
要望	調査などによって独禁法上問題を生じさせるおそれのある行為が発見された場合，関係する事業者や事業者団体に対し違反行為の防止などに係る "指導や要望・指摘" などがなされる。

　なお，公正取引委員会は，法運用の透明性を高め，法適用に関する予見可能性を高めるため，公正取引委員会が一般公表権（独禁法 43 条）に基づき具体的な意見や方針（ガイドライン）を公表する制度や，事業者が将来行おうとする行為について，独禁法の規定に抵触するか否かを事前に公正取引委員会に相談して回答を得ることができる事前相談制度も用意している。

3　法目的達成のための救済手段と制裁措置

3－1　民事上の救済手段

　独禁法に基づく民事的救済には，被害者による①損害賠償請求（独禁法 25 条，民法 709 条）や②差止請求（独禁法 24 条）などが存在する。

　①不法行為に基づく損害賠償請求（民法 709 条）にあたっては，(a) 故意または過失，(b) 法律上保護される利益の侵害ないし独禁法違反行為の存在，(c) 違反行為と損害との間の因果関係，(d) 損害および損害額の立証が必要となる。なお，私人による前記各立証は困難であるため，排除措置命令の確定を要件として，同命令を証拠として利用することを認めている。また，被害者の立証負担の軽減のため，専門機関である公正取引委員会が，意見や資料の提出などを通じて，私人の訴訟に直接・間接に関わることができる。

　②利益を侵害する，または侵害するおそれのある事業者もしくは事業者団体に対しては，その侵害の停止または予防を請求することができる（独禁法 24 条）。

3－2　刑事制裁

　独禁法違反事件については，公正取引委員会の告発（専属告発。公正取引委員会の告発がなければ公訴の提起ができない）にもとづき，刑罰が科せられることが

第 25 講　企業取引 4　公正取引の確保　313

ある。

これまで本講で説明してきた内容と刑罰を照らし合わせると，①私的独占，不当な取引制限または事業者団体による不当な取引制限に対する 5 年以下の懲役または 500 万円以下の罰金（独禁法 89 条），違法な国際契約の締結，事業者団体による事業者数の制限または確定審決違反に対する 2 年以下の懲役または 300 万円以下の罰金（独禁法 90 条），公正取引委員会による検査の妨害に対する 1 年以下の懲役または 300 万円以下の罰金などがある（独禁法 94 条）。

独占禁止法違反の犯罪は，まず実行行為者としての自然人個人の犯罪として問題とされ，両罰規定により法人事業者または事業者団体が処罰され，そして一定の場合に，法人事業者または事業者団体の代表者も処罰される三罰規定が適用される（独禁法 95 条，95 条の 2，95 条の 3）。

▶ 第3節　国際取引と独占禁止法との関わり

ここまで，国内市場における自由で公正な競争秩序を維持するための独禁法の内容を説明してきた。ただ，経済はグローバル化しているため，国際間取引や国際企業間合併など，取引は容易に国境を越える。つまり，国内市場だけを念頭に置いた法運用では市場における自由で公正な競争秩序は維持することができない。

そこで独禁法は，外国企業や日本企業の日本領域外における行動にも適用することとし，たとえば第 2 節 1 - 1 で説明した「事業者」につき，国の内外を問わないこととしている。ただ，国内法を国外の行為や人に対してどこまで適用しうるかは，外国の国家主権と抵触するおそれがあるため，国際法上，国家管轄権の問題を生じさせる。

国家管轄権には，①実体管轄権（国境を越えて一定の事項や活動を対象に合法性の有無を判定する国家の権限）と，②手続管轄権（具体的な法適用に当たって国境を越えて調査・執行を行うことができる国家の権限）とに分かれる。また，実体管轄権には，(a)属地主義（国内で行われた行為のみに独禁法を適用する），(b)客観的属地主義（行為の一部が国内で行われていれば外国で行われた行為も含めて独禁法を適用する），(c)効果主義（行為が国外で行われていても，その競争制限効果が国内に影響する場合には，独禁法を適用する）の 3 つの考え方が存在する。日本の

独禁法は，前記(a)〜(c)のいずれの立場を採用するか明らかにしてはいないが，アメリカや EU は，(c)効果主義を採用している。

　しかし，国際カルテルなどの国境を越えた競争制限事件は，一国の独禁法や国家機関だけで対処することは難しい。そこで，各国国家機関は，さまざまな局面で協力体制を構築するようになっている。それは，二国間協定（2 国間または 2 つの地域やグループ間で締結された協定）・自由貿易協定（FTA。2 カ国以上の国・地域が関税，輸入割当など貿易制限的な措置を一定の期間内に撤廃・削減する協定）・経済連携協定（EPA。FTA をもとに，関税撤廃などの通商上の障壁の除去だけでなく，締約国間での経済取引の円滑化，経済制度の調和，サービス・投資・電子商取引などのさまざまな経済領域での連携強化・協力の促進などをも含めた条約）として結実し，運用がなされている。

　以上，経済法の領域から，独禁法を取り上げ説明した。市場から公正で自由な競争が失われることによって，結果的に私たち消費者が損失を被るということを理解したうえで，独禁法が具体的にどのような取引を競争阻害要因として取り除いているのか，また，取り除くためにどのような措置を設定しているのかについて理解してほしい。

【参考文献】
白石忠志『独禁法講義（第 8 版）』有斐閣，2018 年。
幕田英雄『公取委実務から考える独占禁止法』商事法務，2017 年。
岸井大太郎ほか『経済法（第 8 版）』有斐閣，2016 年。
根岸哲・船田正之『独占禁止法概説（第 5 版）』有斐閣，2015 年。

（鬼頭俊泰）

第 **26** 講

ビジネスと知的財産権

学修の要点

・なぜ知的財産権が設けられているかを学ぼう。
・知的財産権はどのようなものに対して認められるか，どのような内容かを
学ぼう。

第1節 **知的財産権保護の必要性**

1 知的活動を保護するための権利―特許権，実用新案権，意匠権，著作権―

　私たちは，機械等さまざまな発明の恩恵を受けて，毎日，快適で便利な生活を送ることができている。また，音楽や映画，本やインターネット等からさまざまな情報を得て，それらを娯楽として楽しんだり知識として身につけたりすることができる。これらの知の産物を私たちが利用することができることは，人類の生活を豊かにするだけでなく，新たな発明や音楽・文学等を生み出すきっかけになることも多い。したがって，人類がこれらの知的財産を享受できることは，産業や文化の発展をもたらすという点で極めて重要である。

　一方で，発明家や小説家等がひらめき等の能力と多くの時間・研究資金・労力をかけて試行錯誤を重ねた末に創り上げた発明や作品を，他人が無断でマネすることが許されるのであれば，創作意欲が削がれてしまう。また，発明を初めとした知的財産を創作するには，失敗の繰り返し等で多額の資金がかかることも少なくないが，模倣品は完成品を真似するだけであり研究開発資金を必要

316

としないため，発明者の真正品に比べて安く販売することができる。そうすると真正品が売れなくなり，発明家は，研究開発に多額の資金をかけても赤字になってしまい，新たな発明ができなくなる。また，小説や音楽をマネされると，オリジナルが売れず，小説家等は生活をすることができなくなり，創作活動を続けることが困難になる。それでは，よい創作物が生まれなくなってしまい，産業や文化の発展が期待できなくなる。

そこで，知的活動の結果の創作物について，創作者に一定の利用について独占させて経済的利益等を確保させるのが知的財産権である。主には，「発明」を保護するものとして「特許権」と「実用新案権」，「著作物」を保護するものとして「著作権」，「デザイン」を保護するものとして「意匠権」がある。

ただし，創作物の利用の独占を永久に認めると，第三者がこれを享受する利益が害されるし，一定期間独占させれば経済的利益は確保されていると考えられるので，前記のような知的財産権には保護期間が設けられており，その期間が経過すると第三者も自由に利用できるようになる（表26－1のとおり）。

2　企業の信用と需要者の利益を保護するための権利―商標権―

以上は，人間の知的活動による成果物を保護する「知的財産権」であるが，知的財産権には，事業者の営業上の信用を保護するものもあり，それが「商標権」である。

私たちが日用品等の商品を購入したり，レジャーランドでサービスを受けたりする際に，選択の判断基準とするのは何だろうか。たとえばあるお菓子を買う場合「この商品はおいしい」，レジャーランドであれば「乗り物がスリリングで面白い」等といった印象を抱いて選ぶことも多いだろう。このような印象は，商品やサービスの名前や会社名から受けることも多く，その商品名や会社名等（「商標」）が，消費者が商品やサービスを選ぶときのマーク（目印）となっていることも多い。消費者である私たちは，このマークのある商品やサービスであれば，「良い」とか「便利である」という品質を判断できる。また，商品を販売したりサービスを提供したりする会社（Ａ社）にとっても，このマークをつければ，自社の製品やサービスであることが消費者に分かり，努力を重ねて研究開発し製造している自社の「良い物」や，消費者サイドに立つことを念頭に提供している自社の「趣向を凝らしたサービス」を選んでもらえるため，さらに

第26講　ビジネスと知的財産権　317

品質維持や向上のための努力を重ねていこうということになる。このようにして，「マーク」は「会社の信用」を表すものとなっていくのである。このように，マークは「出所表示機能」と「品質保証機能」を有している。

　これに対して，他人が，勝手にＡ社の社名や商品名といったマークをつけて同種製品を販売することが許されたらどうなるか。このマークがつけられているからおいしいお菓子だと思って買ってみたところ，以前に買ったものとは全く異なるまずいものであったら，消費者の利益が害される。すると，そのようなマークが付いていても「Ａ社のおいしいお菓子」という信用が得られず，そのマークを判断要素として商品を買ってくれなくなる。そうなると，Ａ社がマークを通じて築き上げてきた信用が害されるし，消費者にも商品購入の判断について混乱が生じることになる。

　そこで，「知的財産権」の１つである「商標権」を定めている商標法は，Ａ社にそのマークを使用することを独占させ，その信用を保護しＡ社に経済的利益を確保させている。

　商標権は，前記１の知的財産権とは異なり，独占を重ねるほどに信用が蓄積されていきその信用を保護することが必要となる。したがって，10年で権利が消滅するものの，原則として何度もの更新が可能である。

3　権利ではないが，第三者の不正行為を規制するもの─不正競争防止法─

　前記１と２はいずれも権利として認められているものであるが，権利までは認められないものの，第三者の不正な行為に対し法的に救済するものとして不正競争防止法がある。この法律は，Ａ社のものとしてよく知られている未登録の商標等を第三者が無断で使用したり，特許出願していない発明や，企業の営業上のノウハウ・顧客リスト等を，産業スパイが盗用したり，従業者が不正に使用したりすることを禁止するものである。この法律による規制は，原則として無期限で行われる。たとえば，コカ・コーラの製法は，特許出願がなく，同社の一部の者にしか知られていないといわれており，営業秘密として保たれている限り，永久に第三者や従業者の不正行為に対して法的救済が認められる。

318

4 主な知的財産権の分類表，商品と知的財産権の関係，権利侵害からの救済

（1） 前記１から３で説明した主な知的財産権等の内容等を整理すると表26－1のようになる。

（2） このように知的財産権は複数の権利の総体であり，権利毎に保護する対象が異なっている。そのため，１つの製品について複数の知的財産権が含まれていることもある。たとえば，スマートフォンの場合，スマートフォン用のプログラムは特許権と著作権の双方で保護される。そのスマートフォンの形態が斬新なデザインである場合には，意匠権が認められる。スマートフォンの画面や裏面に，製造販売会社名や商品名が記載されていることが多いが，これらのマークには商標権が認められる。

（3） 前記の知的財産権等を侵害された場合，差止（製造・販売・使用等の禁止等）と損害賠償請求が認められ，また刑事罰の対象となる。

表26－1 主な知的財産権の内容

権 利	保護対象	権利発生のための手続の要否	保護期間
特許権	発明（技術アイディア）	必要（詳細は後述，以下同じ）	出願日から20年
実用新案権	考案（同上，ただし創作の高度性は不要）	必要	出願日から10年
意匠権	意匠（デザイン）	必要	出願日から25年（改正意匠法）
商標権	企業等のマーク	必要	登録日から10年（更新可）
著作権	文芸，美術，音楽，ソフトウェアなどの創作物	不要	死後70年（原則）
不正競争防止法による規制	企業等の周知マークや，企業の営業上・技術上のノウハウや顧客リストなど	不要	無期限（原則）

第26講 ビジネスと知的財産権 319

第2節　知的財産権の発生

　前記のとおりさまざまな創作物やマークに権利が発生すると述べたが，これらの権利はどのような場合に発生するのか。

　私たちがレポートを書いたり即興で歌を作ったりした場合には，「著作物である」ための要件を満たせば，書いたり作ったりした瞬間に他の行動を何も取らなくても，著作権が発生する。これに対し，発明をしたりデザインを書いたり商品名を思いついたりしても，それだけでは特許権，意匠権や商標権は発生しない。これらについては，特許庁に対し，これらの権利を認めて欲しいという「出願」をして，特許庁の審査官の「審査」を経て，これらの権利が認められる要件を満たしていると判断された場合に特許庁に権利が「登録」されて初めて，権利が発生する。

　前記「審査」の結果（著作権を除く），どのような要件を満たしていれば特許権，商標権や著作権が発生するのかについて次節以下で概説する。

第3節　特許権―発明の保護―

1　特許が認められるための要件（概説）

　表26－2のとおり，特許が認められるためには「発明」に加えて「一定の要件」を満たさなければならない。（特許法29条1項）。

表26－2　特許が認められるための要件

A	発明にあたるか
B	産業として実施できるか
C	新しいか（新規性），既にあるものから簡単に考え出すことができないか（進歩性）
D	先に出願されていないか（先願性）
E	公序良俗に反しないか
F	明細書の記載は特許法等の要件を満たしているか

2　発明とは

前記表26－2のAの発明とは，①自然法則を利用した②技術的思想のうち③高度の創作性があるものをいう。

①の「自然法則」とは，自然界において経験的に見出される科学的な法則をいい，「利用」とは同一結果を反復できることをいう。したがって，自然法則に反するもの（例：永久機関），人間の知能的活動によって案出された法則（例：計算方法）や自然法則とは関係のない人為的取り決め（例：将棋等のゲームのルール）には特許が認められない。また，自然法則それ自体（例：ニュートンが木から林檎が落ちる瞬間に発見した万有引力）だけでは特許は認められず，自然法則の利用方法を創作する必要がある。そうでなければ，第三者の行動や営業の自由を過度に制限することになるからである。

②の「技術的思想」は，一定の目的を達成するための具体的手段であり，第三者が利用できるものとして伝達できるものでなければならない。したがって，個人的なコツはこれに該当しないし，単なる情報の提示（例：パソコン操作のマニュアル）もこれに当たらない。また，絵画などの美的創作物は「技術的思想」に該当せずに，著作権の保護対象になるか，工業デザインなら意匠権の保護対象になる。

③の創作とは，新しいことを創り出すことであり，既に世の中にあるものを「発見」することとは異なる。したがって，天然物等の発見では発明とは認められず，天然物から人為的に分離した化学物質でなければ発明に該当しない。なお，創作は「高度」であることが必要であり，高度でない場合には物品の形状・構造または組み合わせであれば，特許の代わりに実用新案が認められる可能性がある。

3　発明の他の「一定の要件」（表26－2のB以下）

まず，特許法が産業の発展を目的としている以上，産業に利用できないものには特許が認められない（表26－2のB）。もっとも，産業の範囲は広く，生産業（工業，鉱業，農業等）だけでなく，運輸業，保険業，金融業等のサービス業も含まれる。現行法の解釈として判例により「産業上の利用可能性」が認められていないものとしては，人間を手術，治療，診断する方法がある（東京高判平14・12・22判時1828・99）。

既に誰もが知っているような発明には独占権を与える意味がないし，第三者の利用を妨げることになるので，表26－2のＣのように原則として新規性が特許の要件となる。新規性がないものとは，特許出願前に（a）公然と知られた発明，（b）公然と実施された発明，（c）書籍に掲載されたりインターネットで公表されたりした発明をいう。これらは国内外を問わない。

　また，新しい発明であっても，既にある技術を少し改良したにすぎないもののように誰でも考えつく発明について特許を認めることも不適切であるので，「新規性」に加えて「進歩性」も要求されている。進歩性がないものとしては，既に知られた発明等の寄せ集めにすぎない発明等が挙げられる。

　次に表26－2のＤの「先願性」であるが，これは同一発明については最初に出願した者に特許が付与される制度である。出願をなるべく早くさせることで発明の秘匿を防止すること，出願の先後は発明の先後に比べて客観的明確に判断できるため，誰が特許を受けることができるかの紛争を防止できることがその趣旨である。

　表26－2のＥの公序良俗に反したり（例：覚醒剤密輸用ベスト），公衆の衛生を害するおそれがあったりする発明は，真の意味での産業発展に資さないので，公益的見地から特許を受けられない。

　最後に表26－2のＦについてであるが，特許は発明を第三者に公開して利用できるようにする代償として，特許権者に独占権を認めるものである。そのためには，発明者が特許権を認めて欲しいという意思表示として出願をする際に，書面の中で，発明を具体化して，その分野の通常の知識を持つ者（当業者）が読んだ時に実施できる程度に発明の内容が明らかである必要があるし，第三者がみてどこまでが特許（独占）の範囲であるかが明らかでなければならない。

▶第4節　商標権—ブランドの保護

1　商標法が保護対象とするマークとは

　商標法が保護するのは，発明（創作物）を保護する特許法とは異なり，営業標識である。営業標識は，「人の知覚によって認識することができるもののうち，文字，図形，記号若しくは立体的形状若しくは色彩またはこれらの結合，音その他政令で定めるもの」であり，以下のものが保護されている（商標法2

条1項，商標法施行令1条）。

（1） 平仮名，カタカナ，漢字，ローマ字，外国文字，数字等の「文字商標」（例：トヨタ，プリウス）

（2） 風景・動物・建造物，天体等を描いた「図形・写真等の商標」（例：クロネコヤマトのネコの親子の図柄）

（3） 暖簾記号，紋章記号，アルファベット文字等を輪郭で囲んだ「記号商標」

（4） 商標を立体化したものであり，包装容器等，容器自体を特殊な形状として商標として使用するものや実在または架空の人物・動物等を立体化した「立体商標」（例：コカ・コーラのガラス瓶ボトル，不二家のペコちゃん人形）

（5） 新しいタイプの商標

①動き商標

商標に係る文字，図形，記号，立体的形状または色彩が変化するものであって，その変化の前後にわたるその文字，図形，記号，立体的形状もしくは色彩またはこれらの結合からなる商標（以下「変化商標」）のうち，時間の経過に伴って変化する商標。

②ホログラム

変化商標のうち，ホログラフィーその他の方法により変化する商標（動き商標を除く）（見る角度によって変化してみえる文字や図形など）。

③色彩のみからなる商標

単色または複数の色彩の組合せのみからなる商標（これまでの図形等と色彩が結合したものではない商標）であって，輪郭なく使用できる商標（例：商品の包装紙や広告用の看板に使用される色彩などの色彩を付する対象物によって形状を変えて使用する色彩）。

④音商標

音楽，音声，自然音等からなる商標であり，聴覚で認識される商標（例：CMなどに使われるサウンドロゴやパソコンの起動音）。

⑤位置商標

商標に係る標章（文字，図形，記号もしくは立体的形状もしくはこれらの結合またはこれらと色彩との結合に限る）を付する位置が特定される商標（例：包丁の柄の中央部分の周縁に図形を付ける）。

第26講　ビジネスと知的財産権　323

2　商標登録の要件（自他商品識別力を有していること）

第1節2で述べたとおり商標の重要な機能の1つに「出所表示機能」がある。すなわち，同一の商標を付けた商品やサービスは，常に一定の生産者等によるものであることを示す機能，言い換えれば，商標はその商品やサービスを提供する者にとって自己の商品やサービスを他人のものと区別する機能を有している。したがって，商標登録が認められるにはそのような識別力を有することが必要であり，以下のようなものは識別力がないため登録が認められない（商標法3条）。

(1)　普通名称

たとえば，時計の商品について単に「時計」という商標を付する場合には登録が認められない。「時計」の前に会社名等，識別力のある名称を付した場合には，登録が認められる。他には，醤油の商品にその俗称である「むらさき」だけを付する場合も登録が認められない。

(2)　慣用商標

特定の商品やサービスについて同業者らが一般的に使用した結果，誰の商品等を表象するかが認識できなくなっている商標は登録が認められない。たとえば，清酒に「正宗」とのみ付する場合がこれに該当する（最判昭36・6・27民集15・6・1730）。

(3)　品質等表示語，産地・販売地・役務（サービス）提供場所表示，品質・原材料・効能・用途・形状等表示

たとえば飲料に「柿茶」という商標を付けたり（東京地判6・11・30判時1521・139），ソファに「DELUXE」という商標を付したりした場合には，登録が認められない。

(4)　ありふれた氏・名称

氏や名称は本来，出所識別力が極めて強いが，ありふれた氏・名称の場合，同業者の中の同氏・同名者との関係で識別力がないため，原則として登録が認められない。

(5)　極めて簡単・ありふれた標章

たとえば，1本の直線・曲線等の図形，ひらがなやカタカナの1字等は原則として登録が認められない。

(6)　その他識別力のない商標

もっとも，前記（3）〜（5）の商標であっても，使用された結果需要者が誰の業務に係る商品または役務であるかを認識することができるものは，登録を受けられる。

3　その他の登録要件

前記2の要件をクリアしたとしても，立法政策上の理由（公益や私益の保護）から登録すべきでないと考えられる商標は，登録が認められない。商標法4条は登録が認められない商標を列挙しており，①国旗・菊花紋章・外国の国旗等，②国・地方公共団体等の標章であって著名なもの，③公の秩序・善良な風俗を害するおそれがある商標，④他人の肖像・氏名・著名な略称等を含む商標，⑤他人の先に出願している商標等が規定されている。

▶ 第5節　著作権

1　著作物とは

特許権とは異なり著作権は，同じ創作物に関する権利であっても，何らの手続を経ることなく権利が発生する。権利発生のためには，著作物であることが必要となる。著作権は「著作物」について認められるものであるから，著作物に該当しなければ誰でも自由に利用することができる。著作物の主な要件は「思想又は感情を創作的に表現したもの」である（著作権法2条1項1号）。著作権法では著作物の例として，①小説・脚本・論文・講演など，②音楽（楽曲だけでなく歌詞も含む），③舞踊・無言劇，④美術，⑤建築，⑥図形，⑦映画，⑧写真，⑨プログラムを挙げている（著作権法10条）。

①の言語の著作物には，短歌や詩や台本も含まれる。他方，世界の気温のようなデータや新聞記事の見出しは，その性質上，表現の選択の幅が広くないため一般的には著作物とは認められない。料理のレシピについては，料理のアイデアとしては創作性があったとしても，著作物は「アイデア」を保護するものではなく，あくまでも「表現」を保護するものであるため，レシピの表現がありふれたものである以上は著作物とは認められない。

②の音楽については，旋律・和声・節奏・形式の4要素から構成されており，その全部または一部について創作性が認められるか否かで著作物性が判断さ

第26講　ビジネスと知的財産権　325

れる。

　③の舞踊または無言劇の著作物は，舞踊行為それ自体ではなく，演技の型（振付け）が著作物となる。ただし，舞踊行為には著作権法上の権利が全くないというわけではなく，振付けを体で表現して私たちに伝達するということで，著作隣接権という権利が与えられる。

　④の美術の著作物は，絵画・版画・彫刻のように，形状や色彩・線・明暗で思想や感情を表現したものを指し，漫画や劇画，生け花や舞台装置，書もこれに含まれる。これに対して，新幹線や自動車の流線形等，実用品に美的感覚を応用したものは，著作物の要件の一部である「美術の範囲に属する」とは認められず，著作物とは認められない。このようなデザインは意匠法で保護されるだけで，著作権法と競合して保護されないのが一般的である。

　⑤の建築の著作物には，住宅や教会，神社仏閣等が含まれるが，芸術的価値のある建築物に限られるので，一般的な建売住宅のような実用的な建築物は保護されない。

　⑥の図形の著作物とは，地図または学術的な性質を持つ図面，図表，模型その他のものをいう。創作性のあるグラフ・設計図や地図は著作物性が認められるが，土地の所在がごくありふれた方法で描かれた略図はこれに当たらない。

　⑦の映画の著作物は，連続する映像により表現されたものをいい，音がなくともよい。劇場用映画が典型例であるが，DVD映画やゲームソフトも該当する。

　⑧の写真の著作物は，プロの写真家だけでなく私たちがデジタル写真を撮る場合も含まれるが，写真を作り上げるにあたり，撮影者の創作性が表現されていることが必要であるため，公道にあるような自動撮影による写真は含まれない。

　⑨のプログラムの著作物には，プログラム言語や規約，解法等は含まれない。

　いずれも著作物の要件である「表現に創作性」があることを要する。特許法のように「アイデア」を保護するものではないので，どれほど思想が独創的でも思想そのものは保護されず，保護されるのはあくまでも創作性のある表現である。

2　著作権者が原則として独占できる行為は何か

著作権法は，著作権者に対し，著作物の利用行為のすべてではなく一部につ

いて独占を認めているにすぎない。音楽の著作物を例にすると，CD の製造・販売や公の演奏等は独占できるが，第三者が音楽を聴いたり家で演奏したりすることは自由である。前記のとおり，知的財産法は創作者に経済的利益を確保させることにより創作のインセンティブを確保するための制度である。したがって，著作権の対象は，著作物の利用により経済的利益が生じる行為に限られ，前記の例のようなプライベートな行為については第三者の利用の自由を保障することにより，文化の発展を図っている。

著作権には以下のような各権利がある（著作権法 21 条〜27 条）。

まず，著作物が表された物を増やしたり流通させたりするものとして，①複製権（複製とは，手段を問わず有形的再製という結果を生み出す行為をいい，著作物をサーバにアップロードすることもこれにあたる），②譲渡権，③貸与権，④頒布権（映画の著作物に認められる基本的には譲渡権と貸与権を併せた権利）がある。

著作物を無形的に伝達する行為に関する権利としては，⑤演奏権（音楽の著作物が対象，歌唱を含む），⑥上演権（実演になじむ著作物が対象），⑦口述権（言語の著作物が対象），⑧上映権（映画の著作物に限らず，スクリーンに映すものが含まれる），⑨展示権（美術の著作物または未発行の写真の著作物の原作品を公に展示する権利），⑩公衆送信権（ネットで配信すること等），⑪伝達権（テレビ番組を公衆に視聴させる等）がある。

これらは，公衆（不特定または多数人に対するもの）であることが要件となるので（複製を除く），たとえば，自室で 1 人で歌ったり，アーティストが公演前に仲間内だけで舞台で演じたりすることは，演奏権や上演権侵害にならない。

また，創作物（原作品）に新たな創作性を付加することに対する権利として，⑫翻訳，編曲，変形，脚色，映画化その他の翻案する権利がある。

3　どのような場合に著作権は制限されるのか

著作権に該当する利用行為でも，さまざまな目的から例外的に権利が制限され，第三者が自由に利用できる場合がある。たとえば，①私人の活動の自由を保障するために，個人が家庭内でテレビ番組を録画する等，私的使用目的での複製（著作権法 30 条）や②公益目的からの図書館の複写サービス（著作権法 31 条），③公益性の高い業務を遂行する者として，たとえば，ニュース番組で，有名な絵画が盗まれたことを報道する際にその絵画を放映するような，報道機関

が時事の報道のために行う複製（著作権法 41 条），④著作物を利用した新たな表現活動を促進するために認められている引用（著作権法 32 条）がこれに該当する。

ただし，私的使用目的であっても，違法にアップロードされている映画や音楽をダウンロードする行為は，正規品である音楽 CD 等が売れなくなり音楽家等の経済的利益を害するとされ，私的使用目的の複製の例外として，一定の要件の下に民事規制（差止や損害賠償）や刑事罰を受ける（著作権法 30 条 1 項 3 号・119 条 3 項）。

4　おわりに

これまで概説してきたように，一口に知的財産法といっても，保護の目的，保護対象，独占できる行為，独占の限界，保護期間，権利の発生方法等はさまざまである。しかし，各法律が，それぞれの権利を保護することによって，産業や文化の発展が図られているのである。

【参考文献】
島並良・上野達弘・横山久芳『著作権法入門』有斐閣，2016 年。
平嶋竜太・宮脇正晴・蘆立順美『入門　知的財産法』有斐閣，2016 年。
福井健策『18 歳からの著作権入門』ちくまプリマー新書，筑摩書房，2015 年。
経済産業省特許庁企画『産業財産権標準テキスト（総合編)』独立業法人工業所有
　　権情報・研修館人材育成部，2012 年。

（石井美緒）

第27講

紛争の処理

学修の要点

・わが国における民事訴訟による紛争の処理の必要性やその概要について学ぼう。
・わが国における民事訴訟以外の方法による紛争の処理や強制執行の概要について学ぼう。

第1節 民事訴訟制度を利用した紛争の処理の必要性を理解しよう

1 ケース

　X社は，長年の取引先であるY社より，経営状況が悪化したため，運転資金として300万円を貸して欲しいと頼まれた。

　X社は，長年の取引先であり，また，X社の経営状況が悪化した時期に，支援してくれたY社の頼みであるので，借主をY社とする借用書を作成して，Y社に300万円を貸し付けることとした。

　もっとも，Y社は，弁済期を経過したが，300万円の返済をせず，X社の担当者が電話や手紙で何度も催促したが，全く返済をしようとしない。

　X社は，Y社から貸金300万円を返還してもらうためにはどうしたらよいであろうか。

2 なぜ民事訴訟制度による紛争処理が必要となるのか

　前記のケースにおいて，民法上は，X社は，Y社に対して，金銭消費貸借契約（民法587条）に基づく貸金返還請求権を有するが，Y社が任意に貸金を返

第27講　紛争の処理　329

済しない場合には，民法上の権利を実現するための手続が必要となる。民法などの実体法は，権利が実現される手続については規定しておらず，権利が実現される手続について規定しているのが手続法である。

　また，前記のケースにおいて，民事訴訟法という手続法に則らずに，300万円を返してもらうために，Ｘ社の従業員がＹ社の従業員に対して，暴力を用いて300万円を取り立てたりすると，Ｙ社従業員はそれによって負傷することもあろう。以上のような法によらずに，自分の力で紛争を解決し，権利を実現することを自力救済という。法に則った手続によらずに，自力救済を認めることは，権利の実現の名の下に，他人の人格権や生活権を侵害することになるため，原則として，自力救済は否定されている。Ｘ社従業員が暴力を用いて300万円を取り立てる行為は，場合によっては，刑法上の強盗罪（刑法236条1項）となりかねない。そこで，Ｘ社としては，自力救済ではなく，第2節で説明する国家が設けた私人間の紛争を解決するための制度である，民事訴訟制度を用いて，300万円の返還請求権という権利を実現すべきことになる。

▶第2節　民事訴訟の具体的な手続の流れを理解しよう

1　民事訴訟は，どのように開始されるのか

　民事訴訟は，紛争当事者の一方が裁判所に対し訴えを提起することによって始まる。訴えを提起するには，訴状を裁判所に提出することになる（図27－1訴状モデル参照）。訴状には，当事者（およびその法定代理人）を表示し，請求の趣旨および原因を記載して，どのような請求をしているのかが分かるように，請求の内容を具体的に特定しなければならない（民訴法133条2項）。

　「当事者の表示」というのは，誰が原告（ケースでいうとＸ社）で，誰が被告（ケースでいうとＹ社）であるかを明確にすることであり，自然人の場合は氏名と住所，法人の場合は商号や本店または主たる事務所の所在地などを記載することになる。「請求の趣旨」とは，その訴訟において原告によって求められている具体的な判決の内容である。ケースでいうと，「Ｙ社は，Ｘ社に対して，金300万円を支払え」との判決を求めるなどの具体的な内容である。

　「請求の原因」とは，その訴えによって求められる請求（これを「訴訟物」という）を具体的な特定の権利主張として根拠づけて法律構成するのに必要な事

図27-1 訴状モデル

訴　状

印紙

令和○○年○○月○○日

東京地方裁判所　御中

　　　　　原告訴訟代理人弁護士　　○　　○　　○　　○　㊞

〒○○○-○○○○　　東京都○○区○丁目○番○号

　　　　　　　　　　　　原　　　　　告　　株式会社X
　　　　　　　　　　　　同代表者代表取締役　　　　　A

〒○○○-○○○○　　東京都○○区○丁目○番○号

　　　　　　　　　　　　　○○法律事務所（送達場所）
　　　　　　　　　　　上記訴訟代理人弁護士　○　　○　　○　　○
　　　　　　　　　　　　電　話　○○-○○○○-○○○○
　　　　　　　　　　　　ＦＡＸ　○○-○○○○-○○○○

〒○○○-○○○○　　東京都○○区○丁目○番○号

　　　　　　　　　　　　被　　　　　告　　株式会社Y
　　　　　　　　　　　　同代表者代表取締役　　　　　B

貸金請求事件

訴訟物の価格　　　300万円

貼用印紙額　　　　2万円

第1　請求の趣旨
　1　被告は，原告に対し，金300万円及びこれに対する令和○○年○○月○○日
　　から支払済みまで年6分の割合による金員を支払え
　2　訴訟費用は，被告の負担とする
　との判決並びに仮執行の宣言を求める。

第2　請求の原因
　1　本件契約の締結
　　　原告は，被告との間で，令和○○年○○月○○日，以下の約定で，……

実である。

　裁判所に訴状が提出されると，裁判所では，訴状に必要な要件が具備されているか，訴訟物の価額に対応する手数料（印紙）が納付されているかなどを審査することになる（民訴法137条1項）。裁判所が訴状につき所定の要件を具備していると判断すれば，訴状と第1回口頭弁論の期日の呼出状が被告に送達されることになる（民訴138条1項）。被告は，訴状を受け取った段階から準備をはじめ，弁護士に訴訟手続の代理を依頼したりして，被告側の言い分を明らかにする答弁書を作成し，答弁書を裁判所や原告に直送する。このような一連の手続により，民事訴訟の手続は開始されることになる。

2　民事訴訟の審理は，どのように進められるのか
2−1　口頭弁論と争点および証拠の整理

　民事訴訟の開始に伴い，訴訟の両当事者の主張を裁判所の法廷において直接に口頭でたたかわせることになる手続を口頭弁論という。裁判所は，原則として，口頭弁論を行わないでは判決をすることができず（民訴法87条1項），この口頭弁論で陳述され，明らかにされたものだけが裁判の資料として利用することができるのである。口頭弁論においては，訴訟行為は口頭でなされるべきとする口頭主義，当事者双方とも同時に弁論を開き，主張立証を尽くす機会を与えるべきとする双方審尋主義，裁判の審理や判決の言渡しが公開の法廷で行われるべきとする公開主義，判決の基礎となる弁論と証拠調べに直接関与した裁判官が判決をなすべきとする直接主義という原則が妥当している。

　原告と被告の立証などの訴訟活動は，口頭弁論の場で展開されるが，口頭弁論期日の審理の進行を円滑にするために，準備書面制度が活用されている（民訴法161条）。準備書面は，訴訟の当事者が口頭弁論において陳述する事項について，具体的に記載した書面であり，裁判所や相手方に事前に提出して，口頭弁論などに臨むために用いられている。準備書面には，裁判の期日前に，双方の主張の一致点と相違点が明確にされ，当該口頭弁論期日になすべきことを事前に準備することができ，そのために，口頭弁論の期日が無駄に費やされるということがなくなるという利点があり，口頭主義を補完することになる。ケースにおいても，X社とY社は，裁判の期日前に準備書面を作成して，準備書面にて自己の言い分を述べることとなる。

332

また，民事訴訟においては，当事者間に争いのない事実と争いのある事実を明確にし，紛争の争点を絞るための手続として，準備的口頭弁論（民訴法164条），弁論準備手続（民訴法168条）や書面による準備手続（民訴法175条）が行われている。準備的口頭弁論は，あくまでも口頭弁論であり，社会の注目を集めるような事件や当事者関係者が多数にわたる事件に適している。弁論準備手続は，口頭弁論と異なり，公開の法廷ではない準備手続室で行われ，当事者間の率直な意見交換がなされたりする。公開主義との関係については，相当と認める者の傍聴を認めたり（民訴法169条2項），結果を口頭弁論に上程する（民訴法173条）ことにより，調整を図っている。また，当事者の一方が遠隔地に住んでいる場合に，毎回，裁判所に出頭すると，経済的・精神的に負担であることから，書面による準備手続においては，当事者の出頭なしに，電話会議の方法により，争点協議することが可能となっている（民訴法176条3項）。ケースにおいても，X社とY社のいずれかが裁判所から遠隔地に住所があれば，電話会議が可能となる。

弁論準備手続等により，当事者間に争いのある事実と争いのない事実が明確になり，紛争解決のために必要な争点が形成され，争点を解明するために必要な証拠の有無を確認された後には，証人や当事者の尋問を行うことになる。

2-2　立証と証拠

裁判所が原告の請求の当否を判断するには，その前提として，事実関係と適用法規が明確でなければならない。実際の民事訴訟においては，法規の解釈や適用ということよりも，事実関係の存否が争われることがほとんどである。

当事者間に争いのないような事項（自白）や裁判官が持っている知識や経験だけで判断が可能である事項は，裁判所がわざわざ資料を集めて認定する必要はない。しかし，当事者間に争いがある事項については，証拠による証明（立証）が必要になる。たとえば，ケースにおいて，X社がY社に対して，300万円を渡したことについては争いがないが，Y社が贈与であったとか，既に300万円を返済したと主張しており，それをX社が争っている場合には，証拠による証明が必要となる。

証拠には，人的証拠となるものとして証人，当事者，鑑定人があり，物的証拠として書証と検証がある。ケースにおいて，X社は金銭を貸したと主張し，

第27講　紛争の処理　333

Ｙ社が贈与だったと主張しているような場合には，原告は金銭の貸し借りがあったことを証明するために借用書を書証として提出し，契約時に立会人がいれば証人尋問を行うことになろう。

　証拠調べは，当事者の申し出た証拠についてのみ行われるのが原則である。また，証拠は，両当事者に遍在するのが通常であることから，書証などについてこれを対等に利用させる意味から，相手方が任意に提出しない場合には，裁判所による文書提出命令が認められており（民訴法223条1項），この制度を活用することによって，相手方が所持している自己に有利な証拠を手に入れることが可能となる。

2－3　立証責任

　裁判では，どのような基準で事実の存否につき心証を形成すべきかが問題となってくる。民事訴訟法247条は，裁判所は，口頭弁論の全趣旨および証拠調べの結果に基づいて，自由な判断で事実を認定すると規定している。これを自由心証主義というが，裁判官の自由な判断といっても，恣意的な事実認定を許すという趣旨ではなく，経験則や論理法則にしたがった合理的なものでなければならない。

　裁判所が判決をなすためには，証明の対象となる事項について，確実な認定が必要となる。しかしながら，裁判官の知識や当事者の努力にもかかわらず，必要な事項について認定ができないというような場合が生じることもある。そのような場合に，裁判所が真偽不明であるとして判決を下さないとすれば，当事者間の紛争は永久に解決されず，民事訴訟制度自体の目的が達成されないことになる。そこで，このような事実関係についての証拠による確定ができない場合には，訴訟当事者のいずれかがその事実の有無を要件とする自己に有利な法律効果の発生または不発生が認められないこととなる不利益を被ることになる。訴訟当事者の一方の被るこのような不利益を立証責任という。訴訟当事者は，真偽不明による不利益な扱いを受けたくなかったならば，その事実について自ら証明する責任を負うことになる。訴訟当事者のいずれが立証責任を負うかという立証責任の分配については，実体法規においてあらかじめ定まっており，訴訟の経過や立証活動の展開によって相手側に移ったりすることはないと考えられている。ケースにおけるＸ社のＹ社に対する貸金返還請求において

は，X社は，消費貸借契約の成立，返還時期の合意，返還時期の到来を主張立証することになる。

3　民事訴訟は，どのようにして終了するのか

　口頭弁論で訴訟の両当事者の主張と立証が尽くされると，裁判所は口頭弁論を終結し，判決を下すことになる。

　判決は，裁判所があらかじめ判決書を作成し，これに基づいて言渡しが行われることになる。判決書の必要的記載事項は，当事者と法定代理人，主文，事実，理由，口頭弁論の終結の日および裁判所であり，そのほかに裁判官の署名押印が必要である（民訴法253条1項，民訴規則157条1項）。

　判決は，言渡しによって成立し，効力を生じる（民訴法250条）。判決言渡しは，口頭弁論終結後，2月以内にするのが原則である（民訴法251条1項）。判決の言渡し後，裁判長はすみやかに判決原本を書記官に交付し（民訴規則158条），書記官はその写しを作成し，書記官が判決書の交付を受けた日または判決言渡日から2週間以内に当事者に送達しなければならないものとされている（民訴規則159条1項）。後述する上訴期間は，判決の送達を受けた時点から2週間以内である（民訴法285条・313条）。

　確定した終局判決には，その判決主文について既判力と呼ばれる拘束力が生じる（民訴法114条1項）。既判力とは，後訴において，同一事項が問題となった場合に，当事者はこれに反する主張をすることが許されず，裁判所もこれと矛盾抵触する判断をすることが許されないという効力のことである。

　判決以外に，訴訟を終了させるものとして，訴訟上の和解を挙げることができる。訴訟上の和解とは，訴訟の継続中に，当事者が訴訟物について互いに譲歩して訴訟を終了させる行為である。実際の民事訴訟においては，判決に至らずに，和解で訴訟が終了することが多い。和解調書には，確定判決と同一の効力があるので（民訴法267条），その和解内容が履行されなければ，これに基づいて強制執行を行うことも可能となる（民執法22条7号）。ケースにおいても，Y社がX社に対して，分割で300万円を支払うという和解をすることなどが考えられる。

第27講　紛争の処理　335

4 民事訴訟における上訴・再審制度は,どのようになっているのか

わが国の裁判制度においては,三審制が採用されている。その審級は訴額に応じて行われ,訴額が140万円以下の事件は簡易裁判所,地方裁判所,高等裁判所の順序で行われ,これを超える金額の事件や訴額算定不能な事件および不動産に関する事件は地方裁判所,高等裁判所,最高裁判所の順序で審級が進むことになる。このような三審制度が採用されている理由は,誤判を是正することと,法令解釈の統一をはかることにある。

第一審裁判所判決に対する不服の申立ての審理は控訴審が行い,ここでは第一審の資料をもとに,さらに新たな主張や証拠を提出して,審理を続行して事実の確定をはかることになる（その意味でいわゆる「事実審」となる）。控訴審裁判所の判決に対する不服の申立て（上告）は,上告審で判断し,そこでは控訴審の判決のうち法律問題だけがその対象となり,事実の主張はできないものとされる（いわゆる「法律審」である）。

判決が確定して訴訟手続が終了すると,法的安定の観点から,原則として,これを覆す余地がなくなる。しかし,確定した訴訟について,その訴訟手続や裁判の基礎資料に重大な欠陥があっても,例外なく取消しを認めないというのでは,結果的に司法に対する国民の信頼を損なうことになりかねない。そこで,確定した終局判決でも,再審理の必要が認められる一定の事由（民訴法338条1項）がある場合には,その裁判を行った裁判所に対し,その裁判を取り消して,当該事件についての再度の審理を求めることができる再審制度が認められている。

5 民事訴訟の基本原理である処分権主義と弁論主義を理解しよう

民事訴訟においては,当事者が訴訟の開始,要求の内容,訴訟の終了などを自由に自分で決定することができるとする処分権主義が認められている。処分権主義が認められると,訴えの提起,訴えの取下げや自白,和解も当事者の自由となっている。処分権主義は,私法上認められる私的自治の原則の訴訟における現れであるとされ,民事訴訟制度にとっての本質的な原則とされている。この原則の下では,裁判所は,当事者から紛争の解決を求められたときに,求められた内容について,求められた限度で裁判をすればよいということになる（民訴法246条）。ケースにおいても,X社は,そもそも,300万円のうち200

万円だけ請求したり，訴えを取り下げたりすることも，処分権主義より，可能となっている。

　また，裁判は，いかなる場合でも，事実資料である事件の事実や証拠に基づいて行われなければならない。この事実資料については，当事者が自ら収集し，法廷に提出しないと裁判所は自らこれを調査・収集して裁判の資料とする必要はないとされており，これを弁論主義という。弁論主義の下では，裁判所の基礎となる事実資料の収集の権能と責任を当事者に与えることになる。一方，身分関係を対象とする人事訴訟手続などの特殊の訴訟手続では，事実資料の収集を当事者に任せず，裁判所の職責とする職権探知主義が採用されている（人事訴訟法 20 条）。

　弁論主義の具体的な内容は，①当事者の主張していない事実を判決の基礎とすることはできない，②当事者間に争いがない事実（自白された事実）は，そのまま判決の基礎としなければならない，③当事者間に争いがある事実を認定する場合には，当事者の提出した証拠のみに基づいて判断しなければならないというものである。ケースにおいて，X 社と Y 社とで，X 社が Y 社に対して 300万円を渡したこと自体について争いがなければ，裁判所は，弁論主義に基づき，かかる事情を判決の基礎としなければならないことになる。

▶ 第3節　強制執行手続について理解しよう

　民事訴訟においては，私人間の法的紛争について国家権力である裁判所の判断が判決という形で示されることになる。もっとも，当事者が判決に従わない場合には，判決は画餅となる。そこで，判決に基づく自主的な解決がされない場合には，一方当事者が他方当事者に対して，判決内容を強制し，その内容に従った権利内容の実現を図る制度が必要となる。これが強制執行手続であり，その手続を規定しているのが民事執行法である。

　強制的権利実現手続である民事執行を主宰するのは，裁判所と執行官である（民執法 2 条）。執行手続は，書面をもって開始され，その迅速性の要請から，裁判所は口頭弁論を経ないで裁判（ここでの裁判は「決定」「命令」となる）することができるものとされる（民執規則 1 条）。そして，執行を求める当事者は，執行を開始する際に，自己に権利がある旨の主張だけでなく，それが執行可能な

第 27 講　紛争の処理　337

権利であることが公の機関で確認され証明された一定の文書である「債務名義」を提出することが必要とされる。債務名義に該当するものとして具体的には給付を命じて確定判決，執行を許された支払命令，和解調書，調停調書，執行調書などである（民執法 22 条）。執行手続においては，民事訴訟手続と異なり，請求権自体の存否についての判断を行わないことから，債務名義が備わっていれば，それだけで原則として執行が認められることになる。

　執行手続は，その執行の目的物によって，金銭の支払を目的とする債権についての執行（金銭執行という）と不動産の明渡し，物の引渡し，騒音の差止などの金銭以外の権利に対する執行（非金銭執行という）に分類することができる。

　金銭執行は，債務者の財産を執行の対象として，その財産をもって債権者に金銭的満足を与えるものであるという点に特徴がある。したがって，金銭執行においては，債務者がその財産を勝手に処分してしまうことができないように強制的に差し押え，執行機関を通してその財産を売却するなどして，金銭化し（換価），最後に，その金員によって債権者に弁済する（配当）手続が行われる。ケースにおいて，X 社が判決で勝訴したにもかかわらず，Y 社が 300 万円を支払わない場合には，X 社は Y 社が有する不動産，動産および債権に対して強制執行をすることになる。

　これに対して，非金銭執行の手続の場合には，金銭の支払を目的としない債権の種類が多様となっている。

▶ 第4節　民事訴訟以外の紛争解決手段についても知ろう

1　ADR

　私人間の権利関係に関する争いは，裁判以外の方法によっても解決することができる。裁判以外でなされる紛争解決の方法を裁判外紛争処理または代替的紛争解決（Alternative Dispute Resolution: ADR）といい，調停，仲裁の他に，行政機関や民間団体が行う相談・苦情処理・斡旋・調停・仲裁なども含まれる。

　ADR は，裁判と比較して，手軽に利用でき，簡易迅速な解決および事案に則した柔軟な解決が可能であるなどのメリットがあることから，裁判および当事者の交渉と並ぶ民事紛争解決のための重要な手段となっている。

　ADR の利用を促進するために，「裁判外紛争解決手続の利用の促進に関する

法律」（平成 16 年法律第 151 号）が制定され，民間の紛争解決事業者の業務につき法務大臣による認証制度を設け，認証を受けた業務については，時効の完成猶予中断，訴訟手続の中止等の特別の効果が認められるなど（ADR 法 5 条・25条・26 条），立法による基盤整備が進められている。

2 調停

調停とは，紛争解決のために話合いの場を設け，第三者の仲介により，両当事者が互いに譲り合って自主的に紛争を解決する方法である。調停には，一般の民事紛争について簡易裁判所または地方裁判所において行われる民事調停（民事調停法 2 条）と家事事件について家庭裁判所で行われる家事調停（家事事件手続法 244 条）とがある。いずれの調停においても原則として裁判官 1 名，民間人 2 名以上により構成される調停委員会により行われる。調停の進め方については，厳格な決まりがなく，調停委員会が争いについて両当事者から事情を聞き，当事者の主張，利害を調整し，当事者間の合意が成立すれば，調書に記載され，調書の記載内容には，判決と同じ効力が認められる（家事事件手続法 268条 1 項）。

家事事件のうち，離婚紛争など家庭に関する事項を直ちに公開の法廷で争わせることは望ましくないため，訴訟をする前にまず調停を行わなければならないとする調停前置主義が採用されている（家事事件手続法 257 条 1 項）。

【参考文献】
山川一陽・船山泰範・根田正樹『新法学入門（第 2 版）』弘文堂，2012 年，188
　　～201 頁（山川一陽）。
山川一陽・根田正樹『ビジネス法務の基礎知識（第 2 版）』弘文堂，2012 年，170
　　～175 頁（小田司）。
小林秀之・原強『民事訴訟法（第 3 版）』弘文堂，2011 年。

（金澤大祐）

第**28**講

ビジネスと租税

学修の要点

・租税法律主義のもと納税義務や手続が定められていることを学ぼう。
・ビジネスに課される租税の仕組みや，租税がビジネスにどのような影響を
　与えるか知ろう。

第1節　**租税とは**

1　租税の意義

　みなさんは日常生活で買い物をしたときに消費税等を払っている。アルバイトをしている人には所得税を納めている人もいるだろう。一般的に「税金」といっているが，さまざまな「租税」が法により定められている。租税とは，国家や地方公共団体の活動の経費として，一定の要件に該当するすべての者に対し国家や地方公共団体が一方的に課するものである。

2　租税法律主義

　このように租税は，国家や地方公共団体が一方的に課し，国民の財産から徴収するものであることから，納税者となる国民が議会での議論に基づいて税負担を決める必要がある。そこで，議会の定める制定法の根拠なしに，納税の義務を課し，租税を徴収することはできないという原則がある。これを租税法律主義という。わが国でも租税法律主義が採用されており，憲法30条・84条に示されている。

340

租税法律主義が法律として定めることを求めるのは，租税についての重要な事項であり，大別すると，納税義務の金額を算定するための実体法と，納税のための手続を定めるための手続法である。

実体法に定められる課税要件を充足することにより，納税義務が成立する。しかし，さまざまな経済事象が生じる現代社会において，どのような事実があれば納税義務が成立するかという要件（納税のための要件事実）を法律だけですべて網羅して規定することは困難である。このため，法律は行政に対し，個別具体的に委任している。

また，租税に関する議会の定めはできるだけ一義的に明確でなければならないとされている。これを課税要件明確主義という。しかし，制定法中に「不当に減少させる」とか「不相当に高額」という不確定概念を含むことがある。この不確定概念の解釈は行政の自由裁量ではないと考えられており，最終的には司法の判断となる。

3　租税法と解釈

租税法律主義のもとで，租税を課するために租税法が定められている。この租税法も法であり，法に定められた言葉の意味内容を明らかにする「解釈」が必要となる。しかし，租税法の解釈では，法文の意味を拡張したり類推したりして解釈することとなると，課税の範囲が拡張され，結局，法律によらない課税が行われるおそれが生じることから，租税法律主義に反することになる。したがって，租税法の解釈は文理解釈が求められると理解されている。

しかし，あまりにも厳格な文理解釈をとると，法文の意味内容をむしろ明らかにすることができない場合もある。このため，一定の範囲で目的論的解釈を認める。この場合でも，法文の言葉の意味を超えて解釈することはできないとの見解がある。なお，法文上適用可能な外国税額控除につき，法の趣旨目的から著しく逸脱することを理由として，適用しないことを認めた判例がある（最判平 17・12・19 民集 59・10・2964）。

4　租税の種類

租税はさまざまな観点から分類することができる（表 28 - 1）。

租税を納める者（納税者）の視点からは，どのような場合に，どのような租

税が課されるのかが重要である。ビジネスの世界では，ビジネスから得た利益に対し，国税として法人税や所得税，地方税として住民税が課されるが，これらは収得税に分類される。また，課税資産の譲渡等に対し，消費税および地方消費税が課されるが，これは消費税に分類される。これらのほか，財産税に分類される固定資産税，流通税に分類される印紙税もある。

表28－1　租税の分類

1　課税主体からの分類
①国税　　国家が課する租税
②地方税　地方公共団体が課する租税
2　納税義務を負う者と経済的に租税を負担する者の一致の有無からの分類
①直接税　納税義務を負う者と経済的に租税を負担する者が一致する
②間接税　納税義務を負う者と経済的に租税を負担する者が一致しない
3　納税者の人的事情の考慮の有無からの分類
①人税　　人的事情を考慮する
②物税　　人的事情を考慮しない
4　租税の使途からの分類
①普通税　租税の使途を特定しない
②目的税　租税の使途が特定されている
5　課税の対象となる経済活動からの分類
①収得税　経済的利益の収得に着目して課税する
②財産税　財産の保有に着目して課税する
③消費税　物やサービスの消費に着目して課税する
④流通税　物や権利の移転に着目して課税する

第2節　租税に関する手続

1　納税義務の成立

　私人間の債権債務は契約の成立時に発生するが，納税義務は法定債務であり，納税義務の成立時期は法により定められている。たとえば，法人税はその法人の事業年度の終了の時であり（国税通則法15条2項3号），所得税は暦年の終了の時（12月31日）とされている（国税通則法15条2項1号）。消費税等は，課税資産の譲渡等をした時である（国税通則法15条2項7号）。

342

2　納税義務の確定

納税義務の確定の方式は，申告納税方式と賦課課税方式に大別される。

申告納税方式とは，納税者により納付すべき税額を申告し，これにより納税義務が確定する方式である（国税通則法16条1項1号）。たとえば，法人税，所得税，消費税等がこれにあたる。この方式を採用する租税で納税者が申告を行わない場合，または納税者の申告に係る税額の計算が租税法の規定に従っていない場合には，課税する税務官庁が課税処分を行うことにより納税義務が確定する。

これに対し，賦課課税方式とは，税務官庁の賦課決定により納税義務が確定する方式である（国税通則法16条2項2号）。たとえば，関税がこれにあたる。また，地方税では固定資産税がある。

3　修正申告・更正の請求

申告納税方式の租税につき，納税者が納税申告に誤りがあることに気付き，納税額を増加する訂正をしたい場合には，修正申告を行うことができる（国税通則法19条）。

これに対し，納税額を減少する訂正をしたい場合には，更正の請求をすることができる（国税通則法23条）。更正の請求は，課税する税務官庁に更正を求めることであり，納税者が請求するだけでは納税額を変更することはできない。

4　青色申告制度

申告納税方式による法人税および所得税（不動産所得，事業所得，山林所得のある納税者に限る）では，一定の帳簿書類を作成・保管し，これに基づいて所得計算をする納税者について，納税者の選択により適用される青色申告制度が設けられている。

青色申告により納税申告を行う場合には，税務上の所得計算において納税者に有利となる規定が設けられているほか，青色申告に対する税務官庁の更正は帳簿書類を調査した後でなければすることができないとされている。

第3節　ビジネスに課される租税

1　法人税

1−1　法人税とは

　法人税とは，法人，人格のない社団等の所得に課せられる国税であり，各事業年度の所得金額が課税標準である（法人税法21条）。

　経済社会ではさまざまな事業体がビジネスを展開している。ビジネスでは元手となる資金を多く有する者が，より多額の投資を行い，より多額の利潤を得ることができる。このため，複数の者が出資する共同企業のほうがビジネスに有利となる。これらの共同企業の代表例が法人格を有する株式会社であり，法人税の納税義務者の1つである。これに対し，匿名組合のように共同企業であるものの，法人格がなく，損益が出資者に直接帰属する事業体の場合には，事業体そのものは法人税の納税義務者とならない。帰属した損益につき，出資者が個人であれば所得税，法人であればその法人に対して法人税が課される。

1−2　納税義務

　日本国内に本店等がある法人を内国法人といい，その所得の源泉が国内・国外を問わず，すべての所得につき納税義務を負い（法人税法4条1項・5条），これを無制限納税義務者という。これに対し，日本国外に本店がある外国企業が日本国内に支店を設けたような，内国法人以外の法人を外国法人といい，国内に源泉のある所得についてのみ納税義務を負うものとされ（法人税法4条3項・9条），これを制限納税義務者という。外国企業であっても，日本国内に子会社を設けた場合には，その子会社は内国法人となる。

1−3　益金と損金

　各事業年度の所得金額は，法人の定款により定められた事業年度ごとに，益金の額から損金の額を控除した金額とされている（法人税法22条1項）。このように企業の財政状態，経営成績を明らかにする企業会計で用いる収益・費用という用語を用いず，益金・損金という用語を用いるのは，企業会計と税務上の所得計算との差異があるためである。

344

株式会社等の会計は公正な会計慣行に従うものとされている（会社法431条・614条。なお，一般社団法人および一般財団法人に関する法律119条も同様の規定を置いている）。他方で，法人税は申告納税方式の租税であるから，法人企業は自ら所得金額を計算して申告しなければならない。そこで，企業会計と税務における所得計算の調整が必要となる。まず，企業会計で貸借対照表，損益計算書，株主資本等変動計算書等を作成し，これを基礎として，益金の額に不算入のもの，損金の額に不算入のものを調整し（申告調整），所得金額を計算している。

1−4　税効果会計

この企業会計と税務における所得計算の差異のために，企業会計の税引前当期純利益（法人税，住民税および事業税を差し引く前の当期純利益）と当事業年度の法人税等との対応がなされない。そこで，企業会計では法人税等を適切に期間配分するため，税効果会計を導入している。

税効果会計では，翌事業年度以降に，企業会計と税務における所得計算との差異が解消されるものを一時差異として認識し，繰延税金資産・繰延税金負債として貸借対照表に計上する。しかし，繰延税金資産・繰延税金負債は，国等に対する財産や債務ではない。法人税を青色申告している場合，欠損金（損金の額が益金の額を上回った場合のその差額）を10年間繰り越し，各事業年度の所得の計算上，損金の額に算入する（資本金が1億円を超える法人においては欠損金控除前の所得の50％を限度とする）ことが認められており（法人税法57条1項），これにより損金算入する事業年度の法人税を減少させるため，この欠損金に係る繰延税金資産の計上も可能である。しかし，欠損金の繰越可能期間中に所得が発生しないと，繰延税金資産は回収されないことになる。財務諸表の利用者は，繰延税金資産の計上理由と，回収可能性に注意を払う必要がある。

2　事業税

2−1　事業税とは

事業税とは，事業に課税される租税であり，都道府県に納付する地方税である。法人に課税される法人事業税では，外形標準課税適用法人を除き，法人の事業税としての所得金額（特定の事業については収入金額）が課税標準となる（地方税法72条の2）。

法人税や所得税，住民税が損金の額に算入されないのに対し，事業税は損金の額に算入される。

2－2　外形標準課税

そもそも，事業税は所得金額より法人の規模を課税標準とすべきであるという考え方があったが，バブル経済崩壊後，赤字法人が増加し，都道府県の税収が落ち込んだこともあり，2003年に資本金が1億円を超える法人については，所得金額だけではなく，付加価値割，資本割を加えた外形標準課税が導入された。外形標準課税では，従業員などに支払われる給与，オフィスなどの賃借料，銀行などから借り入れている資金にかかる支払利息，株主から提供されている資本金などを課税標準に採用しているため，法人の利益が赤字であり法人税が課されない場合であっても，事業税は課されることとなる。

3　消費税等

3－1　消費税等とは

消費税等とは，消費税および地方消費税であり，物やサービスの消費など課税資産の譲渡等，および保税地域から引き取られる外国貨物に課税される租税である。

課税資産の譲渡等とは，「事業として対価を得て行われる資産の譲渡および貸付け並びに役務の提供」（消費税法2条1項8号）から，非課税取引（消費税法2条1項9号）を除いた取引である。この非課税取引には，金銭や暗号資産（仮想通貨）などの支払手段，土地の譲渡や貸付け，社会保険制度による医療等がある。また，給与は資産の譲渡等にはあたらない。

3－2　納税義務

消費者が実質的に消費税等を負担しているが，消費税法は事業者を納税義務者としている。この事業者には，法人のほか，個人事業者も含まれる。個人事業者とは，自己の計算において独立した事業を行う者と解されている。

ただし，基準期間（法人の場合には2年前の事業年度）における課税売上高が1000万円以下である事業者は，一定の場合を除き，消費税等を納める義務が免除される。もっとも，この事業者の選択により免除を受けないこともできる。

346

3-3 消費税等の仕組み

消費税等は，事業者が納税義務を負い，課税標準は自己の課税資産の譲渡等の対価の額である。しかし，事業者は他人から課税資産等の譲渡を受けた際，および保税地域から外国貨物を引き取った際に消費税等を負担しているので，この消費税等の額を自己の納付する消費税等の額から控除することができる。これを仕入税額控除という。

諸外国では仕入税額控除の適用を受けるためには，消費税等を負担したことを示すインボイスが必要とされているが，わが国ではこれまで請求書等保存方式を採用してきた。しかし，2019年に消費税等の税率が10％に引き上げられ，あわせて軽減税率が導入されるのにあわせ，適格請求書等保存方式への移行が予定されている（経過措置がある）。

なお，小規模な事業者の事務負担を考慮して，消費税額にみなし仕入率を乗じて仕入税額控除とする簡易課税制度が設けられている。この簡易課税制度を採用することができるのは，基準期間における課税売上高が5000万円以下の事業者であり，課税事業年度開始前に税務署長に届出を行わなければ適用されない。

▶ 第4節　租税がビジネスに与える影響と諸問題

1　事業体選択への影響

事業体には，個人経営による「個人企業」，出資をして共同の事業を営む「組合」，営利を目的とする社団法人である「株式会社」等があるが，企業がどの事業体を選択するかは任意である。しかし，わが国の大部分の株式会社は，1人もしくは親族による出資・経営がなされ，個人企業とさほど異ならないという実態がある。つまり，事業主が個人企業という事業体を選択せずに，法人企業という事業体を選択しているのである。この選択理由には，企業の信用度，家計と企業の分離等もあげられようが，大きな理由として課税制度が指摘されている。

1-1　納税コストの差異

個人企業では，事業活動による利益が直接的に事業主に帰属するのに対し，

第28講　ビジネスと租税　347

法人企業では，経営者に対する役員報酬と，会社に留保する利益とに分散することができる。

　所得税では累進税率（最高税率45％）が適用されるのに対し（所得税法89条），法人税では税率が一定（23.2％）であり（法人税法66条1項），また，資本金1億円以下の中小企業（課税所得（過去3年間平均）が15億円超を除く）に対しては一定課税所得まで軽減税率（19％（法人税法66条2項）。ただし2021年3月末までの間に開始する事業年度においては15％（租税特別措置法42条の3の2））が適用される。もちろん，法人企業においても，役員報酬は個人の給与所得となり所得税が課税される（役員報酬は損金であり，法人税は課税されない）。しかし，企業は租税が課せられた後の「税引後純利益」を，企業の拡張のため再投資する。この点から，所得税と法人税の税率差は「税引後純利益」に差異を生じ，再投資の額が異なり，結果として企業成長に差異を生じさせる。納税コストの差異は，企業成長にも影響を与えるのである。

1−2　フリンジ・ベネフィット

　社会保険，社宅の貸付け等，金銭以外による給与所得者に対する給付をフリンジ・ベネフィットという。フリンジ・ベネフィットのうち一定の範囲は，給付に伴う支出をする法人企業においては損金として認められ，給付を受ける個人は所得として課税されない。これも法人企業選択のメリットといえよう。

1−3　事業承継税制

　わが国の産業は中小企業が大きな役割を果たしているが，中小企業では経営を次の世代（子や孫）へ承継するにあたり，相続税の負担が大きく，この納付のため企業の財産を売却する必要が生じるなどにより，企業の存続が危うくなるという事業承継の問題点が指摘されてきた。

　そこで，この租税負担という問題を緩和するため，非上場の株式につき相続税・贈与税の納税猶予制度を設けてきた（租税特別措置法70条の7の2）。平成30年税制改正ではこの制度をさらに拡張し，対象となる株式の上限を撤廃し，猶予割合も100％とすることで，事業承継時の現金納税負担をゼロとした。この制度は法人企業にのみ適用されるため，これも法人企業選択のメリットとなるだろう。

348

2　配当と役員報酬との関係

　株式会社は，その利益を株主に還元するため，剰余金の配当を行う。この剰余金の配当は，法人税課税後の利益から行われるため，配当は法人税を負担していることになる。さらに，この配当については株主側では所得税が課される。ここに二重課税の問題が起きる。

　この二重課税を回避するため，配当支払側の措置として，1990年までは支払配当額については法人税が軽減されていたが，現在ではこの軽減措置は設けられていない。配当受取側の措置として，所得税においては，税額控除として配当控除が設けられているが，控除率は低い（10％または5％）。なお，法人株主が内国法人等から受け取る配当金については，一定の範囲で受取配当金の益金不算入制度が設けられている（法人税法23条）。

　ところで，取締役，監査役等の役員に対する報酬は，法人税において損金とされるため，支払側となる企業では法人税は課税されず，受取側となる役員に所得税が課税される。

　このため，経営者と出資者が同一であるオーナー企業においては，配当を行わず，配当に代えて役員報酬として支給する傾向がある。これを「隠れた剰余金の処分」という。これに対処するため役員報酬につき不相当に高額な部分は損金に算入されないこととされている。

　また，以前は法人企業の利益が増加すると役員報酬を増加させるなど，役員報酬を用いて法人税と所得税の調整を図るケースが見受けられた。役員報酬は役員選任契約において確定すべきであるとの考え方から，現在では役員報酬は定期同額支給型，もしくは事前確定届出型，開示が必要な利益連動型とすることが求められている（法人税法34条）。

3　パス・スルー課税

　パス・スルー課税とは，事業体レベルでは課税主体とせず，構成員レベルに益金・損金を帰属させる課税方法である。

　過剰投資回避やリスク分散のため，技術やノウハウを持つ者と資金を持つ者とを結合させるため，などの理由から企業連合を設け，参加企業が投資する合弁事案が増加している。しかし，このような事案では，設備の減価償却や研究開発費がかさみ，損失計上が先行するケースが多い。この合弁事案の損金を出

第28講　ビジネスと租税　349

資の割合に応じて出資企業の損金として取り扱うパス・スルー課税が求められている。この点，米国では，LLC（Limited Liability Company）は，パートナーシップ（組合）とコーポレーション（法人）のメリットを活かした事業体であり，チェック・ザ・ボックスによるパス・スルー課税が認められている。

　わが国では，合弁事案が，株式会社や合同会社の形態をとっている場合，その合弁会社は法人格を有しており，単独で法人税の課税主体となる（エンティティ課税）。出資企業では，企業会計上は，出資の時価評価によって費用もしくは損失として処理されるが，保証債務等の引当金等を含め，税務上は出資企業側で損金に計上できないケースが多い。これに対して，合弁事案が有限責任事業組合を採用すれば，組合は法人格を有さないから，パス・スルー課税を受けることができる。

　なお，特定目的会社（SPC）・投資法人では，その導管的な性格から，支払配当のうち一定の要件を満たすものを損金に算入する，ペイ・スルーを認め，二重課税を回避している（租税特別措置法 67 条の 14・67 条の 15）

第5節　国際取引増加に伴う諸問題

1　タックス・ヘイブン税制

　2016 年に，いわゆる「パナマ文書」が全世界で報道された。法人企業の所得に対する租税負担が著しく低い国または地域をタックス・ヘイブンという。このパナマ文書は，パナマの法律事務所が，タックス・ヘイブンでの企業設立に携わった内容が記載されていた。企業や富裕層が他国に企業を設立すること自体は問題ないが，この報道により，企業や富裕層がタックス・ヘイブンを利用し，本来納めるべき租税を納めていないとして，批判的な意見も見受けられた。

　この問題を租税法の視点からみてみよう。内国法人は，海外支店の所得も含めて法人税の課税対象となり，海外支店が当該国で課税された現地の法人税は外国税額控除の対象となる。しかし，法人企業が海外に現地法人を設立して事業活動を行った場合は，わが国の課税は及ばない。そこで，法人企業が租税負担の低いタックス・ヘイブンにペーパー・カンパニー（事業実体が伴わない企業）を設立し，利益を留保するという問題が生じる。

そこで，この問題に対応するため，タックス・ヘイブン税制が設けられた（租税特別措置法66条の6）。タックス・ヘイブンに設立した子会社を特定外国子会社とし，内国法人の持株数に対応する留保所得を内国法人の所得とみなして，内国法人の益金の額に算入するものである。もっとも，ペーパー・カンパニーによる租税負担の回避を防ぐものであるから，当該国・地域で，事業の実態があり，事業活動を行うにつき十分な経済合理性がある場合には適用が除外されている。

これまでタックス・ヘイブンとは外国法人税率が20％以下の国・地域とされていた。この外国法人税を巡っては，当該地域の課税当局の承認を受け，納税者が0％超から30％の間で税率を選択することが認められている英領チャネル諸島ガーンジー島において，トリガー税率の25％を超える税率を選択した場合に，この納税者の選択性ゆえにタックス・ヘイブン税制における外国法人税として認められるか否かについて争われたところ，外国法人税に該当しないとはいえないと述べ，タックス・ヘイブン税制の適用を否定した事例がある（最判平21・12・3裁判所時報1498・1）。現在では，トリガー税率は廃止され，原則として受動的所得しか得ていないペーパー・カンパニーの所得は合算するものとし，他方，経済活動の実体がある事業から得た能動的所得については，租税負担割合にかかわらず合算対象としないこととされている。

2 移転価格税制

企業グループに属するA会社が製造した商品を輸出し，現地のB会社が販売するとしよう。企業グループとしては，B会社の販売価格からA会社の製造コストを差し引いたものが利益となる。しかし，A会社が本来の価格より低い価格でB会社に出荷すると，それぞれの会社単体でみると，A会社の利益は減少し，B会社の利益が増加する。これはすなわち，A会社での法人税が減少し，B会社での法人税が増加することになり，A会社の課税国は税収を失うことになる。

これを防止するのが，移転価格税制である（租税特別措置法66条の4）。独立企業間価格で行われたものとみなして益金・損金を計算するものである。しかし，この独立企業間価格の算定が困難なことも多いこと，したがって，一方の国で独立企業間価格による取引に比べ課税が減少しているとして課税されたと

きに，他方の国では実際の取引価格に基づいて課税され二重課税問題が発生し，課税当局間の協議でも解決しないなど，この税制の運用にあたり問題が生じることもある。

3　海外子会社等の配当の益金不算入

　これまで，内国法人が海外子会社から剰余金の配当を受けたときは，その配当を益金の額に算入するとともに，海外子会社に課された現地の法人税のうちその配当に対応する部分につき間接外国税額控除として内国法人の法人税から控除することにより，二重課税を解消しようとしてきた。

　しかし，この税制の下では海外子会社の利益を配当せず，現地に留保することが多かったため，利益がわが国に還流せず，経済社会全体として有効な活用がなされてこなかった。そこで，海外子会社等からの剰余金配当については，そのうち95％を益金の額に算入しないこととされている（法人税法23条の2）。

【参考文献】
岡村忠生・酒井貴子・田中晶国『租税法』有斐閣，2017年。
金子宏『租税法（第22版）』弘文堂，2017年。

（高岸直樹）

第29講

企業と犯罪

学修の要点

・企業活動によって発生する犯罪にはどのようなものがあるのかを学ぼう。
・企業による犯罪を規制する方法・制度について学ぼう。

第1節　企業と犯罪

　企業は，その設立から解散まで，さまざまな法規によって規制されており，それに違反すると制裁の対象となることがある。犯罪と刑罰に関する基本的な法律である刑法（典）は，自然人たる個人による犯罪を前提としており，企業等の法人は刑法上の犯罪をすることはできないと考えられている。しかし，企業の社会的な活動が前提となっている現代社会において，企業を犯罪と刑罰の対象外とすることは合理的とはいえない。事実，刑法典以外の刑罰法規には，法人処罰（後述）を規定するものがあり，法人による犯罪が前提とされている（法人の犯罪能力）。こうした企業やその活動を規制する法律，そしてその違反に対する制裁は多岐にわたるので，本講では，企業による代表的な犯罪と，それに対する制裁を中心にみていこう。

第2節　企業による犯罪の諸類型

1会社経営に関する犯罪

1-1　会社法罰則に違反する場合

　A銀行（株式会社）の頭取Yが，経営が実質的に破たんしているB社に，回収の見込みがないにもかかわらず無担保で融資をし，その結果Aに損害を与えた場合（不正融資），YはAの財産（会社財産）を危うくしたとして処罰される可能性がある。会社法は，株式会社の役員等が，その任務に違反して会社に財産上の損害を与えたり，会社財産を危うくする行為を処罰する（会社法罰則，表29-1）。なお，これらの行為により処罰されるのは，株式会社の役員等，一定の地位にある者に限られる。

表29-1　会社法罰則上の主な犯罪の類型

任務に背き，会社に財産上の損害を与えた場合	特別背任罪（960条）	自己・第三者の利益を図り，又は会社に損害を与える目的で，その任務に違反して会社財産に損害を与えた場合
会社財産を危うくする場合	不実申述・事実隠蔽罪（963条1項等）	裁判所・株主総会に対して，不実申述・事実隠蔽をした場合
	自己株式取得罪（963条5項1号）	株式会社の株式を，その会社の資金を使って不正に取得した場合
	違法配当罪（963条5項2号）	会社に配当可能な利益がないのに，利益配当をした場合
	営業外の投機取引罪（963条5項3号）	会社の営業の範囲外において，投機取引のために会社財産を処分した場合
株式払込の仮装	預合罪・応預合罪（965条）	株式の払込取扱金融機関と通謀して，払込を仮装する場合（預合）・預合に応じる場合（応預合）
総会屋に対する利益供与	株主の権利行使に関する利益供与の罪（970条）	株主の権利行使に関して，会社の計算で財産上の利益を供与した場合・情を知ってこれらの利益の供与を受け，又は第三者に受けさせた場合

（注）　条文はすべて会社法。

1－2　企業と賄賂

企業が自社製品の売込みに関して当時の総理大臣に賄賂を贈ったロッキード事件（最判平7・2・22刑集49・2・1）や大手建設会社が自治体の長等に賄賂を贈ったゼネコン汚職事件（東京地判平9・3・21判時1611・36）のように，会社経営者等が自社に有利になることを意図して公務員に賄賂を贈った場合，公務員の職務の公正とそれに対する国民の信頼を害し，自由な市場における公正な競争を阻害することにもつながるため，賄賂を贈った者と受け取った公務員は贈収賄罪として処罰され（刑法197条～198条），この賄賂は没収・追徴される（刑法19条・197条の5）。外国公務員に前記の意図で賄賂等の不正の利益を提供する行為は，不正競争防止法によって処罰される（不正競争防止法18条）。

なお，会社法は，株式会社の社会的重要性等を考慮して，取締役・監査役等の一定の地位にある者による贈収賄を処罰している（会社法967条）。

1－3　企業と脱税

国内に本店等をおく株式会社等の法人は，その所得を対象として課される税（法人税）を納める義務があり（法人税法4条），これを偽りその他不正の行為によって免れた場合，その法人の代表者等は脱税犯として処罰される（法人税法159条1項）。脱税に対する罰金は，1000万円以下とされているが，脱税額が1000万円を超えるときは，その脱税額とすることができる（法人税法159条2項）。また，悪質な脱税に対しては，より高い税率の税金を課す重加算税の制度がある（国税通則法68条等）。

2　金融犯罪

企業に活動資金を提供する銀行等の金融機関は，企業社会において重要な役割を果たす（第12講）。それゆえ，金融機関の活動は法律等により多様に規制されており，その規制には刑罰によるものも含まれる。

2－1　不正融資

金融機関または金融取引に関する犯罪をいうとされる金融犯罪の中心は，いわゆる不正融資である。前述の「会社法罰則に違反する場合」のA銀行の頭取Yには，特別背任罪（会社法960条）が成立する可能性がある。

第29講　企業と犯罪　355

2-2 銀行法違反の罪

　銀行の信用維持，預金者保護，金融円滑化等を目的とする銀行法に違反する犯罪は，無免許営業，免許条件違反，あるいは営業停止命令違反等の違法な営業行為と，虚偽報告や検査妨害等の監督当局の検査等に際しての違法行為に分けられる。

　銀行業は，金融庁長官の免許を得なければ営むことができず，これに違反した場合，無免許営業として処罰される（銀行法4条・61条）。日本国外に送金したい者から依頼を受けて密かにこれを行ういわゆる「地下銀行」による送金行為はこの犯罪となる。

　銀行は事業年度ごとの業務報告書等の提出が義務付けられており，金融庁長官は必要と認めるときは銀行の業務や財産の状況に関して報告・資料の提出を求めることができる（銀行法19条・24条・25条等）。銀行がこれらの報告書や資料を提出せず，または虚偽の報告書を提出等した場合，あるいは金融庁の検査に応じず，またはそれを妨害した場合，処罰される（銀行法63条・64条等）。

2-3 出資法に違反する場合

　出資の受入れ，預り金及び金利等の取締りに関する法律（出資法）は，出資や融資について規制する法律であり，出資の受入れ制限，預り金の禁止，浮貸しの禁止，高金利の処罰，金銭貸借の媒介手数料の制限等について規定する（出資法1条〜5条）。

　預り金とは，多数の一般人を相手とする預金の受入れをいう（出資法2条）。正規の金融機関でない業者に預り金を認めると，倒産したとき多額の損害が生じるため禁止される。たとえば豊田商事事件（大阪地判平1・3・29判時1321・3），オレンジ共済事件（東京地判平12・3・23判時1711・34），和牛商法，エビ養殖商法等のように，未公開株，商品相場，外国通貨，事業への投資話等が利殖になると強調して投資や出資を勧誘する利殖商法が，一般市民の資産形成のために特定の事業への出資を募り資金を集める行為としての実態を持たず，単に資金を集める手段にすぎないものである場合，出資法違反となる。

　浮貸しとは，金融機関の役職員が，その金融機関の業務としてではなく，その地位を利用してする金銭の貸付け，金銭の貸借の媒介，債務の保証等をいう。役職員がその地位を利用してサイドビジネスとしてこれらを行うと，その金融

機関の信用を失墜させ，一般預金者に不慮の損害を与える可能性があるため，禁止される。

高金利の処罰では，出資法の規定を超える金利での貸付けを禁止し，その違反を処罰する（出資法5条・9条）。なお，法律に定められた割合を超える利息は，民事上，無効とされる（利息制限法1条）。

3　金融商品取引に関する犯罪

株式等を売買する金融商品取引は，企業が投資家等から資金を集める方法としても重要な意味がある。金融商品取引法（金商法）は，金融商品の取引に関する適正な情報の公開を担保し，公正・健全な金融商品市場を確保するための施策について定める（第13講）。同法が規定する犯罪には，無登録営業の禁止等の金融商品取引を行う業者に関するものの他，投資者に対して適切な情報の開示を行わない場合や不公正な金融商品取引を行う場合等がある（表29-2，表29-3）。金商法に違反した場合，証券取引等監視委員会（証取委）が調査を行い（犯則事件の調査），検察官に刑事告発をし（通常の刑事裁判にかけられる），あるいは金融庁長官に行政処分（業務停止，課徴金等）を行う旨を勧告する等の措置がとられる（金商法210条以下）。

4　独占禁止法違反の罪

企業が商品やサービスの価格や品質等について自由に競争し，消費者がそれを自由に選択することによって商品の価格が決定されるのが自由経済社会の本来の姿といえる。こうした市場のメカニズムが正常に機能するためには，企業間での公正で自由な競争が確保されている必要がある。私的独占の禁止及び公正取引の確保に関する法律（独禁法，第25講）は，この公正で自由な競争の確保を目的とし，私的独占，不当な取引制限，および不公正な取引方法等を禁止し（独禁法3条・19条，表29-4），事業者団体，合併や株式取得等による企業結合，独占的状態等を規制する（独禁法8条～16条等）。

私的独占には，事業者が，不当な低価格販売等による市場の独占や，競争相手の株式取得等による市場の支配等がある。不当な取引制限には，事業者らが，本来，各事業者が自主的に決めるべき商品の価格，販売・生産数量等を共同で決定するカルテルと，公共事業等の入札に際し，事前に，受注事業者や受注金

表29-2 金商法・投資者に対して適切な情報の開示を行わない場合

行為態様の例		行為者処罰	法人処罰	課徴金
有価証券届出書等	不提出での募集・売出	5年以下の懲役若しくは500万円以下の罰金又は両者の併科（197条の2第1号）	5億円以下の罰金（207条1項2号）	募集・売出価額の2.25％（株式等の場合は4.5％）（172条）
	虚偽記載	10年以下の懲役若しくは1000万円以下の罰金又は両者の併科（197条1項1号）	7億円以下の罰金（207条1項1号）	募集・売出価額の2.25％（株式の場合4.5％）（172条の2）
有価証券報告書等	不提出	5年以下の懲役若しくは500万円以下の罰金又は両者の併科（197条の2第5号）	5億円以下の罰金（207条1項2号）	事前事業年度の監査報酬相当額（事前事業年度がない場合は400万円）（172条の3）
	虚偽記載	10年以下の懲役若しくは1000万円以下の罰金又は両者の併科（197条1項2号）	7億円以下の罰金（207条1項1号）	600万円又は有価証券の時価総額の10万分の6（172条の4）
公開買付届出書	不公示	5年以下の懲役若しくは500万円以下の罰金又は両者の併科（197条の2第4号）	5億円以下の罰金（207条1項2号）	公告をしないでした買付総額の25％（172条の5）
	虚偽記載	10年以下の懲役若しくは1000万円以下の罰金又は両者の併科（197条1項3号）	7億円以下の罰金（207条1項1号）	公開買付開始告示日前日の終値×買付数量の25％（172条の6）
大量保有報告書	不提出	5年以下の懲役若しくは500万円以下の罰金又は両者の併科（197条の2第5号）	5億円以下の罰金（207条1項2号）	時価総額の10万分の1（172条の7）
	虚偽記載	5年以下の懲役若しくは500万円以下の罰金又は両者の併科（197条の2第6号）	同上	時価総額の10万分の1（172条の8）

（注）　条文はすべて金商法。

額等を決める入札談合がある。不公正な取引方法は、私的独占や不当な取引制限には至らないが公正な競争を害するおそれがある、共同ボイコット、不当廉売、優越的地位の濫用、競争者に対する競争妨害等の行為をいう。

　これらの行為が行われた場合、公正取引委員会（公取委）は、調査手続を経て排除措置命令や課徴金納付命令を発することができる。また、公取委は、カルテル、私的独占等を行った企業等を刑事告発することができる。なお、確定した排除措置命令に従わない企業等は、犯罪（排除措置命令違反）として処罰される。

表29－3　金商法・不公正な金融商品取引を行う場合

行為態様	行為者処罰	法人処罰	没収・追徴	課徴金
不公正取引 （157条）	10年以下の懲役若しくは1000万円以下の罰金又は両者の併科（197条1項5号） ※財産上の利益を得る目的の場合，10年以下の懲役及び3000万円以下の罰金（197条2項）	7億円以下の罰金（207条1項1号）	違反行為により得た財産，その財産により得た財産を没収，没収できないときはその価額を追徴（198条の2）	
風説の流布等 （158条）	同上	同上	同上	違反行為によって得られた利益相当額 例（違反行為期間中の有価証券の売付価額）－（行為後1カ月の最低価額×売付数量）等（173条）
相場操縦 （159条）	同上	同上	同上	同上 例（有価証券の売付価額）－（行為後1カ月の最低価額×売付数量）等（174条等）
インサイダー取引 （166条・167条等）	5年以下の懲役若しくは500万円以下の罰金又は両者の併科（197条の2第13号）	5億円以下の罰金（207条1項2号）	同上	同上 例（重要事実公表後2週間の最高値×買付等数量）－（重要事実公表前に買付等した株式等の価格×買付数量）等（175条）
損失補てん （39条）	3年以下の懲役若しくは300万円以下の罰金又は両者の併科（198条の3等）	3億円以下の罰金（207条1項3号）	犯人又は事情を知った第三者が受けた財産上の利益を没収，没収できないときはその価額を追徴（208条の2）	

（注）　条文はすべて金商法。

表29-4　独禁法違反行為の3類型

対象行為	刑罰		排除措置命令	排除措置命令違反		課徴金
	行為者	法人		行為者	法人	
私的独占（3条）	5年以下の懲役若しくは500万円以下の罰金又は両者の併科（89条1項1号・92条）	5億円以下の罰金（95条1項1号）	違反行為を排除するために必要な措置（7条）	2年以下の懲役若しくは300万円以下の罰金又は両者の併科（90条3号・92条）	3億円以下の罰金（95条1項3号等）	売上額の1％〜10％（7条の2第2項等）
不当な取引制限（3条）	同上	同上	同上	同上	同上	売上額の1％〜10％（7条の2第1項）
不公正な取引方法（19条）			同上（20条）	同上	同上	売上額の1％〜3％（20条の2以下）

（注）　条文はすべて独禁法。

5　企業に対する犯罪

5-1　会社の営業秘密を侵害する場合

　企業は，先端技術の開発に膨大な費用と時間を費やしており，いったん最先端の技術の開発や商品・サービスノウハウの獲得に成功すれば，多大な利益を得ることができる。企業の保有するこれらの情報は，財産的に高い価値があり，こうした営業上の秘密の情報を盗むのが，いわゆる「産業スパイ」である。

　産業スパイ行為は，その種の情報を記録するコンピュータ等への不正なアクセス行為（不正アクセス禁止法3条），あるいはその情報の不正競争目的での取得（不正競争防止法21条）として処罰される。

5-2　会社の知的財産を侵害する場合

　知的財産権とは，特許権法，実用新案法，意匠法，商標法，あるいは著作権法等で保護されている発明，考案，あるいは意匠等の人間の創意，工夫，あるいは努力等の結果得られた財産的価値のある権利を総称するものである（知的財産基本法2条，第26講）。たとえば有名ブランド商品の偽物の製造販売や，ゲームソフト等の海賊版の作成・使用等により知的財産権が侵害された場合，

それぞれの法律に基づいて，権利者は侵害行為の停止と損害賠償を請求でき，行為者は処罰される。

6　消費者保護

6-1　商品の安全性が問題となった場合

　これまで，ヒ素が混入した粉ミルクの製造・流通によって健康被害が生じた森永ドライミルク事件（高松高判昭41・3・31高刑集19・2・136），農薬が混入した食物油の製造・販売によって健康被害が生じたカネミ油症事件（福岡地裁小倉支判昭53・3・24判時885・17等），あるいは輸入非加熱製剤により血友病患者等がHIV等の疾病に感染した薬害エイズ事件（東京地判平13・3・28判時1763・17等）等の事件が発生している。商品の欠陥によって消費者に健康被害が発生した場合，製造者は，製造物責任法によって民事責任を負担し（製造物責任法3条），業務上過失致死傷罪（刑法211条1項）によって刑事責任を負担する。近時は，自動車タイヤの脱輪や給湯機による一酸化炭素中毒の発生等，設計・製造上の欠陥により消費者等に被害を生じさせる事件が発生している他，メーカーの不適切な製品検査等により安全性に疑問のある製品が市場に流通している可能性が指摘されている。

6-2　広告・表示の規制

　近時，食品の生産地の表示や消費・賞味期限の改ざん等の事件が発生している。こうした広告・表示の規制には，食品衛生法や，農林物資の規格化及び品質表示の適正化に関する法律（JAS法）等のさまざまな行政法規が用いられるが，その中心は，不当景品類及び不当表示防止法（景品表示法）である（第10講）。同法は，景品類の制限・禁止，および不当表示の禁止を定め（景品表示法4条・5条），違反行為があった場合は消費者庁長官が差止等の措置命令を発し（景品表示法7条），これに違反したときは処罰される（景品表示法36条・38条）。また，不当表示の禁止（景品表示法5条）に違反した場合は課徴金納付命令が発せられる（景品表示法8条）。

6-3　消費者金融の問題

1970年代以降現在に至るまで，サラ金，ヤミ金融等の消費者金融による高

金利の貸付けと強硬な貸付金の取立てが社会問題となっている。出資法や貸金業法等によって，高金利（出資法5条），相手方を威迫し私生活等の平穏を害する取立て（貸金業法21条），契約に関する書面や返済時の受取証書の不交付（貸金業法17条・18条）等が処罰される（貸金業法47条の3・48条等）。

6-4　詐欺的商法の問題

　商品・サービスに対する知識や締結した契約の意味等の理解について圧倒的に不利な立場にある消費者の不知，錯誤，困惑等を利用し，販売目的を秘して勧誘する等の方法を用いて売買等の契約を締結する悪質商法が1960年代から社会問題となっている。悪質商法には，押売商法，かたり商法，霊視商法，会員権商法，原野商法，資格商法，キャッチ・セールス，アポイントメント・セールス，ねずみ講，マルチ商法等の他に，前述の豊田商事事件等の利殖商法と関連するものも多い。近時は事業者が認知症の高齢者に不要な工事契約を次々と締結させる事件等も発生している。

　悪質商法は，詐欺罪（刑法246条）よりも，特定商取引に関する法律（特定商取引法），無限連鎖講の防止に関する法律，割賦販売法等に違反する犯罪として扱われることが多い。その方法は，事業者規制と取引規制である。

　事業者規制には，許可制・免許制等があり，無許可・無登録の営業が処罰される。取引規制では，取引内容等を理解できるように書面の交付を義務付け，その不交付や内容虚偽の書面の交付が処罰される。

　たとえば訪問販売業者は，取引の相手方に氏名・名称を告げ，商品等の種類等を明らかにし，契約の申込みを受けた際には商品等の対価，支払時期と方法，商品引渡しの時期，クーリング・オフが可能であること等を記載した書面を交付し，契約締結の際には契約書面を交付しなければならない（特定商取法3条〜5条）。

▶第3節　企業による犯罪に対する制裁

1　刑罰と行政上の制裁

　企業による犯罪の制裁には，刑法が規定する刑罰（刑法9条）のうち，懲役，罰金，および没収が多く用いられるが，効果的な制裁は刑罰に限定されない。

企業に対する，営業免許の停止，登録の取消し，業務停止命令等の行政上の制裁は，刑罰よりも効果的であることが期待できる。たとえば銀行法は，金融庁長官による処分に違反し，あるいは銀行が公益を害する行為をした場合，業務停止・免許取消し等の措置の対象となり得る旨を定める（銀行法26条・27条）。また，免許制や登録制の対象でない取引であっても監督官庁は業務停止命令を発することができる。なお，会社法等に違反して刑に処せられた者は，一定の期間，株式会社の取締役になることができない（会社法331条1項3号・4号等）。

2　法人の処罰

企業による犯罪の抑止のためには，その犯罪行為を実際に行った役職員（行為者・自然人）だけでなく，企業（法人）も処罰することが有効である。そのため，金商法，独禁法等には，両者を罰する「両罰規定」がある。また，実際の行為者と法人に加えて，その法人の代表者（会社の社長等の自然人）をも処罰する「三罰規定」もある（独禁法95条の2等）。

これらの規定によって法人を処罰できたとしても，500万円の罰金が規定されている行為をして5億円の利益を得ることができるのならば，この罰金は犯罪の抑止に効果的とはいえない。そこで，金商法や独禁法は，法人に対する高額な罰金を規定している（金商法207条，独禁法95条）。

3　犯罪収益の剥奪

企業による犯罪は経済的利益を得ることを意図したものが多く，それによって得られた不正な利益の剥奪も重要となる。その手段としては，前述の金商法・独禁法の高額な罰金や所得税法・法人税法等のスライド制罰金（所得税法238条2項，法人税法159条2項）の他，没収・追徴等がある。罰金等によって不法収益を剥奪するには，慎重な手続を要する刑事裁判を経る必要があり，権利・義務関係を早期に確定させることが重要な経済活動にとって好ましくない部分もある。そこで，行政機関が対象者の権利を不当に損なうことなく迅速に不法収益を剥奪できる方法として，証取委や公取委等の行政機関が違法行為を根拠に行為者から金銭を徴収する課徴金制度がある。

4　企業による犯罪や企業内での犯罪を抑止するその他の方策

　企業による犯罪や企業内での犯罪を抑止する手段・方策は，刑罰や行政上の制裁に限定されない。企業の違法活動について，企業の民事責任を追及する損害賠償制度（民法709条等）や，一定の株主が会社に代わって取締役等の会社に対する責任を追及する責任追及訴訟の制度がある（株主代表訴訟，会社法847条以下）。

　他方，企業自身が違法行為を抑止する手段として，企業が公正な活動を行うための規範とその具体的施策（社員研修制度，違法行為に対する懲戒手続等）を整備するコンプライアンス（法令遵守）・プログラムがある。また，従業員（労働者）が企業による犯罪等について公益のために通報を行ったことを理由に解雇等の不利益な扱いを受けないための公益通報者保護制度（公益通報者保護法）がある。

　その他，コーポレート・ガバナンス（企業統治）の考えに基づく企業の公正な運営も，企業による犯罪の抑止にとって有益となる。

【参考文献】

黒田悦郎『金融商品取引法入門』日経文庫，日本経済新聞社出版社，2015年。

山口厚編著『経済刑法』商事法務，2012年。

（添畑貴久）

第30講

企業の倒産処理

学修の要点

- ・企業の倒産処理手続の必要性，種類について理解しよう。
- ・企業の倒産処理手続について，相互に比較しながら，理解しよう。

▶第1節　なぜ企業の倒産処理手続が必要になるのか

　倒産とは，債務者が自ら負っている債務を返済できなくなった経済状態のことをいう。企業は，景気の低迷，売上の減少，重要な取引先の倒産，不祥事，思わぬ事故等さまざまな要因により，銀行からの借入れ，取引先から仕入れた商品の売買代金，従業員への給料などの債務を約束した期限（弁済期）までに弁済できず，事業自体を継続していくことが困難になってしまい，倒産状態に陥ることがある。

　そして，企業が倒産状態に陥ると，以下のような債権者にとって望ましくない結果が発生することになる。

　まず，企業が倒産状態に陥ると，企業の経営者が自己保身のために資産を隠したり，運転資金を確保するために企業の財産を安く売ったり，債権者が個別に権利を行使して会社資産を差し押さえ，競売にかけたりすることにより，企業の資産が分解され，一体として認められる価値が失われることがある。すなわち，企業の倒産状態を放置すると，企業の資産の価値が劣化するのである。また，倒産状態に陥った企業が再建可能であれば，当該企業を直ちに清算してその価値を分配するよりも，事業を再建して，将来の収益から分配を受ける方

が債権者一般にとって多くの配当を受けることが可能となり有利である。しかしながら，倒産状態を放置し，企業の資産価値が劣化すると，事業を継続するための資産がなくなるため，事業の再建を行うことができない。

　次に，企業が倒産状態に陥ると，企業の債権者は，各自，自己の債権を回収すべく，個別に権利行使することになる。もっとも，企業には，全債権者が満足を得るだけの資産がないことから，各債権者が企業の保有する資産を奪い合うことになる。その際には，企業の内情に詳しい債権者や直ちに訴訟提起や強制執行等の行動を起こせる経済的に余裕のある債権者が迅速に債権回収を行うと，その他の債権者は，全く債権回収ができないという事態も生じる。その結果，実体法上平等の地位にある債権者間で不平等が生じることになる。

　以上のような倒産状態の放置による債権者にとって好ましくない結果を回避するためには，企業による資産の処分を禁止し，各債権者による企業の財産に対する権利行使を禁止することが求められるが，そのためには，債権者の自制では不十分であり，法律の規定が必要となる。そのことの説明の際に用いられるのがゲーム理論でいわれる「囚人のディレンマ」である。

　たとえば，倒産状態にあるA社にBとCという2人の債権者がいたとする。この場合に，①BとCが双方ともその段階で権利行使をし，A社を清算すると，200万円ずつ回収でき，②BとC双方とも，権利行使を自制し，A社が再建すると，300万円ずつ回収できるが，③BとCのどちらが権利行使をし，どちらかが権利行使を自制すると，権利行使をした者は400万円を回収でき，権利行使を自制したものは1円も回収できない（表30-1参照）。

　このような場合，本来的には，弁済原資が④合計で600万円となる双方が権利行使を自制することが望ましいが，Cが権利行使を自制する保障もないことから，Bとしては，Cが権利行使をした場合（①200と②0），Cが権利行使を自制した場合（③400と④300）のいずれも，権利行使をした方が権利行使をし

表30-1　囚人のディレンマ

	B：権利行使	B：権利行使の自制
C：権利行使	①B：200　C：200	②B：0　　　C：400
C：権利行使の自制	③B：400　C：0	④B：300　C：300

（注）　山本和彦『倒産処理法入門（第5版）』有斐閣，2018年，3頁の図表1-1を一部修正して作成した。

ない場合よりも有利となるため，権利行使を行うことになる。このようなディレンマを解消するために，債権者同士で話し合うことは，双方の利害が対立し，また，そのような話し合いには手間もかかるため，法律の規定が必要となるのである。

▶第2節　企業の倒産処理手続の見取図

　ひとえに，企業の倒産処理手続といっても，いくつかの種類がある。まず，①債務者・債権者間の任意の合意に基づいて裁判所の外で行われる私的整理と，②倒産法に基づいて裁判所の関与の下で手続が進められる法的倒産手続に分類することができる。さらに，債務者の資産を処分換価して債権者に平等に配当することを目的とする清算型の倒産手続と，債務者の事業を再建し，再建された事業から生じる収益を債権者への弁済原資とする再建型の倒産手続とがある（表30－2参照）。

表30－2「倒産処理手続一覧」

倒産処理手続			
私的整理		法的倒産手続	
清算型	再建型 ・事業再生 ADR ・REDIC	清算型 ・破産手続 ・特別清算手続	再建型 ・民事再生手続 ・会社更生手続

　また，「倒産法」も破産法・民事再生法・会社更生法・会社法等をまとめた総称として使われており，倒産法という法律があるわけではない。

　以下では，従来から行われていた清算型の私的整理，法的倒産処理手続，新しい再建型の私的整理の順で説明していく。

▶第3節　清算型の私的整理について学ぼう

1　企業の清算型の私的整理の手続はどのようになっているのか

　私的整理とは，裁判所の関与なしに，債務者・債権者間の話合いによる任意の合意に基づいて，弁済期の延期，債務の減免，財産の分配などがなされる倒

産処理のことをいう。多くの倒産事件は，まずは，法的倒産手続ではなく，私的整理が試みられている。

　従来の企業の私的整理は，中小企業に関するものが多く，その処理は事業を継続しない，清算型が中心であった。従来の企業の私的整理においては，まず，私的整理を運営する機関として，債権額が大きい債権者を中心とした債権者委員会が設置され，債務者である企業による経営断念の意思が表示され，手続を主宰する債権者委員長が選任される。債権者委員長には，大口債権者が選任されることが一般的であった。次に，債権者委員長が企業の資産を売却するなどして現金に換え，当該現金で，各債権者に配当を行う。配当に際しては，債権者で構成される債権者集会において，企業の債務免除等の権利変更の決議をしたり，配当時に債権放棄に同意することとなる。もっとも，私的整理はあくまで手続に参加した債権者間の任意の合意であるため，手続に参加しない債権者には，債務免除や債権放棄等の効力は及ばない。

2　私的整理には，法的倒産手続と比べて，どのようなメリットがあるのか

　まず，私的整理は，法的倒産手続と異なり，さまざまな手続や裁判所，管財人などの関係者の関与を必要とせず，関係者の合意によって処理されるため，簡易・迅速に処理することが可能である。

　次に，企業の倒産の事実は，事業継続を望む債務者にとって最も知られたくない事実であり，倒産の情報が外部に流失してしまうと事業価値が毀損され，事業の再建に致命的な打撃が生じかねない。後述する法的倒産手続では，倒産の事実を隠し通すことは困難であるが，私的整理では，債務者・債権者等の関係者が相互に倒産の事実を明らかにしなければ，外部に対して，倒産の事実を秘密にしておくことも可能となる。

3　従来の清算型の私的整理には，どのようなデメリットがあったのか

　まず，従来の私的整理には，法律で定められた手続が存在しないため，債務者も債権者も手続の進行について予測することができず，私的整理を運営する者の個人的な資質や能力に委ねられており，手続の不透明性が指摘されていた。もし，私的整理の運営に不適当な者が手続を進行すれば，各債権者に対する手

続が適切に行われず，極めて不透明で全債権者に不満が残るような処理に終わってしまうこともあろう。

次に，私的整理においては，裁判所が関与し，債権者間の公平・平等な取扱いがなされるような手続保障が存在しないため，一部の債権者や第三者が自己の債権を優先的に回収すべく，他の債権者の犠牲において利益を得て，うやむやに処理してしまうなど，手続の不公平性も指摘されていた。

第4節　法的倒産手続について学ぼう

1　法的倒産手続には，私的整理と比べて，どのようなメリットがあるのか

前述のような私的整理におけるデメリットは，法的倒産手続では解消されている。

法的倒産手続については，法律で定められた手続が存在し，債務者も債権者も手続の進行について予測することができ，また，裁判所が関与して手続が進行するため，手続の不透明性や不公平性という問題が解消される。そのため，法的倒産手続においては，一部の債権者や第三者が他の債権者の犠牲において利益を得て，うやむやに処理されるという事態は生じない。

2　清算型倒産手続

2−1　破産手続の概要を理解しよう

破産手続は，債務者が経済的に破綻した場合に，その法律関係を終結させ，破産者に対する債権を確定し，破産者に属する全財産を換価して，配当によって債権者に分配する清算型の手続であり（破産法1条参照），法的倒産手続の中心となる手続である。

まず，破産手続においては，債権者間の平等が重視され，担保権を有しない一般債権者は個別の権利行使が制限され，破産手続における配当を除いて，弁済を受けることができない。

次に，破産手続は，債務者が支払不能（破産法15条1項），または，法人（存続中の合名会社および合資会社を除く）の場合には支払不能に加えて債務超過（破産法16条1項）である場合にも，開始原因が認められる（破産法18条2項）。支

第30講　企業の倒産処理　369

払不能や債務超過など，債務者の資産と負債との関係で，債務弁済能力を欠いている状態では，債権者に対する公平な弁済を行う必要があるので，破産手続の開始が認められる。

さらに，破産手続においては，破産債権者を代表する立場の第三者機関である破産管財人が中心的な役割を果たすことになる。破産管財人は，債権者に配当をする前提として，破産手続内で配当を受ける破産債権の金額等を確定させ，また，破産債権についての配当原資となる破産者の財産を管理および処分をしながら，債権者への配当の原資となる配当財団を形成していく。その過程で，破産管財人は，通常の実体法を修正した破産実体法に従い，債務者の関与した契約を処理したり，無償で資産を売却したりする詐害行為や特定の債権者のみ弁済をする偏頗行為の効力を否定したりする。

そして，破産管財人によって破産者の破産財団の換価が終了すると，確定した破産債権を有する債権者に対して配当を行い，配当が完了すると，裁判所によって破産手続終結決定が出される（破産法220条1項）。破産者が法人である場合には，残余財産がなければ，破産手続の終結に伴って，当該破産者は完全に消滅することになる（破産法35条参照）。

2-2 特別清算手続を破産手続と比較して, 理解しよう

特別清算手続は，破産手続と同様の清算型倒産手続の一種であるが，破産手続よりも簡易な協定型の清算手続となっている。特別清算手続は，親会社が子会社を清算する場合に，課税上の利益を得るために，利用されることがある。

特別清算手続は，会社法の規定する株式会社の清算手続（会社法475条以下）の特別手続となっており，その適用対象は，すでに解散決議を経ている清算会社に限られるため，通常の株式会社が特別清算手続に入るためには，まず，株主総会で解散決議を行う必要がある（会社法471条3号・309条2項11号）。特別清算手続の開始原因は，①清算の遂行に著しい支障を来すべき事情のあること，②債務超過の疑いがあることであり（会社法510条），特別清算開始原因が認められると，裁判所は特別清算開始を命ずることになる。

特別清算手続の特徴は，債権者に対する弁済が，破産手続と異なり，債権者集会の決議および裁判所の許可を経た協定によって行われることによって，事案に応じた柔軟な換価・分配が可能となる点にある（会社法567条・569条）。

協定条件は，債権者平等を原則とするが，少額債権等，債権者間に差を設けても衡平を害しない場合には，別段の定めが認められる（会社法565条）。

協定が遂行され，特別清算が終結したときは，裁判所は，特別清算終結の決定をする（会社法573条）。これに対して，協定の見込みがない場合，協定の実行の見込みがない場合，さらに特別清算によることが債権者一般の利益に反する場合において，会社に破産手続開始原因があると認められるときには，裁判所は職権で破産手続開始の決定をしなければならない（会社法574条1項）。

3　再建型倒産処理手続

3-1　民事再生手続を破産手続と比較して理解しよう

民事再生手続は，債務者の経済的破綻が確定的段階になる前に，事業価値の維持や債務者の再生を図ることを目的として，原則として債務者が手続の主体となって進める再建型の倒産手続である（民事再生法1条参照）。当初，中小企業向けの再建型手続として制定されたが，現在は，中小企業や個人事業者等を適用対象の中心としながらも，大企業にも利用可能な再建型倒産手続の一般法として位置づけられている。

民事再生手続の大きな特徴としては，DIP型の手続という点である。DIPとは，Debtor In Possession の略語であり，管財人が選任されず，債務者自身が主体となって手続を遂行する倒産手続となっている。DIP型のメリットは，従来の経営者が引き続き経営権を維持することが可能になるため，民事再生手続の申立を躊躇せず，早期に申立てが可能となること，中小企業においては重要な経営資源である経営者自身の営業力・技術力等を事業の再建に生かすことが可能となることにある。そして，民事再生手続は，DIP型手続であるため，破産手続と異なり，再生債務者は，手続開始後も，原則として業務遂行権および財産の管理処分権を有することになり（民事再生法38条1項），再生債務者は，破産手続における破産管財人と同様に，再生債権についての配当原資を形成していくことになる。

民事再生手続の開始原因は，①破産手続開始原因事実の生じるおそれがあること，②事業継続に著しい支障を来すことなく弁済期にある債務を弁済できないことであり（民事再生法21条1項），破産手続の開始原因より緩和されているため，破産手続開始原因が生じる前であっても，早期に再建に踏み出すことが

第30講　企業の倒産処理　371

可能となっている。

　民事再生手続においても，破産手続と同様に，債権者間の平等が妥当するため，一般債権者は個別の権利行使を制限され，手続外で弁済を受けることができない。もっとも，破産手続と異なり，差を設けても衡平を害しない場合には，債権の劣後化などが可能となっている（民事再生法155条1項但書）。

　再生債務者は，再生計画案を作成して裁判所に提出し，当該再生計画案を再生債権者の決議に付し，再生計画が認可されると，再生債権者は，当該計画に基づいて弁済を受けることとなるが，破産手続と異なり，倒産企業が消滅するわけではない。

3−2　会社更生手続を民事再生手続と比較して理解しよう

　会社更生手続は，株式会社である債務者の経済的破綻が確定的段階になる前に，更生管財人が主体となって，利害関係人の利害を調整しつつ，その事業価値の維持更生を図ることを目的とする再建型の倒産手続である（会社更生法1条）。

　手続としては，民事再生手続と類似している点も多いが，以下の点で異なっている。まず，会社更生手続は，原則的に，弁護士等が管財人に選任される管理型の手続であることから，手続運営の透明性が確保されることになる。次に，会社更生手続は，担保権者も更生担保権者として手続に組み込み，権利内容を更生計画で変更できるため，事業再建のために不可欠な担保権の制約が可能となっている。そして，会社更生手続では，更生計画の内容として，合併，会社分割，株式交換・株式移転等多様なものが認められているため，さまざまな手法による事業再建が可能となっている。以上のような特徴を有する会社更生手続は，かなり厳格な手続であり，相当の時間・コスト・手間がかかることから，大規模な株式会社に適用されることが前提となっている。

　また，近時においては，原則的な管理型の会社更生手続と異なり，一定の要件の下において，調査委員の関与を得ながら，債務者会社の現経営陣から管財人を選任し，引き続き現経営陣が主体となって事業再生を目指すDIP型更生手続も運用されている。

第5節　新たな再建型の私的整理について学ぼう

　以前の私的整理は，事業清算型がほとんどであった。

　しかしながら，今日においては，事業清算型の私的整理は減少し，事業再生型の私的整理が広く行われている。

　そして，それらの私的整理は，以前の私的整理と比較すると，法的に制度化されている点で異なっている。

1　事業再生ADRについて知ろう

　事業再生の新しい手段として，2008年12月より，事業再生ADR（正式名称は，「特定認証紛争解決手続」）が開始された。事業再生ADR手続は，従来の私的整理の柔軟性をベースにしながら，法的倒産手続の信頼性を加味することによって，私的整理と法的倒産手続双方のメリットを併せ持つ事業再生ツールである。産業活力再生特別措置法の改正により創設され，産業競争力強化法に，引き継がれている。

　事業再生ADR手続では，過剰債務を負った債務者について，特定の債権者（金融債権者）のみを交渉対象とし，商取引債権の保護を図り，事業の毀損を防ぐという私的整理のメリットを維持しつつ，中立公正性が担保されたADR機関が第三者として交渉過程に関与することによって，手続の透明性・公平性を確保している。

　事業再生実務家協会を手続実施者とする事業再生ADR手続が多く申し立てられており，大手消費者金融アイフルもこの手続を利用して私的整理を行っている。

2　地域経済活性化支援機構（REVIC）による手続について知ろう

　事業再生ADR手続に続いて，2009年10月，株式会社企業再生支援機構法に基づき，国の認可法人として，株式会社企業再生支援機構が設立された。企業再生支援機構は，有用な経営資源を有しながら過大な債務を負っている地域の中堅事業者，中小企業，その他の事業者の事業再生を支援することを目的として，設立された5年間の時限的な組織であった。そして，2013年3月に，株

第30講　企業の倒産処理　373

式会社地域経済活性化支援機構へと商号変更をし，従来の直接の再生支援に加え，地域活性化・事業再生ファンドの運営，専門家派遣等も行うこととなった。

　債務調整にとどまらず，投融資，経営改善等も行う点で，事業再生 ADR と異なっている。

　2010 年 1 月には日本航空が，同年 3 月にはウィルコムがそれぞれ企業再生支援機構の支援決定を受けている。

【参考文献】

山本和彦『倒産処理法入門（第 5 版)』有斐閣，2018 年，1〜4，15〜28，55〜57，152〜155，234〜237，263〜264 頁。

藤川信夫・松嶋隆弘編『エッセンシャルビジネス法務（補訂版)』芦書房，2012 年，355〜364 頁（杉本純子）。

事業再生実務家協会ウェブサイト。http://www.turnaround.jp/adr/index.php

地域経済活性化支援機構ウェブサイト。http://www.revic.co.jp/

（金澤大祐）

索　引

【英】

ABL	251, 252
ADR	338
B to B取引	65, 191
B to C取引	65, 191
C to C取引	65
DIP型	371, 372
EPA	315
FTA	315
JAS法（農林物資の規格化等に関する法律）（1950年）	127
JASマーク	128
M&A	229
MBO	240
ROE（自己資本利益率）	254
SPC（特別目的会社）	253

【あ】

青色申告	343
悪意	87
アセット・ファイナンス	251
アレルギー物質	126
暗号資産	260, 299, 301
安全性の原則	246

【い】

育児休業	266
遺言	23
意思	23
意思確認の措置義務	72
意識的並行行為	308
意思能力	28
意思表示	23
意匠権	317, 319

意匠法	360
一定の取引分野	306
移転価格税制	351
遺伝子組み換え食品（GMO）	125
医薬品副作用被害救済制度	131
インハウス・ロイヤー	206

【う】

請負契約	103, 104
請負人帰属説	107
売主の契約不適合責任	33
運送営業	133
運送証券	134
運送取扱い	138
運送人	133

【え】

永久債	249
営業的商行為	57
営業秘密	318, 360
英文契約書	202
益金	344
エクイティ・ファイナンス	245, 253

【お】

送り状	134
オリジネーター	253

【か】

外観法理	30
外形標準課税	346
解雇と懲戒	262
解雇予告	257

会社更生	372
会社は誰のものか	220
会社分割	235
開発危険の抗弁	119
外来	166
価格カルテル	307
価格優先の原則	160
確定判決	18
瑕疵	32
瑕疵ある意思表示	32
瑕疵担保責任	115
過失責任主義の原則	256
化審法	130
課税要件明確主義	341
仮想通貨	260, 299, 301
課徴金	312
割賦販売法	362
合併	233
株式移転	237
株式交換	237
株式の持合い	221
仮執行宣言	278
過量契約	44
過量販売	44
カルテル	308, 357
為替手形	298
為替取引契約（コルレス契約）	296
簡易事業譲渡	233
観光業者	189
監査等委員会設置会社	225
監査役会設置会社	224
完成猶予	274
間接強制	34
間接金融	145, 156
完全合意条項	204

索　引　375

管理処分権	16	倉荷証券	141	コーポレート・ガバナンス	
		グループ企業内派遣	174		217, 364
【き】		クレジットカード決済	77	コーポレートガバナンス・	
企業再生支援機構	373			コード	227
企業の社会的責任	215	**【け】**		小切手	293, 294
企業法務	195	経験則	334	顧客・販路の制限カルテル	
期限の利益	148	経済法	305		307
期限の利益喪失条項	148	契約自由の原則	24, 256	告知義務	163
危険負担	26	契約書	18	個人情報データベース等	210
擬制商人	55	契約の成立時期	74	個人情報取扱事業者	210
偽装請負	180	契約不適合責任	115	個人情報保護法	209, 210
既判力	335	契約不適合に対する売主の責任		個人データ	211
休業	257		36	誇大広告等の禁止	189
急激	166	決済	292	誇大広告表示	69
求人広告業	167	決済機能	145	国家管轄権	314
給付反対給付均等の原則	161	結約書	184	誤認	41
強制執行	17, 18, 277, 337	原因関係	296	誤振込	297
競争の実質的制限	306	健康増進法（2002年）	128	コミットメントライン	153
共同ボイコット	307	検索の抗弁	290	固有業務	146
強迫	32, 33	権利外観理論	30	固有の商人	55
業務提携	307	権利能力	28	雇用契約	104
業務命令権	258			コルレス契約	296, 298
極度額	288	**【こ】**		コングロマリット・ディスカ	
金券	293	行為能力	30	ウント	235
銀行	292, 293	公開買付け	240	コンプライ・オア・エクスプレ	
銀行取引停止処分	298	高価品	136	イン・ルール	227
銀行取引約定書	147	公共性の原則	246	コンプライアンス	197, 209,
銀行振込	295	公示の原則	85, 86		212, 216, 364
銀行法	356	公序良俗	29	困惑	42
金銭執行	338	公信力	87, 88		
金融	144	更正	343	**【さ】**	
金融商品取引業者	156	公正証書	277	債権	23
金融商品取引所	157	公正取引委員会	312, 313,	債権管理	271
金融仲介機能	145		358	債権譲渡	275
		合同行為	23	債権の劣後化	372
【く】		口頭弁論	332	催告の抗弁	290
偶然	166	公募	250	再生債務者	371
クーリング・オフ	48, 49, 71	小売業	22	サイト	298
クラウドファンディング	255	小売業者	38	再販売価格の拘束	308

債務	24	自働債権	271	証書貸付	152, 247
債務超過	369	シナジー（相乗効果）	232	譲渡禁止特約	148
債務不履行	23, 34	支配型私的独占	306	譲渡担保	288, 289
債務名義	17, 277, 338	自白	333	商人	54
詐欺	32, 33, 362	支払督促	277	消費期限	126
錯誤	32, 72, 76	支払不能	369	消費者契約法	40
差止請求	313	私募	251	消費者取消権	40
産業スパイ	360	資本市場	156	消費者法	38
残存物代位	164	事務管理	24	消費生活用製品安全法	112
三罰規定	314, 363	仕向銀行	295, 296	消費税等	346

【し】

		指名委員会等設置会社	225	消費貸借	17
シェア配分カルテル	307	社外取締役	226	商標権	317, 319
自家発行型	300	社会保険	265	商標法	360
時間優先の原則	160	借地借家法	94	賞味期限	126
敷金	100	社債	248	消滅時効	270, 271
事業再生ADR	373	収益性の原則	246	商流	132
事業承継税制	348	就業規則	258, 259	食品衛生法	124
事業税	345	収支相等の原則	161	食品添加物	125
資金決済法	299	囚人のディレンマ	366	食品表示基準	130
自己宛振出小切手（cashier's check）	295	修正申告	343	食品表示法	129
		重要事項についての不実告知	41	職権探知主義	337
時効	270			所定労働時間	260
時効の完成猶予	274	重要な錯誤	76	処分権主義	336
時効の更新	274	出資法	356	書面による準備手続	333
自己資本	246	出所表示機能	318, 324	所有権絶対の原則	256
自己のためにする生命保険契約	165	受働債権	271	自力救済	330
		主要目的ルール	242	自力救済の禁止	33
事実審	336	種類株式	254	人材コンサルティング業	167
市場の画定	306	準消費貸借	18	人材紹介業	167
市場分割カルテル	307	準備的口頭弁論	333	人材派遣業	167, 169
市場メカニズム	304	場屋営業	141	シンジケートローン	248
執行証書	18	傷害疾病保険契約	166	人的担保	247, 284, 290
執行と監督の未分離	222	証券会社	156	信用創造機能	145
実用新案権	317, 319	条件成就の妨害	188	信用リスク	280, 281
実用新案法	360	証券取引所	157	信頼関係破壊の法理	95, 99
実労働時間	260	証拠	17	心裡留保	29
私的整理	367	商行為	54		
私的独占	306	証拠調べ	334	**【す】**	
		商事仲立人	185	随伴性	290

索　引　377

数量制限カルテル	307	第三者発行型	300	通謀虚偽表示	29

【せ】

請求権代位	164
税効果会計	345
製造業者等	116
製造物責任法	115, 131
成長性の原則	247
生命保険契約	165
積極的債権侵害	36
絶対的商行為	57
ゼロゼロ物件	100
善意	87
善管注意義務	93
専属告発	313
線引	295

【そ】

送金小切手	294
倉庫営業	139
相互排他条件付取引	310
相殺	271, 273, 276
相殺の担保的機能	274
双務契約	25, 26
訴訟上の和解	335
訴訟物	330
租税	340
租税法律主義	340, 341
措置減免制度（リニエンシー）	
	312
損害保険契約	163
損金	344

【た】

耐久消費財	111, 112
退去妨害	42
対抗要件	86
第三者のためにする生命保険	
契約	165

大数の法則	161
代替執行	34
他業証券業務	146
諾成契約	25
宅地建物取引業者	188
宅地建物取引士	188
タックス・ヘイブン税制	350
他人の生命の保険契約	165
断定的判断の提供	42
単独行為	23
担保	284

【ち】

地域経済活性化支援機構	
（REVIC）	373
遅延賠償	35
遅延利息	35
知的財産権	320
仲介	182
仲介業	181
注文者帰属説	107
長期使用製品安全点検制度	
	112
長期使用製品安全表示制度	
	113
調停	339
直接強制	34
直接金融	156
著作権	317, 319, 325
著作権法	360
著作物	317, 325
賃金	259
賃借権の譲渡	95
賃貸借	196, 197
賃貸借契約	91, 92

【つ】

通貨高権	292

【て】

定期行為	35
定期売買	61
定期預金	149
ディスクロージャー（情報開	
示）	157
抵当権	285, 286, 287
手形	293
手形貸付	153, 248
手形割引	153
適格消費者団体	40
適合性の原則	161
敵対的企業買収	240, 241
デザイン	317
手続法	330
デット・ファイナンス	245,
	253
手配業務取扱管理者	191
デリバティブ取引	158
典型契約	24
でんさい	299
電子記録債権法	299
電子商取引	65
電子手形	299
電子マネー	299
電子メール広告やファクシミ	
リ送信の禁止	70
転貸	95
塡補賠償	36
電話会議	333

【と】

問屋	138, 160
登記	81, 82
動機の錯誤	32
当座貸越	248
当座勘定取引	294

378

当座預金	149	【ね】		被仕向銀行	295, 296
倒産	298	ネガティブリスト方式	170	非正規雇用	263
倒産隔離	253	根抵当権	287, 288	非正規雇用労働者	265
倒産処理	365	年次有給休暇(年休)	261	非占有担保	285
投資型クラウドファンディング		納税猶予制度	348	ビットコイン	299
	255			非典型契約	24
同時履行	281	【の】		被保険者	164
同時履行の抗弁権	26			被保険利益	164
到達主義	27	農薬等	125	表見代理	30
到達の時期	75			表示行為の錯誤	32
道路運送車両法	114	【は】		品質保証機能	318
独占禁止法	306, 357	パートタイム	263, 264	【ふ】	
特定承継	234	パートタイム労働者	262		
特定商取引に関する法律	362	媒介	182	フードロス	126
特定商取引法	47	排除型私的独占	306	不完全履行	36
特別支配会社	233	排除措置	312	複合運送契約	137
特別清算	370	背信的悪意者	87	不公正な取引方法	308
匿名委託	184	背信的悪意者排除論	87	不公正発行	242
匿名加工情報	213	排他条件付取引	309, 310	附従性	290
特許権	317, 319, 320	排他的受入取引	310	付随業務	146
特許権法	360	排他的供給取引	310	不正アクセス禁止法	360
ドラフティング	194, 196	配当	349, 370	不正競争防止法	318, 319,
取消し	28	売買は賃貸借を破る	93		355, 360
取次ぎ	138	派遣労働	265	不正融資	355
【な】		破産	369	附属的商行為	58
		破産管財人	370, 371	不退去	42
内心的効果意思	23, 29	破産財団	370	普通社債	249
内部統制システム	209	破産手続開始決定	16	普通預金	149
仲立営業	182	パス・スルー課税	349	物権法定主義	25
仲立契約	183	発行市場	156	物的担保	247, 284, 285
仲立人	185	発行保証金	303	物流	132
仲立人日記帳	184	発明	317, 320, 321	不動産仲介業	188
なりすまし	68, 76, 77	犯罪収益の剥奪	363	不動産仲介業者(宅地建物取	
【に】		反社会的勢力	197, 202	引業者)	189
		反社条項	197	不当条項	45
荷送人	133	犯則事件の調査	357	不当な取引制限	307
二国間協定	315	【ひ】		不当表示	69
二重課税	349			不当利得	24, 294
入札談合	307, 358	非金銭執行	338	船荷証券	134

索　　引　379

部品・原材料製造業者の抗弁	119	保有個人データ	212	「友好的」企業買収	240
不法行為	24	本人確認	77	有償契約	25, 26
ブリーフィング	194, 196			有名契約	24
不利益事実についての故意の		【ま】		有利誤認	69
不告知	42	前払式支払手段	299, 300,	有利発行	241
不利益変更	259		302	優良誤認	69
振込依頼人	295, 296	又貸し	95		
プリペイド・カード	293	マルチ商法	47	【よ】	
フリンジ・ベネフィット	348			要式契約	25
不渡手形	248	【み】		要配慮個人情報	213
分別管理義務	303	みなし有価証券	158	要物契約	25
		見本売買	183	預金	147
【へ】		民事再生	371	預金契約	296
ペイオフ	149	民事訴訟	329	預金の帰属	150
平均的な損害	46	民事仲立人	185	預金保険制度（ペイオフ）	150
弁済	270			与信	281, 282
弁済の提供	34	【む】		与信限度管理	283
片務契約	25	無期転換申込権	263	与信取引	281, 282
弁論主義	337	無限連鎖講の防止に関する法律		預手	295
弁論準備手続	333		362		
弁論準備手続等	333	無効	28	【ら】	
		無償契約	25	ランドオペレーター	191
【ほ】		無名契約	24		
包括承継	234			【り】	
法人税	344	【め】		履行遅滞	34
法定他業	146	メインバンク・システム	221	履行の強制	23, 33
法定返品権	70			履行不能	34
法定労働時間	260, 261	【や】		リコール	114
訪問販売	47	役員報酬	349	利ざや	145
訪問販売法	47	約束手形	297	リスク管理	208, 212
法律行為	23	約款	45	利息制限法	154
法律効果	23	薬機法	130	立証責任	334
法律審	336	雇止めの法理	263	利得禁止原則	164
保険	19, 196			略式事業譲渡	233
保険金受取人	165	【ゆ】		流通市場	156
ポジティブリスト方式	170	優越的地位の濫用	311	流動性の原則	247
補充性	290	有価証券	158, 293, 294	両罰規定	363
保証	290	有価証券表示権利	158	旅行業	189, 190
		有期労働契約	263	旅行業者代理業	190

旅行サービス手配業　　191

【れ】

レセプトゥム責任　　142
連帯保証　　291

【ろ】

労働基準法（労基法）　　257
労働協約　　259
労働契約　　258
労働者　　257
労働者派遣　　264
労働者派遣法　169, 175, 265
労務提供義務　　258
ロジスティクス　　132

執筆者紹介

【編著者】

松嶋隆弘（まつしま・たかひろ）
日本大学教授・弁護士（みなと協和法律事務所），1 講・16 講・24 講担当

鬼頭俊泰（きとう・としやす）
日本大学准教授，12 講・15 講・25 講担当

【著　者】

石井美緒（いしい・みお）
日本大学准教授・弁護士（石井法律事務所），5 講・26 講担当

内田　暁（うちだ・あきら）
帝京大学専任講師，6 講・7 講・8 講担当

漆畑貴久（うるしばた・たかひさ）
大阪経済法科大学客員准教授・大阪体育大学非常勤講師，29 講担当

帷子翔太（かたびら・しょうた）
日本大学助教・弁護士（ルーチェ法律事務所），22 講・23 講担当

金澤大祐（かなざわ・だいすけ）
日本大学専任講師・弁護士（堀口均法律事務所），9 講・27 講・30 講担当

品川仁美（しながわ・ひとみ）
帝京大学専任講師，4 講・18 講担当

高岸直樹（たかぎし・なおき）
二松学舎大学准教授・税理士，20 講・28 講担当

高橋めぐみ（たかはし・めぐみ）
日本大学准教授，2講・3講・10講担当

武田典浩（たけだ・のりひろ）
国士舘大学教授，17講・19講担当

深澤泰弘（ふかざわ・やすひろ）
岩手大学准教授，11講・13講担当

堀野裕子（ほりの・ひろこ）
日本大学・神田外語大学非常勤講師，14講担当

松井丈晴（まつい・たけはる）
日本大学非常勤講師，21講担当

ビジネス法務の理論と実践

■発　　行──2019年7月25日初版第1刷

■編著者──松嶋隆弘／鬼頭俊泰

■著　　者──石井美緒／内田　暁／漆畑貴久／帷子翔太

　　　　　　金澤大祐／品川仁美／高岸直樹／高橋めぐみ

　　　　　　武田典浩／深澤泰弘／堀野裕子／松井丈晴

■発行者──中山元春　　〒101－0048東京都千代田区神田司町2－5
　　　　　　　　　　　　電話03－3293－0556　FAX03－3293－0557
■発行所──株式会社芦書房　http://www.ashi.co.jp

■印　　刷──モリモト印刷

■製　　本──モリモト印刷

©2019 MASTUSHIMA, Takahiro, KITOU, Toshiyasu

本書の一部あるいは全部の無断複写，複製
（コピー）は法律で認められた場合をのぞき
著作者・出版社の権利の侵害になります。

ISBN978-4-7556-1303-6 C0032